MEMÒRIES

(1993-2011)

Jordi Pujol

MEMÒRIES

DE LA BONANÇA A UN REPTE NOU

(1993-2011)

Amb la col·laboració de Manuel Cuyàs

Proa

La redacció d'aquestes memòries és una iniciativa del Centre d'Estudis Jordi Pujol.

Primera edició: febrer del 2012
Segona edició: març del 2012
Tercera edició: abril del 2012

Drets exclusius d'aquesta edició:
Raval Edicions SLU, Proa
Peu de la Creu, 4
08001 Barcelona
www.proa.cat

ISBN: 978-84-7588-258-1
Dipòsit Legal: B-1690-2012
Composició: Edilínia, SL
Impressió: Cayfosa

Nota preliminar

Per a aquest tercer volum, a diferència del primer i el segon, no he fet cap pròleg. Sí, en canvi, un epíleg. Un comentari final. Final d'aquests tres volums, perquè la vida continua. En tot cas, final d'aquestes *Memòries*.

Però em cal fer tres comentaris breus. Un, de disculpa, perquè aquest tercer volum s'ha retardat massa. Ja se sap que estic molt al marge de la vida política, però tinc altres activitats que han interferit més del compte en la redacció d'aquest últim llibre.

Un segon comentari és que,recisament perquè l'elaboració d'aquest volum ha durat ben bé un any i mig, sovint he de situar en el temps el moment en què explico un fet o una circumstància, dels quals potser manifesto una opinió que ara no expressaria ben bé de la mateixa manera. Espero que això no en dificulti la lectura.

I el tercer i darrer comentari –el més important– és que aquestes *Memòries* no haurien estat possibles sense la comprensió i la bona voluntat d'en Manuel Cuyàs, que és un bon periodista i que escriu molt bé, però que, sobretot, és capaç de suplir la manca d'ordre i de continuïtat que jo he tingut, amb paciència, molt bon ofici i amb molt de coneixement de la realitat i de l'evolució del nostre país durant els anys que el llibre abasta. Li he de donar les gràcies molt efusivament. Com l'hi han de donar tots aquells a qui el llibre els agradi.

Gràcies, Cuyàs, per la teva col·laboració, la teva paciència i la teva amistat.

J. P.

1

Bones anyades

Jo, en el fons, no sóc res més que un patriota català. Per tant, el que em fa feliç és que Catalunya vagi endavant.

A partir del 1993 vaig tenir motius per estar content. Aquell any, amb la pèrdua de la majoria absoluta del PSOE a Madrid, s'inicià un període molt positiu per al país: es va trencar la interpretació encotillada de l'Estatut; Catalunya en conjunt, i d'una manera particular a través de CiU, tenia influència en la política espanyola; la recuperació econòmica i la millora del benestar social eren fets patents; la il·lusió pel projecte europeu, tan important en l'ideari i la praxi del catalanisme, vivia un moment brillant, i vam aconseguir que les nostres idees sobre el Mediterrani comencessin a ser preses en consideració...

Fins i tot personalment i familiarment van ser uns anys agraïts. Em va anar arribant tota una promoció de néts.

El 6 de juny de 1993 s'havien celebrat eleccions generals a Espanya. El PSOE, amb 159 escons, perdia la majoria absoluta i CiU, amb 17, feia que la pogués aconseguir. El

PP es va erigir com a força emergent perquè va sumar 34 diputats als que tenia, però encara no li havia arribat el temps de poder governar.

Tot i haver perdut un diputat, el resultat era bo per a CiU. Des de les eleccions del 1986 manteníem un bon nivell de representació parlamentària a Madrid, perquè el fracàs de l'Operació Reformista, amb en Miquel Roca al capdavant, aquell any a Espanya, havia tingut la contrapartida de reforçar-nos a Catalunya.

El prestigi de CiU com a força de govern era cada cop més sòlid. El nostre discurs en termes econòmics i socials cada cop era més escoltat i tingut en compte. La crisi econòmica del principi dels anys vuitanta i més tard la del començament dels noranta, amb la pèrdua de molts sectors industrials i un índex d'atur altíssim, no havien actuat en contra de les institucions ni de la democràcia, ni, principalment, de la confiança i l'autoestima del país. La Generalitat, els ajuntaments i, en general, les institucions catalanes havien estat amatents i la seva actitud positiva s'havia fet perceptible als ulls de la gent.

La Generalitat s'havia consolidat, era observada com un poder proper, i la gent detectava que s'ocupava dels seus problemes. Dèiem «Som 6 milions», i volíem dir que havíem de governar per a tota la població catalana. Dèiem «La feina ben feta no té fronteres; la feina mal feta no té futur», i era una crida a l'autoexigència i la competitivitat en tots els ordres. Tot el que fèiem encaixava en el projecte global. El president no viatjava al Japó o a la

Xina per fer-se una fotografia, sinó per atraure inversors o per alertar els nostres empresaris que el Japó i la Xina aviat serien uns grans mercats. No construíem un hospital a Móra d'Ebre per motius electorals, sinó perquè, d'acord amb la idea d'una Catalunya equilibrada, convenia que la Ribera d'Ebre, la Terra Alta i el Priorat en tinguessin un, i que fos bo.

Els Jocs Olímpics del 1992, liderats per l'Ajuntament de Barcelona amb la col·laboració molt a fons de la Generalitat i del govern central, havien ajudat a fer entendre que el treball conjunt entre administracions governades per forces de signe contrari era possible.

Tot plegat va configurar un balanç positiu per al país, però també per a CiU, i explica les tres majories absolutes que la coalició nacionalista va obtenir els anys 1984, 1988 i 1992 a Catalunya i el bon resultat en les successives convocatòries electorals espanyoles. Per això, a les eleccions generals del juny del 1993, quan ja intuíem que el PSOE perdria la majoria que retenia des de feia catorze anys, vam poder concórrer-hi amb l'eslògan «Ara decidirem», és a dir, amb la idea que ens trobàvem en una nova etapa en la qual la defensa dels interessos de Catalunya seria més forta i possible.

Algunes persones de CiU pensaven que havíem d'anar més enllà de l'«Ara decidirem» i afirmar que «Ara governarem». El primer eslògan duia implícita la voluntat de col·laborar amb el govern de Madrid des de fora. El segon, la de comprometre'ns-hi des de dintre. El debat es va cloure amb l'acceptació del primer. Crec que, vist com van anar les coses, va ser un encert no implicar-nos directament en el govern.

Conversa amb Felipe González

Des de la presidència del govern espanyol se'ns va fer saber que tenien interès a parlar amb nosaltres. Finalment, Felipe González em va cridar. La trobada va tenir lloc el dijous 24 de juny, dia de Sant Joan, a la Moncloa, quan tot just feia divuit dies que les eleccions s'havien celebrat.

Vaig anar a l'entrevista convençut que seria positiva. L'any abans Felipe González i jo ens havíem trobat a Premià de Dalt, a casa d'en Pere Duran i Farell, i n'havia tret la impressió que era possible que el president del govern central i jo ens entenguéssim en unes quantes coses. Felipe González s'havia adonat que, si un dia quedava en minoria, nosaltres teníem unes idees sobre la situació econòmica espanyola que valia la pena d'escoltar i que érem gent de fiar.

La conversa a la Moncloa va versar sobre l'economia i l'autonomia. Temps més tard, analitzant unes dades, vaig constatar que la crisi econòmica del principi dels noranta havia arribat al punt més agut i dramàtic justament al juny del 1993. La trobada, doncs, va tenir lloc en un moment oportú, encara que difícil.

No vaig haver de recordar a Felipe González que CiU havia donat suport molt sovint a la política econòmica i social del seu govern, tot i que aquest tenia majoria absoluta. Havíem estat l'única força que s'havia oposat a la vaga general del 14 de desembre de 1988, que va comportar el distanciament entre Felipe González i el secretari general de la UGT, Nicolás Redondo. En aquell moment la majoria que tenia no va impedir que el PSOE se sentís sol, i si li vam fer costat va ser perquè crèiem que governava bé.

Al nostre entendre, però, al final del 1991 i al principi del 1992, el govern espanyol s'havia començat a equivocar. Jo, guiat pel professor Joaquim Muns, defensava que el triangle viciós de les importacions, el consum i els interessos alts que el govern del PSOE dibuixava, havia de ser substituït pel triangle virtuós de les exportacions, l'estalvi i els interessos baixos, amb una petita devaluació de la pesseta. La nostra bandera era la defensa de l'economia productiva després que durant anys el govern del PSOE hagués apostat per l'activitat financera que havia acabat derivant en especulativa. Va ser l'anomenada en aquell moment *cultura del pelotazo*, que es plasmava en aquella frase que deia: «*En España solo hay lugar para camareros y multinacionales*», canviada anys més tard, amb motiu del *boom* immobiliari, per la que afirmava que «*en España solo hay lugar para camareros y albañiles*». Si això era dolent per a Espanya, ho era particularment per a Catalunya. Un punt clau de la nostra política era ajudar l'empresa. Ajudar-la a sobreviure, però, sobretot, a expandir-se i a ser molt competitiva. En la visita que vaig fer a Felipe González vaig insistir-hi, encara que, val a dir-ho, el seu govern ja havia modificat alguns aspectes de la política econòmica en la línia que reclamàvem nosaltres. La pesseta, si més no, havia estat devaluada. La substitució del ministre d'Economia Carlos Solchaga per Pedro Solbes, de la qual ja s'havia parlat abans de les eleccions, donava a entendre que la política econòmica es reorientaria de la manera que defensàvem.

Vam atacar el segon bloc de la conversa. Em vaig queixar que el desenvolupament de l'Estatut avançava molt lentament i vaig plantejar a Felipe González que el govern que ell presidís fes una interpretació autonomista i no restrictiva de la Constitució, com havia estat norma d'ençà de la LOAPA. Li vaig deixar clar que si el govern que havia de formar pretenia el nostre suport, el finançament de Catalunya havia de canviar. Felipe González ho va admetre i vam quedar d'acord perquè els responsables econòmics dels dos governs es reunissin per negociar.

Vaig insistir molt sobre la política lingüística i li vaig fer notar que Catalunya no perseguia només un nivell alt d'autogovern, sinó també el manteniment de la seva identitat, que en bona part es manifesta en la llengua.

Vam parlar també de la necessitat d'avançar en la construcció d'infraestructures. Tot i les bones paraules de Felipe González, durant els anys següents no se'n van fer gaires, en part perquè fins molt entrat el 1994 no es va poder parlar de superació de la crisi i perquè després el govern del PSOE va entrar en una etapa molt complicada.

Vam estar d'acord en política europea i vaig insistir perquè s'emprenguessin iniciatives sobre la relació amb els països de la Mediterrània i es reforcessin les relacions amb el Marroc.

L'entrada al govern va quedar descartada, malgrat la insistència del PSOE i, també, de deu empresaris catalans que em van venir a veure per demanar-m'ho. Vaig dir als empresaris: «No tingueu por, vigilarem els pressupostos, farem que canviï la política econòmica en el sentit que voleu, però no entrarem al govern perquè no ho veiem clar ni ens n'acabem de refiar». Els pesaven els interessos econòmics immediats i, alguns, em van arribar a demanar que no insistíssim tant en les reivindicacions autonòmiques. Dos anys més tard, quan el govern del PSOE es va veure entrampat en escàndols i tothom se li tirava a sobre, aquells mateixos deu em van venir a veure perquè retiréssim el suport al govern espanyol. En nom de l'eficàcia econòmica, la lleialtat política i l'interès de Catalunya, els vaig tornar a dir que no.

No vaig posar sobre la taula grans exigències. Quan negocies amb un govern feble, pots optar entre collar-lo i la moderació. Contràriament al que de vegades es pensa a Catalunya, no es pot exigir gaire a un govern espanyol en minoria, perquè no té la capacitat de defensar els acords davant de l'opinió pública, els estaments econòmics o els mitjans de comunicació d'Espanya, els quals, poc o molt, sempre són anticatalans. Això explica que CiU i jo personalment haguem actuat amb els governs de Madrid d'una manera gradual, que no vol dir poc decidida. El sistema gradual és llarg i pot arribar a irritar els interlocutors –i, en part, ha estat així–, però intentar posar-los contra les cordes pot donar resultats contraproduents.

Vaig sortir de l'entrevista pensant que s'obria una nova etapa. Algunes persones em van preguntar si havíem parlat de les nostres antigues confrontacions, especialment de la querella de Banca Catalana. Vaig dir-los que no, perquè efectivament no ho vaig ni plantejar. Vaig aplicar rigorosament la política de la rancúnia tancada al calaix de la tauleta de nit.

No actuàvem de manera nova. Ja el 1977, en l'inici de la Transició, havíem adoptat la norma de contribuir a l'estabilitat i la continuïtat dels governs espanyols. L'havíem aplicada plenament en l'època de la UCD d'Adolfo Suárez i Leopoldo Calvo Sotelo i en algun moment de final dels anys vuitanta, quan el PSOE havia observat una actitud més oberta, a pesar que tenia la majoria absoluta. Amb la pèrdua d'aquesta majoria, però, la norma agafava una altra dimensió. El país podia ser governat amb la nostra col·laboració, amb un programa que no era fruit de la improvisació, sinó que responia a allò que havíem defensat sempre.

Les negociacions amb el govern del PSOE acordades després de l'entrevista amb Felipe González no van ser fàcils, però es van fer bé. Probablement perquè el PSOE necessitava molt el nostre suport, però també perquè en algun sector dels socialistes espanyols s'havia estès el convenciment que la col·laboració més útil, més segura, i jo m'atreviria a dir més lleial que podien trobar, era la de CiU. Potser era l'única i no tenien altre remei, però aquesta valoració també va pesar.

El 9 de juliol de 1993 vam votar la investidura de Felipe González. En Miquel Roca era el cap del nostre grup parlamentari al Congrés. A partir d'aquell moment, l'aportació de CiU a la governació de l'Estat i a la gradual configuració d'una societat més al dia va ser realment molt important. Vam participar en l'elaboració de la Llei d'assegurances, la de riscos laborals o la d'arrendaments urbans, i també en les d'incentius fiscals al mecenatge i a les fundacions sense ànim de lucre, que formen part d'una visió de la societat que pretén donar un paper important a la iniciativa privada. Haig de destacar la nostra implicació, a través del diputat Rafael Hinojosa, en el pacte de Toledo, pel qual es van posar les bases de la reforma de la Seguretat Social.

La nova orientació econòmica del govern espanyol forçada per nosaltres va resultar positiva i eficaç. Només cal observar les dades estadístiques sobre el creixement del PIB i l'evolució de l'atur des de llavors. De fet, en aquell moment es van iniciar els catorze o quinze anys de creixement sostingut de l'economia espanyola, els que van del 1993 al 2007 o al 2008. Un creixement bastant general a Europa i al món, però que a Espanya va ser especialment fort. Amb totes les febleses internes que després s'han posat de manifest, però realment un creixement molt gran. Febleses internes i també externes. I tot i que no correspongui ara parlar-ne, vull fer notar que també cap al final del cicle expansiu, és a dir cap al 2007, CiU va ser la primera força política que va advertir que el creixement econòmic espanyol havia fet un tomb exagerat i poc sòlid que comprometia la competitivitat i la productivitat en el futur.

Felipe González va dur a terme una política molt encertada de creixent integració a Europa, que va culminar amb la negociació dels fons de cohesió que complementaven i milloraven molt els ja existents fons estructurals. En vint anys Espanya ha rebut 118 mil milions d'euros de la Unió Europea, és a dir uns 20 bilions de pessetes. És l'època de Schengen i de l'inici de la preparació de la unitat monetària. Espanya va situar-se bé dins d'Europa, a redós de França i Alemanya. Felipe González va saber treure molt profit de la seva actitud decididament favorable a la reunificació alemanya quan es va produir la caiguda del mur de Berlín. Helmut Kohl li'n va estar sempre molt agraït amb paraules i amb fets.

En aquell moment Catalunya tenia una bona projecció a Europa i una notable capacitat d'atraure inversions, sobretot estrangeres. Hi va ajudar el nou finançament fruit del pacte amb Felipe González.

Al final de la legislatura anterior, quan el PSOE encara

tenia majoria absoluta, el meu conseller d'Economia, Macià Alavedra, i el secretari d'estat d'Economia, Antoni Zabalza, havien fet l'esbós d'un sistema de finançament basat en la cessió a Catalunya d'una part d'un gran impost, l'IRPF. L'acord no havia prosperat per l'oposició dels anomenats *barones del sur* del PSOE –Manuel Chaves, president de la Junta de Andalucía; José Bono, president de Castilla-La Mancha, i Juan Carlos Rodríguez Ibarra, d'Extremadura–, amb l'argument que «*si se rompe el IRPF se rompe Espanya*». En la nova situació política l'acord va ser possible. Felipe González va prescindir de l'opinió dels *barones del sur*, tot i que Rodríguez Ibarra, pel seu compte, va presentar un recurs d'inconstitucionalitat.

Per a mi autogovern significa assumir responsabilitats i lligar el progrés del país a l'esforç productiu i impositiu que el mateix país faci. El finançament basat en l'anomenat cost efectiu, vigent des de l'inici de l'autogovern, repugnava a la meva mentalitat autonomista, perquè no donava marge de decisió ni permetia emprendre projectes importants. Volíem que tant com fos possible els diners que rebés Catalunya estiguessin relacionats amb l'esforç econòmic i la creació de riquesa del país. Això és autogovern, i no que et donin una quantitat estipulada per cobrir les teves necessitats independentment de si has treballat bé o has contribuït a incrementar o no la competitivitat del país. La coresponsabilitat fiscal que la cessió de l'IRPF significava respon a aquesta concepció. L'oposició manifestada per les altres comunitats autònomes i els barons socialistes va ser una nova demostració de la diferència entre els territoris amb autèntica ànsia d'autogovern com Catalunya i els que simplement volien administrar els fons que els vinguessin de l'Estat. Hi havia autonomies que procuraven no haver d'assumir competències com Sanitat i Ensenyament perquè, com em va dir una vegada el president de la Diputació General d'Aragó, «*la Sanidad es una máquina de producir déficit*». O com feia la Comunitat de Madrid, que, fins que no s'hi va veure obligada –en part per petició meva–, es va resistir a fer-se càrrec de les competències de Sanitat.

Fins a aquell moment, la Generalitat havia funcionat amb molt pocs diners. Ja he explicat que ens havíem hagut d'endeutar i que si això va ser possible és perquè gaudíem de crèdit i bona imatge davant del món financer. De totes maneres, al final dels vuitanta i al principi dels noranta el deute que arrossegàvem em va arribar a alarmar, perquè vaig pensar que una Generalitat en aquesta situació perdria força política i recursos per defensar l'Estatut cada cop que ens l'ataquessin. Ens podien ofegar i intervenir-nos, és a dir escapçar la nostra autonomia. Després de la vivència de Banca Catalana, jo ja sabia per experiència que les empreses i les iniciatives catalanes que tenien dificultats i necessitaven l'ajut de l'Estat solien ser tractades molt més negativament, des del punt de vista econòmic i polític, que altres empreses i iniciatives no catalanes.

Aquells anys havíem hagut d'exercitar l'austeritat. Recordo que un dia el conseller d'Economia, en Ramon Trias Fargas, em va anunciar la intenció d'adquirir a preu de ganga el Palau Robert, l'edifici noble que ocupa una cantonada entre el passeig de Gràcia i la Diagonal de Barcelona, per instal·lar-hi unes dependències del govern que realment necessitaven lloc. Durant unes quantes setmanes m'hi vaig oposar. Jo deia que no era feina de la Generalitat comprar gangues, sinó dedicar els diners a les necessitats de la gent. Al final hi vaig accedir, per dues raons: per la insistència del meu conseller i perquè em van convèncer que el preu era de veritat avantatjós. El mateix va passar amb la compra de l'edifici del Departament d'Economia, a la Rambla de Catalunya. De nou la insistència d'en Trias Fargas va ser més forta que la meva por d'estirar més el braç que la màniga. Haig de dir que van ser unes grans adquisicions, però crec que com a norma el meu criteri era correcte.

Algú important, de prestigi reconegut, del qual tinc bona opinió personal, m'havia dit a mitjan anys vuitanta: «Tu, com a president, tens poca tendència a fer construir edificis simbòlics, importants i de qualitat, que impressionin. Pensa que per a les generacions futures el teu record anirà lligat a obres d'aquesta mena. La gent et recordarà per això i no perquè hagis millorat la Sanitat, hagis agilitat el pagament de les pensions, perquè els jutjats funcionin millor o perquè el metro arribi a Nou Barris o a Montcada i Reixac». L'observació probablement és certa, si més no en part. François Mitterrand, per exemple, havia posat èmfasi en el prestigi monumental, seguint l'exemple de molts reis francesos. Certament, amb el pas dels anys el que queda és Versalles o la cúpula del Louvre, però cadascú és com és i aquest no era el meu estil. A més, en el nostre cas la crisi de les finances de la Generalitat significava pèrdua de poder polític, i no en teníem tant per poder-lo posar en perill.

Les negociacions amb l'equip econòmic de Felipe González el 1993 van oferir un resultat modest, perquè només vam aconseguir participar en un 15% de l'IRPF, i encara amb mesures correctores que marcaven un topall que no podíem superar, però el pas va ser important.

Les comunitats governades pel PP i el PSOE –que tant havien protestat– i els mateixos que alertaven de la ruptura d'Espanya, van acabar reclamant, finalment, el sistema que havíem aconseguit per a nosaltres, i se'n van beneficiar. Sempre ha estat així. Catalunya va al davant; primer se li tira tothom a sobre, i al final tothom se'n beneficia. Constantment retornem al punt definit per Jaime García Añoveros: «*La autonomía por arrastre*». Catalunya estira i els altres van al darrere. Només que Catalunya, per ser la primera, rep tots els cops.

En el moment d'escriure aquest punt de les *Memòries* –l'abril del 2009–, s'està discutint el nou sistema de finançament català, conseqüència de la reforma de l'Estatut. La negociació i la millora, si és que finalment es confirma, no haurien estat possibles si l'any 1993 no s'hagués produït un canvi de model amb el PSOE, que es va consolidar el 1996 i el 2001, amb els governs del PP.

L'apartat de les competències va donar alguns resultats positius, amb el traspàs del personal de Justícia, i també molt important, la consideració del cos dels Mossos d'Esquadra com a policia integral de Catalunya, un acord molt ben conduït per la consellera Maria Eugènia Cuenca.

Pel que fa a la llengua catalana, un recurs en contra de la immersió lingüística que hi havia presentat al Tribunal Constitucional es va resoldre bé. Si la sentència hagués estat negativa hauria posat en perill una peça clau de la nostra política de defensa del català i també d'integració dels immigrants. Cal dir que llavors no hi havia a Espanya una campanya contra el català com la que hi ha ara, o tenia una intensitat més baixa, i que el Tribunal Constitucional, presidit primer per Manuel García-Pelayo i més tard per Francisco Tomás y Valiente, gaudia d'un prestigi, una llibertat i una sensibilitat que l'actual no presenta. Tot es va poder portar, doncs, amb discreció i seriositat.

Crec que val la pena intercalar un comentari sobre l'actitud i la sensibilitat del Tribunal Constitucional i del seu president pel que fa al català en aquella època. Com ja he explicat, cada any o any i mig jo anava a saludar el president de la institució. Comentàvem qüestions generals i també algunes que afectaven Catalunya, això sí, amb molta cura i prudència per part meva. I recordo que un dia, Tomás y Valiente, que llavors ocupava el càrrec, em va dir el següent: «Sóc conscient que l'assumpte de més transcendència que avui el Tribunal té entre mans és el de la llengua de Catalunya». I va afegir: «Alguns ho neguen i em comenten que m'ha de preocupar més el recurs sobre l'expropiació que el govern de l'Estat va fer del conjunt d'empreses del grup Rumasa. En ambients socialistes fa por que la sentència s'inclini a donar la raó a l'empresari del grup perquè seria molt greu per al govern de Felipe González. Jo els dic que, sempre i a tot arreu, pot passar que un Tribunal Constitucional hagi de sentenciar en favor d'una empresa i en contra del govern, sense que passi res. En canvi, el català té moltíssima transcendència no tan sols per al dia a dia polític, sinó per a l'estructura de l'Estat i el concepte d'Espanya». Quina diferència entre aquesta actitud i la potineria jurídica i la politització barroera que ha imperat en el recurs contra l'Estatut de Catalunya del 2005!

Realment, els anys que van del 1993 al 1995 van ser molt brillants. A Catalunya, les urgències principals dels anys vuitanta s'havien resolt del tot o en bona part. Fins i tot un aspecte essencial per a Catalunya com és el demogràfic s'havia estabilitzat perquè el país no acollia més immigració.

Era un moment de respir. En conseqüència, una bona ocasió per pensar en el futur i fer-ho en termes ambiciosos. D'aquí ve la decisió que vaig prendre d'encarregar un estudi de prospectiva. *Catalunya a l'horitzó 2010*, es va titular. El primer que em va parlar de la conveniència de disposar-ne va ser Baltasar Porcel, l'escriptor i intel·lectual mort en el moment que iniciava aquest tercer volum de les *Memòries* i que sempre vaig tenir en gran estima. L'estudi es va fer a través de l'Institut Català d'Estudis Mediterranis, amb la col·laboració de Maria Àngels Roque i el concurs d'Hugues de Jouvenel, director de l'entitat Groupe Futuribles, amb seu a París. Personalment, vaig quedar-ne satisfet. El resultat va ser la presentació de cinc possibles escenaris per a Catalunya, el 2010. Des del més pessimista, una Catalunya marginada, al més optimista: Catalunya, motor d'Europa. Al final d'aquest volum hauré de dir en quin punt ens trobem, segons la meva opinió; quin vaticini s'ha complert o si se n'ha complert algun de no previst. Ja avanço que les coses han anat d'una manera preocupant perquè la població ha crescut massa de pressa, cosa que ha fet que a la societat li costés integrar-la, i l'administració, sobretot pel que fa a escoles, sanitat i serveis socials, se n'ha ressentit. La quantitat i l'heterogeneïtat de la gent que ha vingut representa un nou repte per a la cohesió i la convivència del país, i obliga a fer un nou i difícil procés d'integració i un esforç per al manteniment de la seva identitat. I ens ha inclinat a optar per un model econòmic no prou exigent ni prou competitiu.

Els nou-rics

El gran creixement econòmic espanyol constatable a partir del 1993, amb tots els canvis socials i de mentalitat que ha comportat, convida a fer una reflexió. Espanya havia estat un país en decadència des de mitjan segle XVII. Des de llavors, i amb algunes revifades comptades, havia anat perdent pes econòmic, polític i militar. També havia perdut prestigi i influència, malgrat que havia conservat les colònies americanes fins al començament del segle XIX. Si s'estudia l'evolució del PIB espanyol del 1854 fins als anys cinquanta del segle XX, i es compara amb el de països com Itàlia, la Gran Bretanya, França, Alemanya, els Estats Units, Holanda o Bèlgica, s'observa que, en termes relatius, recula molt. Espanya era un país de guerres civils, cops d'estat i dictadures, malgrat els esforços d'estabilització que hi havia hagut. Ens hem de situar al 1959, vint anys després d'acabada la Guerra Civil i en ple franquisme, per assistir al naixement d'una nova política econòmica que comporta un canvi important de mentalitat col·lectiva. Amb el Pla d'Estabilització impulsat pel govern, en aquell moment comença a haver-hi obertura a l'exterior i s'inicia un creixement que afavoreix l'aparició gradual d'una classe mitjana que, fora de Catalunya, el País Basc i pocs llocs més, no havia existit mai amb prou consistència. Malgrat algunes falles o interrupcions i amb totes les adaptacions pròpies dels canvis dels temps, Espanya ha tingut la sort d'haver mantingut fins ara la línia de fons de la política econòmica iniciada el 1959. Adolfo Suárez, Leopoldo Calvo Sotelo, Felipe González i José María Aznar van seguir el camí marcat pels equips liderats pel ministre de Franco, Laureano López Rodó, i formats per Alberto Ullastres, Mariano Navarro Rubio, Joan Sardà Dexeus, José Luis Cerón i Fabià Estapé. Parlo en termes econòmics, no polítics o socials. Quan faig aquesta afirmació, molta gent s'escandalitza perquè considera que ofereixo una visió no prou crítica dels últims anys del franquisme. M'és fàcil contestar dient que precisament en aquells moments, l'any 1960, jo vaig ser detingut, torturat, condemnat i empresonat. La meva situació personal no ha d'ofuscar ni el meu judici ni la meva anàlisi. Sense renunciar a res, naturalment.

El resultat és que, així com del 1854 al 1959 Espanya va anar baixant sistemàticament en termes relatius, des del 1959 i fins avui mateix ha anat en ascens, i ho ha fet d'una manera espectacular. En cinquanta anys, Espanya s'ha transformat. I el canvi de visió del món, de manera de viure, d'escala de valors i de perspectives que ha comportat, ha estat més important i ha impactat en gran manera fora de Catalunya, perquè Catalunya, pel seu compte, ja durant tot el segle XIX i bona part del XX, havia portat a terme el procés de modernització que la resta de l'Estat no havia fet.

Des del 1959 els espanyols van anar assumint el canvi gradualment, fins que hi va haver la gran explosió econòmica del 1993, l'any on se situa l'inici d'aquestes *Memòries*, i que es va mantenir fins al 2007. L'eufòria va comportar uns efectes perillosos. Es manifesta una certa embriaguesa, una fatxenderia, un orgull mal entès... Es fa present la temptació de tirar la casa per la finestra, de gastar més del que convé, d'esprémer en excés una situació favorable i una riquesa en part inesperada. Emergeix llavors la figura del nou-ric. Parlem d'algú que ha viscut justet tota la vida i que sempre s'ha hagut de comparar amb el veí del replà, que se n'ha sortit més bé que ell. Els dos veïns es trobaven a l'ascensor, i el de renda justeta havia de sentir com el ric li explicava que aniria de vacances a un lloc d'anomenada o que s'acabava de comprar un cotxe nou, tot i que el vell només tenia dos anys. El nostre home s'anava fent petit dins de l'ascensor i arribava a casa havent acumulat ressentiment i enveja. Fins que un dia, per mèrit propi o per un cop de sort, el veí modest s'adona que té tants diners o més que el veí del replà. Aleshores hi ha el perill que tingui l'obsessió de fer-li notar com va ell de granat i el vulgui humiliar. José María Aznar, el president del govern del PP que aviat apareixerà en aquest llibre, s'adapta molt bé a la figura de l'home ahir humiliat i avui prepotent. José Luis Rodríguez Zapatero, el seu successor en un govern socialista, també, encara que d'una altra manera. Però és en tot el poble espanyol en general, en què la mentalitat de nou-ric es fa més perceptible.

El PSOE, amb problemes

Tornem al 1995. La bonança es va anar enterbolint per un seguit de problemes greus que van afectar el PSOE i el seu govern. El director general de la Guàrdia Civil, Luis Roldán, va anar a la presó per haver comès greus infraccions econòmiques. Algú tan rellevant en el seu camp com el governador del Banc d'Espanya, Mariano Rubio, va ser igualment condemnat i empresonat per un frau a Hisenda. Alguns diputats o directors generals socialistes es van veure afectats per altres escàndols que, tot i que eren menys importants, no deixaven de ser considerables. Un dia Felipe González em va confessar: «*Realmente, Pujol, nuestro problema han sido las segundas mujeres de algunos de los nuestros*». Volia dir que alguns antics militants socialistes, de joves, s'havien casat amb unes noies tan il·lusionades i idealistes com ells, amb la perspectiva vital del «*contigo, pan y cebolla*» i «*el puño en alto*», però que només havien vist el món per un forat, i des dels llocs que ara ocupaven havien conegut les «*segundas mujeres*»: secretàries, periodistes, dones de més alt nivell que els havien fet pujar a un altre tren de vida, amb les necessitats i exigències que això implica.

Per una altra banda, es va descobrir l'existència dels GAL (Grupos Antiterroristas de Liberación), una organització contraterrorista secreta vinculada al Ministeri de l'Interior, que la finançava. El ministre José Barrionuevo i el secretari d'Estat per a la Seguretat, Rafael Vera, també van ser condemnats a presó per aquest motiu. Per si no n'hi hagués prou, es va fer pública una actuació irregular del Centro Superior de Información de la Defensa (CESID), avui Centro Nacional de Inteligencia. Tot i el nostre suport al govern, vam haver de protestar perquè, tractant-se de l'òrgan d'informació de l'Estat, el cas era d'una gravetat extrema. L'escàndol va comportar la dimissió del vicepresident del govern i exministre de Defensa, Narcís Serra.

Enmig, la campanya del PP contra el PSOE, contra el govern i de manera especial contra el president Felipe González, va ser duríssima. El dia 23 d'abril de 1994, el líder de l'oposició, José María Aznar, va acabar un discurs seu al Congrés dient «*Váyase, señor González*», un imperatiu que es va fer famós i que a partir de llavors Aznar repetia cada cop que pujava a la tribuna d'oradors.

L'ofensiva també es va dirigir contra CiU i contra mi mateix. Era lògic i comprensible que, en el seu intent de fer caure el govern i forçar anticipadament unes eleccions que veia guanyades, el PP ataqués el pilar menor de la majoria parlamentària: nosaltres. L'atac no es va dirigir només contra CiU, sinó que es va arribar a personalitzar en mi i la meva família.

La primavera del 1995, l'últim any del govern de Felipe González, vaig rebre pressions de tot arreu perquè retiréssim el suport als socialistes. Fins i tot gent del mateix PSOE o molt propera em va venir a suplicar que facilités la caiguda d'un govern que es trobava en plena agonia. El president d'un gran banc espanyol, que vaig tenir al costat en un sopar, no va parar de burxar-me l'orella amb l'argument que el govern era negatiu per a l'economia general del país. Com que aquells dies s'havia d'aprovar al Congrés de Madrid una llei governamental que beneficiava el món financer, vaig preguntar al meu company de taula si havíem de retirar el suport al govern llavors mateix o si havíem d'esperar que la llei fos aprovada. «Un cop la llei estigui aprovada, és clar», em va dir. Li vaig contestar: «Vostè ha de comprendre que no podem actuar segons el seu menú particular».

No cal dir que els més insistents eren els nostres, els militants de CiU i gent propera. Deien que el suport al govern ens desgastava, i era veritat. Però, tot i així, en Miquel Roca i jo vam plantar cara a totes les opinions contràries i a totes les pressions i vam continuar donant suport al govern de Felipe González. Diguessin el que diguessin els banquers i els empresaris, en aquell moment l'economia començava a emergir d'una manera molt positiva. El ministre d'Economia, Pedro Solbes, actuava correctament, i el PP, que n'era l'alternativa, no presentava una política econòmica amb garanties. Felipe González, a més a més, conduïa amb molta traça les relacions amb Europa. Per acabar-ho d'arrodonir, en aquell moment nosaltres negociàvem el desplegament dels Mossos d'Esquadra i rebíem del govern el suport decidit de la política d'immersió lingüística que aplicaven les escoles catalanes.

Un altre fet ens inclinava a mantenir l'estabilitat governamental. El dia 1 de juliol de 1995 la presidència semestral de torn de la Unió Europea havia de recaure a Espanya i en concret en la persona de Felipe González, i alguns polítics europeus, com el ministre d'Exteriors anglès, que aleshores era Douglas Hurd, i el primer ministre holandès, Ruud Lubbers, m'havien expressat la conveniència que la presidència es pogués exercir amb tranquil·litat. L'anterior, la francesa, havia coincidit amb unes eleccions a França que li havien restat eficàcia, i la següent, que corresponia a Itàlia, s'anunciava tumultuosa.

A més, jo coneixia prou bé el joc que González duia entre mans esperant aquest moment. Es tractava de crear un nou fons de finançament dirigit als països d'economia més feble: Espanya, Irlanda, Grècia i Portugal. Si li sortia bé, les aportacions econòmiques d'Europa a aquests països, i especialment a Irlanda i Espanya, podien ser molt substancials. Felipe González tenia el projecte embastat de mesos abans, però calia que accedís a la presidència europea perquè s'acabés de concretar. Realment, la jugada li va sortir rodona.

De totes maneres, les febleses del govern espanyol eren cada cop més evidents i la pressió que rebia era molt forta. L'atac que va fer més mal a Felipe González va provenir de Ricardo García Damborenea, un antic i important polític del Partit Socialista Basc, el PSE, que va revelar interioritats comprometedores dels socialistes i que també va ser empresonat per les seves implicacions amb els GAL.

Al final d'agost del 1995, el PP va presentar una moció al Congrés dels Diputats que demanava crear una comissió per investigar, justament, l'afer dels GAL. Tota la cambra estava disposada a votar-la. Malgrat això i el fet que pel mig hi havia l'escàndol del CESID, CiU va reiterar la voluntat de mantenir el govern. Em vaig reunir amb en Joaquim Molins, que era el cap del nostre grup parlamentari a Madrid, i vam redactar junts el paràgraf més decisiu i compromès de la nostra explicació de vot, contrari a la creació de la comissió. La votació es va fer el 5 d'octubre i el govern es va salvar per 176 vots, 16 de CiU, contra 161. Val a dir que amb un creixent disgust de gent de CDC i, per tant, amb un cert desgast meu. Molta gent no ho va entendre, però per tot el que he dit jo creia que aquell no era el moment de fer caure el govern.

De tota manera, poc després, la maquinària judicial va fer un nou pas endavant i la situació va esdevenir insostenible. Havia arribat el moment de posar punt i final al nostre suport. Però no ho havíem de fer de qualsevol manera. No amb el to agre que desitjava tanta gent

–també nostra– que estava farta de la col·laboració amb un govern tan desacreditat. Ho havíem de fer bé.

Al començament del mes de setembre, vaig demanar una entrevista al president del govern. Me la va concedir el dia 9, però abans el vaig voler posar al corrent del que li volia plantejar i li vaig escriure una carta que transcric sencera, perquè explica el clima del moment i detalla els termes de la nostra decisió:

Barcelona, 7 de septiembre de 1995
Excmo. Sr. Don Felipe González Márquez
Presidencia del Gobierno
Palacio de la Moncloa
Madrid

Excmo. Sr. y distinguido amigo:
El actual momento político español, y las perspectivas que presumiblemente derivan de él, me incitan a dejar escritas algunas consideraciones que deseo además poder comentar personalmente con usted.

En junio del 1993 el gobierno socialista y CiU iniciamos una colaboración que, por nuestra parte, tenía como objetivo asegurar la estabilidad y la gobernabilidad, y sobre esta base dar un nuevo impulso a la política española en tres aspectos principales: el económico, el autonómico y el europeo. Especial énfasis dimos a la necesidad de reorientar la política económica, a fin de hacerla más competitiva y más internacionalizada.

Durante dos años esta colaboración entiendo que ha funcionado bien. Creo que podemos exhibir un balance positivo. La economía española ha reaccionado bien y, lo que es más importante, lo ha hecho poniendo de manifiesto una mejora estructural y de fondo, que entre otras cosas se traduce en un grado mucho mayor de internacionalización. Sigue habiendo como dato negativo el estancamiento del consumo, pero este es un hecho que se da en toda Europa y que obedece a causas profundas de carácter general. Todos los restantes indicadores han evolucionado en forma muy positiva. Y creo que también merece un comentario la forma positiva como España resistió la tempestades monetarias de hace unos meses.

Todo esto se ha hecho contra viento y marea por la dura oposición política interior en algún momento, como antes he señalado, por circunstancias exteriores, y en todo momento por el clima enrarecido que se ha ido creando. Clima al cual, no puede negarse, han contribuído una serie de escándalos sin duda graves, que afectan al gobierno, algunos manejados en forma poco responsable por determinados sectores políticos.

Creo que, en lo autonómico, el balance, aun siendo menos brillante que en lo económico, es también positivo. Pero indudablemente ahí quedan pendientes algunos problemas de fondo cuya resolución va a requerir un esfuerzo de entendimiento que requiere un clima más sereno que el actual.

Finalmente, creo que durante estos dos años el gobierno ha conseguido dos logros importantes en lo europeo: los fon-

dos de cohesión y la financiación de la política mediterránea de la Unión Europea. Por ambos yo le he felicitado públicamente en más de una ocasión. Y, por cierto, que debiéramos todos ser más capaces, y ante todo el gobierno, de explicar al pueblo español el gran beneficio que en conjunto saca España de su permanencia en la Unión Europea, y acallar así alguna protesta y un rechazo que se va extendiendo, y que ni son racionales ni responden al interés del país.

Sr. Presidente, quiero que sepa que CiU y yo mismo no solamente valoramos positivamente el balance de estos dos años, sino que pensamos que lo que hemos hecho respondía al interés del país.

Pero, paralelamente a esta acción, se han producido hechos, campañas, ambientes que han ido deteriorando la situación hasta tal punto que hoy obligan a una reconsideración. CiU ha sido siempre consciente de la dificultad de la política que hemos hecho y de los riesgos que entrañaba. Pero los problemas que se han acumulado han sido más y mayores que los previstos, y se van produciendo con una creciente aceleración.

Hemos dicho siempre que, al gobierno, le pedíamos voluntad y capacidad de acción. Y naturalmente podernos poner de acuerdo con él en determinados temas. Creo que en estos momentos el gobierno ha perdido por lo menos la capacidad, en buena parte porque las campañas y los problemas de todo orden han dañado, creo que irremisiblemente, su credibilidad. Pienso que hay una gran parte de injusticia en esto, pero que la haya no le quita gravedad.

Nadie como CiU ha hecho tanto para evitar esta situación. Usted es testimonio de nuestra lealtad. Seguimos valorando su persona y su obra. Estamos convencidos, y además lo deseamos, que del tema del Supremo va usted a salir indemne. Pero como le decía nuestro portavoz Molins en el Congreso el 27 de julio, no es ante nosotros que debe el gobierno conservar su credibilidad, sino ante el país. Y creemos que ya no es posible.

Nadie como CiU ha hecho tanto para evitar adelantar las elecciones. Pero como también le decía Molins en el debate del 27 de julio, si el gobierno no puede recuperar la confianza del país lo más conveniente es dar por terminada la legislatura y convocar elecciones ya.

Hubiera sido bueno dar con una fórmula adecuada para salir ordenadamente de la problemática actual, y sobre ello discurrimos usted y yo. Pero ello requería un acuerdo sobre el presupuesto. Caso de no darse este acuerdo antes del 18 de septiembre –y puesto que hacerlo equivalía a la retirada de nuestro apoyo, y que muy explícitamente usted afirmaba que no quería gobernar sin un apoyo parlamentario seguro–, nos parecía que lo más lógico sería convocar elecciones. No le pido que las convoque. Usted es naturalmente libre de tomar la decisión que más le convenga en las actuales circunstancias. Me limito, eso sí, a expresarle nuestra opinión de que lo bueno para el país sería encontrar la fórmula políticamente menos arriesgada, humanamente más respetuosa y mejor en cuanto a imagen de convocar elecciones. Procuraremos defender esta opinión con el respeto y la consideración que usted nos merece, pero nuestra convicción de que conviene poner fin a esta situación nos obligará a votar contra el Proyecto de presupuesto. Hace unos meses discutir el presupuesto era un elemento clave de nuestra política; ahora ha pasado a segundo término. Ahora lo que cuenta es que el pulso político del gobierno y su capacidad de actuar están excesivamente debilitados. Y que entre todos no hemos conseguido que el clima del país, de la sociedad y de la clase política esté muy marcado por la irracionalidad, el desasosiego y la crispación.

Después de las próximas elecciones, el nuevo gobierno, sea socialista o popular, y toda la sociedad española deberán hacer una reflexión profunda, seria y autocrítica. Tenemos muchos temas de fondo por resolver: el de los hábitos democráticos; el del papel de políticos, jueces, fiscales y periodistas; el de la forma de salvar el Estado del Bienestar; el de la definitiva maduración de toda nuestra clase política: el de qué se entiende de verdad y honradamente por solidaridad, desde la del agua a la del dinero; el de Cataluña, tema que durante estos dos años se ha visto que siempre es recurrente; el del rechazo irracional que se insinúa respecto a la integración europea; etc. Todo esto empieza a ser tan urgente como las cuatro magnitudes de la convergencia de Maastricht. Y con todo ello, incluida la citada convergencia, mal podemos enfrentarnos en una situación como la actual.

Hubiera deseado no tener que escribirle en estos términos. Y lo cierto es que hasta hace poco no pensé en que llegase el momento de tener que hacerlo. En todo caso, tal como convinimos, vendré a verle el sábado. He creído útil enviarle antes esta carta, que no agota el temario a tratar, pero que puede permitirnos entrar en él más fácilmente.

Reciba, Señor presidente, la expresión de mi más alta consideración.

Jordi Pujol

La conversa va anar bé. Felipe González entenia que la situació no es podia mantenir. Posteriorment he sabut que alguns alts dirigents del PSOE se sorprenien que nosaltres haguéssim persistit tant en el seu suport. No sé si ens consideraven fleumes o dotats d'un ADN amb un sentit de la responsabilitat molt gran. Potser excessiu, devien pensar.

Al final de la nostra reunió li vaig dir: «Crec que durant aquests dos anys i mig de col·laboració hem treballat bé. M'agradaria que em fessis un petit obsequi com a colofó». Feia anys que la Generalitat reclamava el retorn dels anomenats «papers de Salamanca», els documents que l'any 1939 el franquisme havia confiscat als arxius catalans per dipositar-los a la capital castellana, i vaig sol·licitar a en Felipe González que els retornés als seus legítims propietaris, entre els quals hi havia la mateixa Generalitat. «Crec que no hi ha d'haver cap inconvenient perquè és just i fàcil de fer», li vaig dir. Em va respondre: «*Justo sí, pero fácil no lo sé*». I em va explicar una història. Feia set anys havia promès a Fidel Castro que li tornaria la muntura de José Martí, el líder independentista cubà, ídol i referent del país, dipositada al Museu de la Guerra de Madrid. A canvi, Cuba retornaria a Espanya unes banderes espanyoles de les quals els cubans s'havien apoderat durant la Guerra de la Independència. «*Creí que era cuestión de semanas resolverlo, pero hubo tantas protestas entre los sectores militares y museísticos que hemos tardado siete años*». Va concloure: «*Voy a ocuparme de ello, pero piensa que entran en juego las sensibilidades*». La resta de la història és coneguda. Els papers de Salamaca van tornar el 2010, quinze anys després de la meva petició i al cap d'infinitat de discussions i de mobilitzacions i protestes a Salamanca. Realment, la sensibilitat i l'emoció compten.

El 28 de desembre Felipe González convocava eleccions anticipades per al dia 3 de març de 1996.

Cap a la victòria d'Aznar

Vam preparar les eleccions tenint en compte que els pronòstics eren clarament favorables al PP. En l'ambient hi havia la sensació que, després de tots els conflictes que havien afectat l'últim govern del PSOE, el partit que liderava José María Aznar podia guanyar per majoria absoluta. El 8 de gener vaig publicar una nota per recordar com havia estat de positiu el nostre suport al PSOE. Calia recordar-ho, perquè l'electorat català, i en particular el nostre, començava a manifestar que no li satisfeia la col·laboració d'una força nacionalista amb un govern de Madrid. Aquest rebuig, que ha estat observable quan CiU, al llarg de la seva història, ha donat el suport primer a la UCD, després al PSOE i finalment al PP, denota al meu entendre una manca de sentit polític.

És evident que si amb algú ha de mirar de negociar o entendre's un govern de la Generalitat és amb qui governa a Madrid. Això sí, sempre que no es vegi obligat a una clara confrontació, que quedi clar. Quan es tracta de reclamar i negociar no és pas l'oposició, la interlocutora. És el govern. Recordo que una vegada uns bascos em van dir: «Al País Basc tothom ho té molt clar: el govern basc ha de negociar amb el govern de Madrid; no entenem aquests escrúpols que de vegades manifesten alguns catalans». Crec sincerament que tenien raó. Els escrúpols catalans no sempre són indicatius de maduresa política.

Com que jo, al contrari de tanta gent, d'alguna manera intuïa que el PP no aconseguiria la majoria absoluta, i pensant que potser seríem cridats a negociar, el 18 de gener vaig escriure una nota personal que deia així:

> El PP té la imperiosa necessitat d'arribar al govern. Però ara és un moment delicat per començar a governar, i més de la forma fràgil que, si més no d'entrada, ho hauria de fer el PP. Ho és perquè els anys que vénen seran difícils a

causa de Maastricht, d'alguns temes delicats com la reforma laboral, i la necessària reforma de l'Estat del Benestar. Però els trens passen quan passen i ara el PP necessita accedir al poder.

Que el PP arribi al poder pot ser inconvenient per a Catalunya, segons com. D'aquí ve el nostre problema. Però segur que és convenient des d'altres punts de vista de normalitat democràtica i per evitar que un 40% de la població espanyola resti en una situació permanent de frustració, cosa molt negativa.

Si el PP accedís al govern desmuntaria el «règim» socialista. Arribat el cas, CiU hauria de seguir aquest procés de prop i condicionar-lo. No fóra bo passar d'un «règim» a un altre «règim».

Per altra banda, i com un element més que obliga el PP a mirar de governar ara, han de ser conscients que els serà molt difícil guanyar per majoria absoluta o suficient. Per tres raons:

1. Perquè en la memòria col·lectiva històrica espanyola perdura un component negatiu contra la dreta.
2. Perquè els socialistes compten amb el vot de l'Espanya subsidiària que el PP només parcialment podrà guanyar des del poder. Andalusia i Extremadura són els territoris més clau en aquest sentit. També és significatiu el pes rural en el vot del PSOE.
3. Per la mala relació amb Catalunya i Euskadi.

Des del govern, el PP ha d'intentar esborrar la memòria negativa, tranquil·litzar i controlar els subsidiaris i entendre's amb Catalunya i Euskadi.

Concretament això darrer és molt difícil. Però parlem-ne.

Hem de fer una relació de temes que han de ser respectats *sine qua non* en qualsevol tracte que en el futur puguem tenir amb qui sigui:

1. La política lingüística a l'escola.
2. En general, tot el que sigui normalització lingüística (que som els més interessats a dur a terme amb cura i respecte).
3. Acceptació de renegociació del finançament:
   - general,
   - sanitari,
   - a través dels fons europeus.
4. Nou model policial.
5. Política econòmica al servei de l'economia productiva.
6. Manteniment de l'Estat del Benestar.

El punt 5 feia referència a la continuació de la línia seguida per Felipe González i el seu ministre Pedro Solbes des del 1993. El 6 alertava sobre la possibilitat que el PP volgués reduir l'Estat del Benestar.

«Pujol, enano»

La tarda abans del 3 de març vaig trucar a Felipe González per dir-li que tot semblava indicar que la nostra etapa de col·laboració havia arribat a la fi i que em sentia satisfet de com havia transcorregut. Li vaig preguntar com es presentaven els resultats, segons les informacions de què disposava, i em va dir: «*Perderemos, pero por poco*». I, efectivament, així va ser davant la sorpresa general, perquè realment el PSOE enfrontava les eleccions molt desgastat i amb la moral de la seva gent molt baixa.

Les prospeccions del PP eren unes altres. Van arribar al dia mateix de les eleccions donant per segura una gran victòria. Les primeres dades de la nit de l'escrutini els van fer pensar que no anaven errats, perquè apuntaven a una majoria absoluta. Davant la seu central del PP a Madrid es va congregar una gentada eufòrica. Tan segurs estaven de poder governar sols que els reunits van deixar anar el seu ressentiment contra el suport que havíem donat al PSOE i contra la meva persona cridant: «*Pujol, enano, habla castellano*». Realment, els electors del PP i l'entorn del partit s'havien impregnat no solament d'anticatalanisme, sinó també d'una hostilitat general envers Catalunya. La llengua catalana els provocava una gran agressivitat.

Aviat va aflorar la decepció. Havien esperat molt més. Guanyaven, però els resultats no eren tan satisfactoris.

Algú de la direcció del partit va fer callar els que al carrer encara cridaven «*Pujol, enano, habla castellano*». Després es va dir que l'exclamació havia estat canviada per la de «*Pujol, guaperas, habla lo que quieras*», però em sembla que es tracta d'un acudit.

Molt bé, ja heu cridat prou. Vinga, tothom a dormir.

Segons tinc entès, Aznar, en un primer moment, va quedar desconcertat i molt deprimit. M'han explicat que quan al carrer encara ressonaven els crits contra la meva persona, Pedro J. Ramírez, director del diari *El Mundo,* afí al PP, se li va acostar per dir-li: «*Tienes que verte con Pujol*».

Pocs dies més tard, Felipe González em va trucar i em va dir: «*Oye, tendrías que entenderte con Aznar*».

Segons els resultats, el PSOE hauria pogut formar govern pactant amb nosaltres, amb el PNB, amb Coalición Canaria, amb els comunistes d'IU i amb algun altre diputat, tots a la vegada, però la combinació no era acceptable per a Felipe González, tal com ell mateix em va explicar en una entrevista secreta que vam mantenir el dia 10 de març al xalet que el CESID té als afores de Madrid. Em va dir que un pacte tan heterogeni fracassaria i va afegir, rotund: «*Además, no quiero pactar con los comunistas*». Llàstima, dic jo des de la perspectiva d'ara, que l'any 2003, quan es va formar el primer govern tripartit, els socialistes catalans no haguessin previst, com Felipe González uns anys enrere, que una olla de grills no podria governar bé.

«*Alguien tiene que gobernar*», em va dir Felipe González. Hi vaig estar d'acord amb un afegit: «*No se puede hurtar la victoria de quien ha ganado en España*». A Catalunya el PP havia obtingut mals resultats, però a Espanya havien estat molt bons. Gairebé es pot afirmar que, sense Catalunya, hauria aconseguit la majoria absoluta. Però el catalanisme, representat a Madrid pels divuit diputats que havíem obtingut, no podia «*hurtar*» una victòria tan àmplia sense ser durament criticat, i amb raó. La reacció política i sobretot emocional en el cas que CiU hagués rebutjat qualsevol mena de negociació amb el PP hauria estat, per part del partit d'Aznar i els seus votants, la següent: «Hem estat catorze anys a l'oposició esperant poder guanyar les eleccions, i ara que les guanyem un partit molt minoritari a Espanya ens roba la victòria i ens condemna de nou a l'oposició». A partir d'aquell moment hauria calgut comptar amb una radical i furiosa reacció de ben bé mitja Espanya contra tot el que vingués de Catalunya i la Generalitat.

Felipe González i jo vam estar d'acord que en aquells moments calia un govern estable que adoptés les mesures necessàries perquè Espanya pogués entrar a la zona euro i consolidar la recuperació econòmica dels darrers anys. «*Por consiguiente*», va repetir Felipe González, «*convendrá que vosotros apoyéis a Aznar con las condiciones que, imagino, le vais a imponer*». No necessitava els consells de Felipe González perquè podíem prendre la decisió tots solets, però vull fer notar que les seves paraules diuen molt a favor del líder socialista, de la seva categoria com a governant i del seu sentit de la responsabilitat.

Felipe González em va assegurar que el PSOE tenia el propòsit d'exercir una oposició responsable i que no cauria en els excessos del PP. Li vaig recordar que, al seu moment, el PSOE també s'havia excedit, però vam estar d'acord que, en cas que el nostre pacte amb el PP s'arribés a lligar, el PSOE actuaria amb prudència i moderació en lleis relacionades amb la política econòmica i autonòmica. Per cert, que en la meva nota escrita sobre aquesta entrevista, hi ha una frase significativa. Malgrat la voluntat expressada per Felipe González, deia: «Són alarmants les declaracions que ja comencen a fer Chaves i Rodríguez Ibarra».

També vam comentar que era previsible que el PP volgués desmuntar l'estructura de poder construïda pel PSOE en els seus tretze anys de govern. S'havia de fer sense actituds de revenja o de gran sectarisme. Jo considerava que Espanya havia d'entrar en una etapa d'una certa calma. Aleshores ja s'havia iniciat una tendència en la política espanyola, cada cop més acusada, consistent a fer intervenir la justícia en la política, de vegades justificadament però molt sovint com a mecanisme de desgast de l'adversari. Per cert, que en un moment determinat d'aquella legislatura del PP, des de sectors socialistes se'm va demanar que fes una gestió prop del president Aznar en favor del diari pro socialista *El País* i del seu conseller delegat, Juan Luis Cebrián, a qui semblava que volien tancar a la presó en relació amb el conflicte de Canal+ i els dipòsits dels abonats. La vaig fer. Cebrián no va anar a la presó, no sé si per la meva influència o simplement perquè no hi havia d'anar. En tot cas, i recordant que el diari *El País* m'havia estat tan hostil, principalment en el cas de Banca Catalana, de nou es manifesta el meu interès de mantenir la rancúnia al calaix de la tauleta de nit. L'Aznar em va dir: «*Ellos no habrían hecho lo mismo por ti*».

Felipe González, de totes maneres, calculava que el govern del PP duraria poc. S'equivocava. En saber els resultats de les eleccions havia dit que, la seva, havia estat una «*dulce derrota*». Una observació que ja des del primer moment vaig considerar absolutament fora de lloc i a la vegada contradictòria, si ell mateix m'aconsellava de consolidar un govern fort del PP.

Els dubtes d'un pacte amb Aznar

Durant uns quants dies hi va haver una certa desorientació dins del PP, perquè els recava haver de pactar amb nosaltres. El desconcert es detectava també en el conjunt del país. S'iniciava una situació nova, també en el món de CiU.

El dia 5 de març, dos dies després de les eleccions i deu abans de l'entrevista amb Felipe González, jo havia escrit una nota que començava així: «La investidura d'Aznar per part nostra a hores d'ara és molt improbable». I hi afegia un paràgraf que val la pena reproduir: «Si finalment féssim possible la investidura, el PP ens hauria de fer costat al Parlament català amb discreció i a canvi de res. De res. Encara més: hauria de donar llum verda, per activa o per passiva (és a dir, fent veure que no ho veu), a la nostra política de renacionalització».

Cal tenir present que llavors no teníem la majoria absoluta al Parlament de Catalunya. L'havíem perduda en les eleccions del 1995, en bona part pel rebuig dels nostres electors al suport que havíem donat al PSOE. En la nota també deia, perquè es veiés que no teníem gaires opcions, que encara seria més difícil la negociació amb el PSC al Parlament de Catalunya. Escrivia el següent amb una frase prou lapidària: «El PSC, tant com el PP però més perillosament, busca la nostra destrucció. Cal no oblidar-ho mai».

Deia també:

> L'Aznar havia parlat algun cop del propòsit, quan fos al govern, de provocar un debat sobre el tema autonòmic. Fem-ho, doncs, tot i que el seu sostre i el seu concepte segur que no són els nostres. I en Rodríguez Ibarra també diu que «potser ha arribat el moment de la revisió». En tot cas, per a nosaltres sí que ha arribat. Necessitem una solució prou bona perquè la puguem considerar definitiva (definitiva dintre de la relativitat d'aquest terme en els estats amb poder compartit). La necessitem per raons

nacionals, però, a més –i molt–, perquè no pot ser que cada dos per tres haguem de lliurar terribles batalles i assumir grans riscos per a objectius molt modestos. Que ens llencin tot Espanya a sobre i mirin de minar la nostra convivència per contrarestar les nostres reivindicacions o per frenar la nostra iniciativa política d'àmbit espanyol.

El suport que més d'un cop vam donar a UCD va provocar un fort *acoso y derribo* dels socialistes contra nosaltres. Fórem presentats, ja aleshores, com a explotadors i insolidaris davant de tot el país, i com a representants de la burgesia mesquina i egoista. Va provocar també intents lerrouxistes a Catalunya per part de sectors molt importants del PSOE i del PSC. Més tard, les justes reivindicacions contra l'ofec financer, tan general com sanitari, contra la LOAPA o per la querella de Banca Catalana, van provocar l'acusació sistemàtica a gran escala de victimistes i, com sempre, d'insolidaris. Del 1993 ençà, la campanya ha anat a càrrec del PP i dels mitjans de comunicació del seu entorn (i també a càrrec de IU). Hem estat presentats com a xantatgistes, espoliadors, lladres, amb qualsevol excusa, des del 15% de l'IRPF fins a la catedral de Burgos. Hem estat també acusats de practicar la neteja ètnica i s'ha procurat esberlar la cohesió social i la convivència ciutadana a casa nostra.

I ara què? Ara ens hem de preguntar si a partir del 1996 hem de tornar a patir les mateixes envestides, ara des del sector socialista, o des de la dreta si no ens avenim prou i prou de pressa a pactar amb el PP. Per tant, i independentment de si votem o no la investidura d'Aznar, val més agafar el toro per les banyes i plantejar amb tota profunditat i claredat la qüestió de la nostra autonomia. No es podrà fer abans de la investidura, però ho podem anunciar.

Alguns diuen que ara a CiU –i en un cert sentit a Catalunya– se li presenta la gran oportunitat històrica. La de fer que Espanya vegi les coses de Catalunya d'una altra manera (i, afegeixo jo, de millorar el nostre Estatut substancialment). Per altra banda segueix pendent de ser resolt el gran repte socioeconòmic espanyol (i no em refereixo només a Maastricht, sinó al canvi de mentalitat i de política econòmica a Espanya).

Tot això pot ser temptador, però nosaltres no podem actuar sense tenir en compte ni el nostre partit ni el nostre electorat. És tot això el que hem de sospesar.

En tot cas, el protagonista principal, i per tant el que hi ha de posar més el coll, és el PP. Sense oblidar que, a més, cal una actitud òbviament d'oposició però constructiva i àdhuc en certs temes lleial del PSOE i del PSC.

Van ser dies i setmanes d'una activitat intensa. El mateix dia 5 vaig escriure una altra nota, més extensa, sobre com havíem d'enfrontar una possible, encara que no segura, negociació amb el PP. Marcava fites importants:

Podem des d'ara orientar la nostra decisió en un sentit que faci impossible, o molt altament improbable, la investidura. En aquest cas no cal que preparem cap mena de negociació. Val a dir que aquesta actitud seria del tot contradictòria amb la idea i el propòsit de ser clau. I no respondria plenament a la de plantar cara. És cert que plantar cara es pot fer des d'una posició d'enrocament total, perquè no hi ha més possibilitat que la defensa a ultrança i sense cap mena de negociació. Però plantar cara es pot fer també en un context de negociació. Ara, cal admetre com a molt possible que CiU no pugui acordar la investidura de l'Aznar i que això porti eleccions a la primeria d'agost. Amb tot, no seria prudent que no analitzéssim quins haurien de ser els nostres objectius precisos si s'arribés a negociar. Entre altres coses, perquè si bé és cert que durant la campanya vam dir que no votaríem la investidura d'Aznar, també vam dir que qualsevulla entesa amb qui fos havia de passar per l'acceptació d'alguns punts bàsics del nostre programa.

Quins eren, i quins serien si es volgués negociar, aquests punts?

1. Consolidació de tot el que hem assolit del 1993 al 1995 i continuïtat dels processos engegats quan s'escaigui (cas de la Policia). [I a mà: *potser s'haurà de canviar la llei.*]
2. Finançament autonòmic. Ara ja hauríem de precisar què vol dir això exactament. Vol dir passar al 30% de l'IRPF (i més endavant al 40%) i obtenir un tant per cent de l'IVA i d'alguns impostos especials? Això, a quant pujaria? O vol dir alguna altra cosa? Això, a quant pujaria?
3. Finançament sanitari. Cal presentar una proposta més precisa, d'una quartilla.

4. Més difícil és negociar les inversions directes de l'Estat, que són les que permetrien arribar a la xifra de 250.000 milions. Però ara hem de veure què és el que realment podem demanar.
5. Revisió dels criteris d'aplicació dels fons europeus. Això és condicionat en gran part per la normativa europea, però no al cent per cent (per exemple, els fons de cohesió es poden aplicar d'una manera més favorable a Catalunya).
6. Deixar del tot de banda el tema lingüístic. La Generalitat ha de poder seguir fent el que fa, sense interferències ni campanyes. El PP se n'ha d'oblidar (aquí i a fora d'aquí).
7. Assegurar-nos que al País Valencià el PP respectarà la unitat de la llengua (independentment del nom de *llengua valenciana*) i la política de normalització.
8. Represa de la negociació sobre el traspàs de competències. Triar-ne un parell d'importants i significatives, ja d'antuvi.
9. A part de tot això hi ha els temes de política econòmica i algunes altres qüestions de caràcter general. Són molt importants i s'haurien d'incloure a la proposta de negociació. Però no les especifico en aquest document. Ho faré en una altra nota.

Torno a dir que escric aquestes notes per si un cas les necessitem. Si no iniciem la negociació, no calen. En aquest cas, o si iniciem les negociacions i resulten inútils, el que cal és començar a preparar les eleccions. I això és tot.

Repetia:

De tota manera, vull afegir una última consideració de caràcter general. Aznar va dir fa un temps que volia obrir un debat sobre el tema autonòmic. No sé si ara hi pensa, i segur que el debat que ell vol fer no és ben bé el nostre. Però nosaltres sí que l'hem de plantejar, aquest debat: un debat sobre el sostre autonòmic i sobre el concepte d'autonomia, i que podria ampliar-se a un debat sobre la idea d'Espanya. Això darrer seria un plantejament ja diguem-ne radical (radical en el sentit de molt a fons). Si només introduïm els dos primers temes serà un debat en la línia possibilista i, per tant, l'adequat si hi ha negociació. Si hi hagués hagut majoria absoluta dels populars o si ara desemboquéssim en una actitud de ruptura amb ells, seria convenient situar el debat en el terreny més de fons.

Les nostres discussions internes contrastaven amb l'opinió dominant fora de CiU. Una nota meva del dia 6 de març diu:

Comencen a arribar les recomanacions de pacte amb el PP. Abans d'ahir fou el mateix ministre Atienza, i ahir en Joaquim Nadal, del PSC, ho donava per fet, lògic i convenient. Empresaris, periodistes pro socialistes, la gent de les tertúlies d'aquí i d'allà, també ho consideren convenient, àdhuc necessari. Però la gent del nostre partit no ho veu així, i el nostre electorat en part tampoc. Però és que, a més a més, se'ns demanen coses impossibles de conciliar. Per exemple, els socialistes volen col·laborar amb nosaltres en el Parlament i en el govern de Catalunya, i alhora esperen que permetem que l'Aznar i el PP obtinguin la investidura a través nostre. És la quadratura del cercle. Per altra banda, sé que consideren molt convenient per al país en general (i per al PSOE i el PSC) que facilitem la investidura d'Aznar, però alhora ja des d'ara ens reclamen que la dreta no arribi al poder, i ho fan no només amb arguments polítics d'esquerra, sinó, amb gran cinisme, en nom de la defensa de Catalunya.

El lector es pot preguntar si tots aquests escrits que cito són el fruit de reflexions personals meves en solitari o tenen les aportacions d'alguns col·laboradors. Com que quatre ulls hi veuen més que dos, de vegades consulto amb altres les meves decisions polítiques, però en general les coses les penso sol, sense que consideri que això sigui una virtut.

Conversa al molí

Finalment, vaig rebre una trucada de José María Aznar. Volia veure'm. Vam celebrar la reunió, amb tota mena de precaucions, el diumenge 17 de març, prop de Madrid, a la casa que Rodrigo Rato té al poble de Carabaña: un antic molí per sota del qual circulen les aigües del Tajuña. Per no cridar l'atenció vaig fer el viatge sense vehicles d'escorta. Només ens vam aturar en una estació de servei. El cotxe va aparcar just davant la porta del lavabo perquè saltés i tornés a entrar sense que ningú em veiés, mentre el mosso que m'acompanyava anava a comprar un entrepà i una beguda que vaig consumir mentre repreníem el viatge. En una altra àrea de servei, prop de Madrid, ens esperava un cotxe. Ens va fer un senyal convingut i ens va guiar cap al lloc de la cita. A la nit, després de la cita, vaig tornar amb avió.

Rato era a la casa, però la reunió la vam mantenir Aznar i jo, a soles. Va durar unes tres hores. Aznar la va començar amb aquesta frase: «Tinc molt interès a pactar, però no ho puc fer a qualsevol preu ni de qualsevol manera». Li vaig dir que jo tampoc.

D'aquella entrevista, en vaig treure aquestes notes:

> La col·laboració entre el PP i CiU, entre la dreta espanyola i el nacionalisme català, és difícil, i darrerament ha esdevingut més difícil. Ho és a causa de l'acumulació d'impactes negatius. Vells impactes i vells records, fruit de la posició tradicional de la dreta espanyola, i impactes nous i recents, fruit de la campanya del PP d'aquests últims anys.
>
> Ara hi ha un gran recel envers el PP, àdhuc un rebuig, que no afecta només CDC i CiU, sinó el conjunt de l'opinió pública catalana. El PP va treure el 3 de març el 18% dels vots (a Catalunya), que no és cap gran resultat si es

pensa que va ser el seu any bo i que l'any 1993 en va treure el 17%. Però la resta, el 82%, és anti PP. Aquest és el gran mal de la política de Vidal-Quadras (el líder del PP a Catalunya en els anys anteriors). El pitjor mal que es pot fer a Catalunya és el que ha intentat Vidal-Quadras: anar contra la convivència de Catalunya, mirar de dividir la nostra societat per temes lingüístics i culturals. I amb quin resultat? El PP amb prou feines ha guanyat un 1% a canvi de concitar el rebuig de molta gent que fa tres anys tenia una actitud molt menys contrària. A canvi d'un 1% més de vots, que no li han fet guanyar ni un diputat més i que no ha evitat que Girona sigui l'única província d'Espanya on el PP no té representació, la política de Vidal-Quadras ha malmès molt greument les possibilitats que CiU pugui ajudar el PP a governar. Vidal-Quadras ha fet un molt mal servei al PP.

Si fa tres anys el resultat de 159-141 hagués estat invers, el suport al PP no hauria estat fàcil per a CiU, però era possible. Avui ha esdevingut molt i molt difícil. De tota manera, parlem-ne.

Parlem-ne perquè encara que a CiU sempre li queda el recurs del replegament, el cert és que no el creiem convenient. Creiem que no seria bo, ni de cara a Catalunya ni de cara al conjunt d'Espanya. De tota manera, és una possibilitat que no podem descartar.

Segons Aznar, un més gran reconeixement de Catalunya és inevitable i necessari. Reconeix que Catalunya constitueix un fet diferencial, i que, per tant, cal «*avanzar en la singularidad catalana*». I afegeix que entén que no siguem federalistes –això ho havia tret d'un discurs meu–, perquè el federalisme és homogeneïtzador. Segons ell, en canvi, el sistema autonòmic permet tenir més en compte el fet diferencial.

Va dir que hi ha una cosa que de cap manera podria cedir, que és la caixa única de la Seguretat Social. Jo li vaig dir que això no ho demanaríem (però que ho demanarien els bascos), i que en canvi li demanaria d'entrada la Policia de Trànsit (no em va dir res, però em sembla que no li va fer gràcia).

Després de tres hores, Aznar va considerar que estava en condicions d'arribar a un acord i vam quedar emplaçats per a una nova trobada.

El 31 de març ens vam veure de nou, ara a la casa que l'industrial de productes carnis Fernando Ballvé tenia al barri residencial de Puerta de Hierro de Madrid. Vaig reiterar els arguments del dia 17. Durant la legislatura havíem de poder dur a terme una reflexió que permetés situar l'autonomia de Catalunya en un nivell més d'acord amb la personalitat del país. Vaig insistir especialment en la llengua. Textualment li vaig dir, segons consta en els documents de la reunió: «Sobretot cal que no sigui discutida i menys atacada la política lingüística de la Generalitat, a l'escola i en general. El PP se n'ha d'oblidar, a Catalunya i fora de Catalunya».

Vaig fer notar amb insistència que la convivència a

Catalunya, en general i en l'aspecte lingüístic, era bona, al contrari del que ells propagaven.

Vaig deixar clar també que una de les condicions del suport era que s'havia de resoldre definitivament i bé el fals problema de la unitat lingüística del català, discutida pel PP de València: «Hi ha encara un tema sobre el qual necessitem garanties, discretes però fermes. Fermes: és a dir, segures però que entenem que de moment no siguin objecte de gran publicitat (en tot cas, de molt poca publicitat). És el tema de la unitat lingüística, que és de capital importància. Independentment del nom que ara es doni a la llengua, que segons l'Estatut Valencià és *valencià* al País Valencià (i que, per tant, mentre així ho digui l'Estatut és el que compta), hem d'estar segurs que la unitat lingüística serà respectada».

Per situar les coses, vull recordar que durant tots els meus anys de govern vaig procurar no interferir en la política del País Valencià. No vaig utilitzar mai el terme Països Catalans, que havia fet servir alguna vegada de jove. En canvi, sí que em vaig mantenir sempre molt ferm en la unitat lingüística del català i en tot allò que pogués representar una acció cultural conjunta.

Aznar em va dir que hi estava d'acord i em va indicar que en parlés directament amb Eduardo Zaplana, el president de la Generalitat Valenciana, que era del PP. Ell també hi parlaria, però havíem de ser nosaltres dos els que havíem de trobar una solució.

L'entrevista amb Zaplana va tenir lloc el 8 d'abril

d'aquell any. La vam celebrar, sense publicitat, al Mas Calbó, el lloc entre Reus i Salou on, al segle XI, havia nascut sant Bernat Calbó. Les meves notes diuen el següent:

> Zaplana comença per afirmar la unitat entre valencià i català i accepta la definició en aquest sentit del *Diccionario de la lengua española* de la Real Academia. I diu que accepta les normes de Castelló. En canvi, no accepta que l'IEC (Institut d'Estudis Catalans) sigui l'autoritat única en matèria lingüística també al País Valencià. Però diu que hi poden haver fórmules mixtes. Per exemple, diu, un organisme amb competència sobre el català i el valencià [...].
>
> En Zaplana em diu que necessita temps per poder pacificar la societat valenciana, especialment un sector de la burgesia que ha esdevingut hostil al català i a Catalunya (jo crec que aquesta hostilitat també existeix en certs sectors populars, sobretot de la ciutat de València). Diu, i crec que té raó, que el catalanisme al País Valencià es va lligar massa, i sobretot massa exclusivament, amb l'esquerra. Però, per altra banda, reconeix que els qui van en contra del català no van a favor del valencià, i que de fet van a favor del castellà [...].
>
> Li dic que, des de Catalunya, durant molts anys hem mirat de no polemitzar sobre la llengua, i òbviament no hem interferit mai en temes interns valencians. Però cada cop ens sentim més agredits (no només lingüísticament).
>
> Ell demana temps i discreció. Però pregunto: «En què podem notar que ell orienta el País Valencià cap a una

normalització de relacions amb Catalunya i (ni que sigui de fet, és a dir, sense preses de posició públiques) cap al reconeixement de la unitat lingüística?». No dóna una resposta clara.

A part d'això manifesta molt d'interès a col·laborar amb Catalunya en el camp econòmic, a establir negociacions amb Madrid sobre competències i finançament, a fer política mediterrània, etc.

Encara que amb dificultats, l'acord lingüístic es va complir, sobretot a través de l'Acadèmia Valenciana de la Llengua.

Quan es discuteix si s'havia d'intentar o no un pacte amb el PP, cal recordar de nou el nostre propòsit de contribuir a assegurar la democràcia, la governabilitat i el progrés econòmic i social de tot l'Estat. A més, jo pretenia fer una exploració. Després de la satisfactòria col·laboració amb el PSOE els tres o quatre anys anteriors, es tractava de saber si també era possible una relació positiva amb el PP. Havia alimentat la idea que potser si s'establien unes normes de lleialtat entre el nacionalisme català i les dues principals forces polítiques espanyoles, d'esquerra i de dreta, hi podria haver una relació que anés més enllà de la simple *conllevancia* entre Catalunya i Espanya. Una il·lusió agosarada, que –m'avanço a afirmar-ho– el temps ha demostrat que era vana. Vana amb el PSOE i vana amb el PP.

Cal dir que, del 2000 ençà, sectors espanyols molt

importants de la política, la intel·lectualitat, la societat i la premsa, han lliurat i han guanyat una batalla ideològica sobre el que és i ha de ser Espanya, radicalment contrària a la que nosaltres, amb alguns sectors minoritaris espanyols, havíem defensat. El PP i les seves fundacions, començant per la FAES, hi han tingut un paper molt important. I han comptat o bé amb la col·laboració directa de bona part del PSOE o bé amb la passivitat i el deixar fer d'una altra bona part. Gent com Alfonso Guerra, José Bono, Vázquez, Manuel Chaves, Juan Carlos Rodríguez Ibarra, Joaquín Leguina o Enrique Múgica, molts dels anomenats barons socialistes, i també bona part del sector intel·lectual i dels mitjans de comunicació que donen suport al PSOE, han actuat en la mateixa direcció.

Això explica que quan en aquests darrers anys hi ha hagut tantes campanyes en contra de Catalunya no hagi sortit ningú a Espanya intentant explicar o comprendre les nostres raons com a país. Alguns sectors catalans, sobretot considerats d'esquerres, se n'han sorprès i no han entès que s'esfumés el «*gobierno amigo*», amic de Catalunya i del govern tripartit, amb què Zapatero es va presentar. Aquesta manifestació de sorpresa subratlla l'encaterinament d'alguns catalans i catalanistes per les esquerres espanyoles i certifica la frivolitat de Rodríguez Zapatero, que va prometre el seu suport al nou Estatut o bé per pura demagògia o bé per ignorància total de la realitat espanyola i fins i tot del seu propi partit.

El pacte del Majestic

Amb Aznar vam decidir que havíem de fer públic i de manera protocol·lària l'acord, i que aquest cop vindria ell a Barcelona. Ens vam trobar per sopar a l'hotel Majestic del passeig de Gràcia amb les dones respectives i molta gent d'una i altra força política. Hi van haver fotos, brindis, encaixades de mans. Per al meu gust, tot plegat molt excessiu. Se'm va escapar. L'hotel va acabar donant nom a l'acord: el pacte del Majestic. També se'n podria haver dit el pacte de Carabaña, que és el lloc on es va començar a ordir.

El pacte del Majestic té diverses parts. Una contemplava el suport a l'economia productiva, en la línia que CiU sempre havia defensat. Una altra, que s'hi relacionava, insistia a afavorir la integració d'Espanya a la Unió Monetària Europea, és a dir a l'euro. Totes dues feien necessaris uns acords sobre polítiques pressupostàries i el diàleg amb els interlocutors socials. S'insistia en el manteniment i la millora de l'Estat del Benestar.

Un apartat feia referència a les transferències autonòmiques que s'havien de completar i, sobretot, a la creació d'un nou sistema de finançament, en la línia de coresponsabilitat fiscal encetada per l'acord amb el PSOE de participar en l'IRPF, que des dels anys vuitanta havia estat el cavall de batalla de CiU. S'establien també alguns aspectes més de caràcter econòmic, com l'acceptació que la Generalitat podria actuar sobre els impostos cedits, abaixant-los o apujant-los. Els antics governadors civils de cada província van quedar suprimits, encara que van ser substituïts per un delegat del govern central, que no se sap ben bé què fa i que es fica pertot. Vam acordar negociar l'assumpció de la Policia de Trànsit, legislar sobre ports d'interès general i crear una ponència perquè en el termini no superior a un any se suprimís a Espanya el servei militar obligatori. Per cert, que Felipe González i Helmut Kohl s'hi havien manifestat contraris i jo mateix no ho havia considerat prioritari en les converses amb Aznar, però les pressions del meu partit i d'una societat molt receptiva a la lluita dels objectors de consciència eren molt fortes. Ja està bé. Millor així.

Les concessions del pacte del Majestic poden semblar insuficients, i realment jo no vaig amagar mai que no constituïen el final del procés reivindicatiu, però des del punt de vista d'Aznar i el PP eren molt grans. Pensem que veníem del «*Pujol, enano, habla castellano*», i, sobretot, d'una radical oposició a la cessió de qualsevol tram de l'IRPF i un autèntic rebuig a concedir més autogovern a Catalunya. A més, de seguida hi va haver una reacció del PSOE contra les concessions del PP als nacionalistes catalans que situava Aznar en una posició molt difícil davant la seva pròpia gent. De totes maneres, en aquell moment, els socialistes espanyols, situats a l'oposició, iniciaven un procés de desorientació interna i de crisi que va durar uns quants anys.

Vam poder negociar un programa molt important d'inversions a Catalunya. De fet, totes les obres d'infraestructura que s'han fet durant la primera dècada del segle XXI a Catalunya van ser desencallades i activades a través d'aquest acord entre el PP i CiU. Val a dir, en honor a la justícia, que algunes d'aquestes infraestructures havien estat planejades inicialment per Josep Borrell, ministre d'Obres Públiques amb el PSOE, però que havien quedat encallades fins que la nostra pressió política i l'habilitat negociadora de l'Albert Vilalta les van desencallar. Una predisposició del PP per frenar l'autogovern i, en canvi, estar més obert a altres qüestions, com podrien ser el TGV, el sincrotró o el nou aeroport del Prat, va permetre fer un salt endavant considerable. De fet, cada cop que actualment, és a dir el 2010, el govern del PSOE parla de les infraestructures que ha fet o fa a Catalunya, parla d'obres iniciades abans, amb el PP.

Crec que al PP es van fer la idea que, després d'uns anys de bona col·laboració i de compliment del pacte del Majestic, nosaltres acceptaríem estudiar una possible aliança estratègica més forta i permanent amb ells. Si se la van fer, és que desconeixien la doctrina política de CiU i meva. Personalment, i pel que fa a Espanya, jo m'he sentit sempre lligat a un compromís, que és bàsic i central en la meva vida. El compromís no el tinc amb cap força política espanyola concreta, sinó amb la idea d'una

Espanya de signe democràtic, de progrés econòmic i social, de desenvolupament molt general i connexió europea. I, naturalment, respectuosa amb la personalitat nacional de Catalunya.

Un comentari final sobre el pacte del Majestic, amb el risc de resultar repetitiu. És habitual que se'l critiqui, i que es critiqui CiU per haver-lo fet. El PP ha tingut sempre mala imatge en el món nacionalista o simplement entre molta gent de sensibilitat catalana. Una mala imatge guanyada a pols. Ha tingut també l'hostilitat de les esquerres catalanes i de gent de centre a qui molesta el seu to sovint radical en molts aspectes, i ho entenc.

Però, dit això, també són certes tres coses. La primera, esmentada abans, és que el partit de govern a Catalunya poc o molt ha de pactar amb el partit que governa a Madrid. La segona, que CiU s'havia compromès a assegurar la governabilitat, la continuïtat i l'estabilitat a Espanya. Per fi: moltes de les crítiques eren fetes silenciant que pactes amb la mateixa filosofia i amb resultats també positius els havíem establert amb el PSOE i amb la UCD en l'etapa decisiva del 1977 al 1980. Si es comptabilitzen els guanys en finançament i infraestructures que Catalunya en va treure, el nostre pacte amb el PP va ser bo. Sens dubte, bo. Una altra cosa és que l'escenificació fos, com he dit, excessiva.

La primera legislatura d'Aznar i l'euro

En contrast amb la segona, que va tenir llums i ombres i finalment més ombres que llums, tothom coincideix a dir que la primera legislatura d'Aznar va ser positiva per a Espanya i per al prestigi i la percepció exteriors tant de l'Estat com del mateix president del govern. Per a Catalunya ho va ser pel finançament, ho va ser perquè el PP va arraconar ni que fos per uns anys els plantejaments anticatalans, i ho va ser per unes quantes coses més com la supressió del servei militar i l'assumpció del trànsit per part dels Mossos.

Aznar, home de paraula, va complir els compromisos del pacte i va crear les condicions perquè les relacions amb el PP de Catalunya fossin més cordials i de més col·laboració. Vam poder passar de l'actitud agressiva d'Aleix Vidal-Quadras, el seu líder a Catalunya els darrers anys, a la de Josep Piqué i Francesc Vendrell, sorgits de l'ala més catalanista del PP. Ens van consultar igualment alguns nomenaments de gent del PP que volien fer a Catalunya. Em fa goig dir que va ser molt encertat el meu consell de situar Enric Lacalle com a president del Consorci de la Zona Franca, perquè ho va fer realment bé.

Nosaltres també vam complir, sobretot donant suport a la política econòmica. Es va produir un fet afortunat, i és que Rodrigo Rato, el ministre d'Economia d'Aznar, tenia el mateix criteri que Pedro Solbes, l'últim ministre de Felipe González en la mateixa cartera, cosa que va afavorir la continuïtat d'una línia que a la vegada concordava molt amb la que nosaltres defensàvem des de final dels anys vuitanta.

En aquell moment, Espanya vivia en la incògnita de si podria ingressar o no a la Unió Econòmica i Monetària, és a dir a la zona euro, en la data fixada de l'1 de gener de 2001. L'opinió general a Europa era que ni Espanya ni cap país mediterrani serien capaços de complir les condicions que exigia el tractat de Maastricht. Es va encunyar l'expressió despectiva de Club Med per referir-se a aquests països, tot evocant el Club Méditerranée, una organització francesa de vacances amb el camp d'acció a la riba mediterrània. Era una manera de dir que Espanya, amb Portugal, Itàlia i Grècia, eren llocs bons per anar-hi de vacances, però incapaços de treballar responsablement i amb garanties en el camp econòmic. Aquestes consideracions em van recordar que quan jo feia conferències pel nord d'Europa per parlar de la importància del Mediterrani, deia amb un cert èmfasi que el sud d'Europa ja no responia a la imatge agrària, bucòlica i aturada en el temps que traslluïa la pregunta formulada per Goethe en el seu *Viatge per Itàlia* al segle XVIII: «*Kennst das Land wo die Zitronen blühen?*» ('Coneixes el país on floreixen els llimoners?').

Val a dir que la denominació de Club Med era més amable que l'acrònim PIGS, que vol dir 'porcs', amb el qual més tard i fins ara mateix, el 2010, s'han qualificat

Portugal, Itàlia (o, segons com, Irlanda), Grècia i Espanya. Es tracta d'una broma més aviat de mal gust i injusta.

Per contradir la imatge de Club Med aplicada a Espanya, el mes de setembre del 1996 Aznar en persona va anunciar que, «*caiga quien caiga*», Espanya entraria a l'euro perquè el govern prendria les mesures necessàries per reduir la inflació, el deute i l'endeutament i per reduir els tipus d'interès. Aquí Aznar va estar bé. «*Caiga quien caiga*», «peti qui peti», volia dir que entraríem a l'euro encara que s'haguessin de prendre mesures dràstiques i impopulars. Aznar va pronunciar la proclama, una mica teatralment, en una cimera hispanoitaliana que es va celebrar a València. El cap del govern italià Romano Prodi, que assistia a la reunió, va plantejar la possibilitat que els països amb més dificultats miressin de trobar una mena de compromís, allò que els italians en diuen *combinazione* i que en català podríem traduir per *martingala*, per estalviar-se de complir exactament els acords de Maastricht. La resposta d'Aznar, molt al seu estil, va ser tallant i fins i tot brusca: «Nosaltres, els espanyols, no farem cap *combinazione*. Nosaltres complirem, i el meu consell, senyor Prodi, és que vostès facin el mateix».

Contestar així a Prodi era més fàcil que convèncer els europeus que Espanya, amb un govern que acabava de començar, el qual no es considerava preparat i que estava en minoria, podria disciplinar-se. Vaig anar a trobar Aznar per dir-li dues coses: que podia estar absolutament segur del nostre suport a l'hora d'aplicar les mesures, i que si ell ho volia jo en persona aniria a explicar la política que es pensava seguir als principals països europeus on tenia bona entrada per garantir-los que amb CiU el govern espanyol tenia assegurada la majoria parlamentària.

És així com vaig visitar el canceller alemany Helmut Kohl, el president francès Jacques Chirac, el primer ministre belga Jean-Luc Dehaene, el primer ministre holandès Ruud Lubbers i, més que res per deferència personal i donar satisfacció a la meva italianofília, el primer ministre italià Romano Prodi. També em vaig trobar amb alguns polítics alemanys especialment reticents a la incorporació d'Espanya a l'euro com el comte Otto von Lamsdorff, president de la Comissió d'Economia del Bundestag; el ministre d'Economia també alemany Theo Waigel, que realment era l'inventor dels criteris de Maastricht, i el president de Baviera, Edmund Stoiber, un home de gran influència i molt escèptic amb les capacitats dels països del sud. I com que en els moments previs a la implantació de l'euro el pes del Bundesbank era decisiu, vaig visitar el seu president, Hans Tietmeyer, que em va causar una impressió molt positiva. Vaig anar a veure igualment representants del món industrial alemany, entre els quals vaig visitar el president de la patronal alemanya. Les meves paraules eren sempre les mateixes: «Espanya ha de prendre aquestes mesures, que no seran fàcils, però el govern està molt decidit i té assegurada la majoria absoluta perquè la hi dóna amb tota fermesa CiU, que està d'acord amb la política econòmica del govern i sempre ha estat molt europeista».

Conservo els millors records de les entrevistes amb Tietmeyer i Kohl. Tietmeyer era un gran economista i al mateix temps un humanista molt sensible. Tenia un concepte global, positiu i engrescador de l'economia i la societat. Vaig conèixer Kohl el dia d'aquella reunió. L'entrevista va ser molt llarga, d'un parell d'hores. Com que anava acompanyat d'un molt bon introductor, el diputat democratacristià alemany Karl Lammers, a part de parlar d'economia vam mantenir un llarg canvi d'impressions sobre tot. Kohl estava plenament orgullós de com havia liderat la reunificació alemanya i vaig poder calibrar que agraïa molt el suport que en aquell moment havia rebut de Felipe González. Com ja he dit, el president espanyol es va cobrar bé la deferència perquè Kohl el va ajudar molt a aconseguir els fons de cohesió europeus que van beneficiar tant Espanya. Em va semblar que el canceller sempre havia tingut simpatia per França. Vam parlar d'història i religió. Kohl és historiador de formació acadèmica, i jo, que sempre he tingut una flaca per aquesta disciplina, em considero, modestament, un bon coneixedor de la història alemanya. Pel que fa a la religió, Kohl em va expressar la seva preocupació per la dificultat de transmetre els valors religiosos als infants i els joves, i lamentava que hi hagués sacerdots que no es fessin prou càrrec del problema que això representava. De totes maneres, Kohl partia de la base que la millor via de transmissió, en valors i tantes coses, era la família.

De l'entrevista amb Chirac recordo que, al marge del motiu que em portava davant de la seva presència, el president francès em va demanar que mirés d'influir perquè s'accelerés la instal·lació de la Línia de Molt Alta Tensió (MAT) entre França i Espanya. En aquells moments els dos països dubtaven de si fer passar la línia pel Pirineu Central –o sigui el Pirineu aragonès– o pel Rosselló i l'Empordà. Al final va ser considerada aquesta segona opció, però han passat tretze anys i la línia encara no està feta. Ho dic perquè es vegi clar que el procés de les grans infraestructures és molt lent, apreciació sobre la qual hauré d'insistir més endavant, quan parli de l'obra de govern.

Aquelles visites van anar molt bé. Van esvair dubtes i recels sobre la determinació del govern espanyol i les possibilitats que tenia de prendre les mesures pertinents, per difícils que fossin. Espanya, realment, va complir. Sense *combinazione*, sense martingales. El govern i el país en general van donar exemple de responsabilitat i Espanya va poder entrar a la Unió Monetària en la data prevista.

Un cop vist com han anat les coses, hem d'acceptar que les reserves que alguns estats europeus havien manifestat sobre el rigor dels països mediterranis eren, en part, justificades. Ara assistim a la crisi grega, a les grans dificultats que afecten Portugal i a una situació preocupant a Espanya i Irlanda, fruit en bona part de la poca seriositat d'aquests països. He insistit a dir moltes vegades, en el transcurs d'aquestes *Memòries*, que la seriositat és una actitud bàsica perquè un país vagi endavant. Tan senzill com això, però per a alguns tan difícil.

El cas grec convida a una reflexió que va més enllà de Grècia. Es pot aplicar a Espanya, tot i que crec que el país no entrarà en una situació tan greu, per diversos motius. Però es poden arribar a produir certs símptomes, perquè també ha tingut una manca de seriositat per part del govern, de les institucions, dels partits polítics i de la societat en general. L'episodi grec és ben senzill. I és, per cert, una manifestació molt clara de l'ús i abús de la paraula i el concepte de *solidaritat*. És el cas d'un país que gasta molt més del que permet la seva capacitat de crear riquesa; que avicia la gent donant molt i exigint poc; que encaterina dient que es pot ser el primer de la classe però sense l'esforç i la disciplina que ha de seguir el primer de la classe per ser-ho, o bé estimula el ressentiment contra el primer de la classe; que mentre les coses van bé excita la vanitat i la fatxenderia i que fins i tot considera lícit i moral fer trampa. En el cas grec, això últim s'ha vist en el falsejament dels comptes que el país havia de presentar a la Unió Europea.

Potser no amb el gruix i la gravetat dels grecs, aquesta mentalitat ha arrelat molt a Espanya amb l'actual govern del PSOE. Aznar i els seus governs també van tenir aquests defectes, però van ser més seriosos, més responsables. O, com a mínim, no els va atrapar la crisi. De tota manera, podríem dir que si el pecat d'Aznar va ser l'orgull, el de l'època Zapatero ha estat el de la vanitat, i tots dos afectats per la síndrome del nou-ric.

Ara, a l'abril del 2010, l'economia espanyola passa per moments molt difícils. Espanya en conjunt, el seu govern i encara més el seu actual president, del PSOE, José Luis Rodríguez Zapatero, han perdut prestigi. Sol i sense majoria absoluta, al govern li agradaria trobar algun suport. En aquests casos tant el PSOE com el PP sempre han pensat en CiU, d'una manera que arriba a resultar irritant si es té en compte com els dos partits se'ns han girat en contra així que han pogut prescindir de la nostra col·laboració. Però és cert i comprovat que si algú pot entendre el que s'anomena l'«interès general» a Espanya, aquest algú és CiU. M'inclino a opinar que no hauríem de ser condescendents amb Zapatero, perquè no ha actuat amb lleialtat amb Catalunya, però si ara el govern espanyol i CiU poguessin dir que es posen a remar junts per plantar cara a la crisi econòmica, es generaria un efecte positiu molt important sobre els mercats i sobre els governs europeus. S'ha de dir de tota manera que l'any 1996 Aznar, Rato i tot el govern feien la impressió que actuaven seriosament i decididament i que ara, en canvi, el govern espanyol i el seu president no inspiren confiança.

Un segon comentari s'ha de referir a la presència internacional d'alt nivell, reconeguda i valorada, que durant els governs de CiU va tenir Catalunya. Recordo les sessions que cada any organitza el World Economic Forum a Davos. Jo i molts dels meus consellers vam assistir gairebé a cada edició. Hi vam establir contactes, en alguns casos vam fer unes intervencions de qualitat i ben valorades, i vam poder presentar Catalunya al món econòmic i polític d'una manera positiva. En resum, que aleshores la imatge que Catalunya projectava era molt millor que la que ha tingut durant els sis o set darrers anys. Una vegada en vaig parlar amb Josep-Lluís Carod-Rovira, que des del seu càrrec de vicepresident del govern tripartit era el responsable del que en podríem dir la política exterior de la Generalitat i la projecció externa del país. Li vaig dir, cordialment, que al meu entendre no ho feia bé, però que quedava en part excusat per un handicap que els meus governs no havien tingut, i és que el prestigi i la imatge de Catalunya estaven molt deteriorats. El govern del tripartit hi ha contribuït molt.

Aznar, proatlantista

Tot i l'interès d'Aznar per entrar a l'euro, vaig descobrir aviat que el president del govern espanyol era molt poc europeista. Que no ho era gaire ja ho sabia, però no fins a aquest extrem. Si Felipe González, amb la nostra contribució, s'havia compromès amb Europa i el Mediterrani, Aznar va emprendre camins contraris.

Com que, com es veurà més endavant, el govern francès havia manifestat molt poc interès per reforçar el paper del Mediterrani a Europa, cosa que sí que havia intentat Felipe González amb el procés de Barcelona, jo vaig pensar que Aznar aprofitaria l'ocasió per crear un autèntic lideratge espanyol a la banda occidental d'una riba tan important estratègicament i per guanyar posicions al Magrib. No va fer ni una cosa ni l'altra. Durant el seu mandat les relacions amb el Marroc, que havien millorat molt en l'època del PSOE, es van deteriorar considerablement.

Pel que fa a Europa, Aznar volia treure'n tot el que pogués, però no s'hi volia involucrar. Probablement no hi creia. Tot i ser un home molt ben considerat en els ambients polítics i periodístics continentals pels èxits econòmics del seu govern, actuava amb poca simpatia envers Itàlia, menys encara envers França i tenia poc *feeling* amb Alemanya. Un dia que li vaig expressar la meva preocupació pel fet que Espanya anés quedant aïllada dins d'Europa, ell no va donar cap importància a les meves paraules. Crec que en aquell moment subscrivia la resposta de Javier Elorza, l'ambaixador espanyol davant la Comissió Europea, quan li vaig expressar els mateixos temors. Em va dir: «*No se preocupe, la soledad engorda*». Tot plegat, al meu entendre, petulant i perillós.

Per comprendre tant les seves reticències europeistes com la seva visió de l'Estat espanyol i la posició que va acabar prenent respecte a Catalunya, cal tenir present que la mentalitat que conforma José María Aznar és la d'un *castellano viejo*, del segle XVII, òbviament traslladat a l'avui i a la modernitat. Jo deia, mig en broma mig seriosament, que era el comte duc d'Olivares del final del segle XX. Tenia en comú amb el primer ministre de Felip IV la idea d'una Espanya uniforme, centralista i radial, i l'ambició d'elevar l'Estat així estructurat a una potència internacional. No podia, certament, aspirar a l'hegemonia europea o planetària com el comte duc, però volia que Espanya representés un paper molt rellevant, al marge de França i d'Alemanya. De fet, al marge d'Europa. Recordo un dia que estàvem junts. Després de preguntar-se retòricament «*¿Qué es el mundo?*», va agafar paper i llapis. A la part superior del paper va dibuixar una circumferència que representava els Estats Units, amb una circumferència més petita, fent-li com d'apèndix, que simbolitzava la Gran Bretanya. En un pla inferior, situava França i Alemanya, països dels quals «penjaven» tots els altres d'Europa en situació subalterna. Entre aquests últims hi havia Espanya. Aznar va deixar el llapis en suspens. Em va mirar i, tot seguit, va tornar al dibuix per traçar una línia que, passant per sobre de França i Alemanya, unia Espanya amb la circumferència dels Estats Units. El plantejament era d'una gran ambició i transcendència i, de fet, molt revolucionari: es tractava d'orientar decididament Espanya cap a l'Atlàntic i els Estats Units, els amos del món. Amb aquest esquema s'entenen les seves aproximacions a la Gran Bretanya i la connexió molt forta amb els Estats Units, que havien de quedar gràficament immortalitzades en la fotografia de les Açores, amb Aznar al costat de Bush i Blair, pas previ a la implicació en la Guerra de l'Iraq amb voluntat de protagonista.

Aznar es va avançar a la consideració que un temps més tard va pronunciar el secretari de Defensa dels Estats Units, Donald Rumsfeld, quan va qualificar l'Europa occidental de «vella Europa», en el sentit de decadent i amb poc futur. El futur, per a Aznar, eren els Estats Units i l'Atlàntic. Una aposta que finalment va fracassar, però que podia no haver fracassat.

Diguem de passada que la imatge que Aznar tenia del món en aquell moment posa en evidència la tremenda acceleració que hi ha hagut els darrers quinze anys. Al president espanyol no se li va ocórrer situar en el seu dibuix una rodona que correspongués a la Xina. No preveia que la Xina trastocaria substancialment la visió de futur.

Des d'un punt de vista intern espanyol, la cosmovisió d'Aznar no augurava res de bo per a Catalunya, on el Mediterrani i Europa, tota l'Europa occidental, són factors clau en el desenvolupament econòmic i polític i en la història. La resistència dels governs del PP i també del PSOE a desenvolupar el corredor mediterrani amb un tren d'alta velocitat i la projecció d'aquesta línia ferroviària cap al centre d'Europa encaixa bé en aquesta estratègia. En tot cas, posen Catalunya en perill d'arraconament i de fer-li perdre l'actiu històric de ser porta d'Europa. Em referia fa un moment a l'eclosió de la Xina, un factor nou que pot ser útil a Catalunya. Els productes d'aquell país arribaran a Europa a través del canal de Suez i el Mediterrani. Si no connectem els ports de la costa espanyola amb una línia ferroviària molt potent que condueixi la càrrega a Europa, ens passaran al davant altres ports mediterranis. Un dels grans viatges de la meva presidència em va portar a la Xina. Podríem dir sense vanaglòria que el potencial econòmic d'aquell país va ser previst per Catalunya molt abans que ho fes Aznar i les seves circumferències sobre un paper.

Ja que parlem d'Aznar, val la pena que acabem de perfilar el seu contorn. He explicat el complex de nou-ric que afecta Espanya des del desenvolupament econòmic iniciat el 1993. L'Aznar que tot d'una es va trobar dirigint un país amb potència i en fase ascendent en va ser la personalització. Especialment durant la segona legislatura, que és quan l'home es va obnubilar. Espanya era un país potent, però no tan superlativament com Aznar va creure. En conseqüència, va cometre errors fruit de la imprudència. Normalment no es tenen accidents quan fa poc que t'has tret el carnet de conduir i et desplaces amb un cotxe normal. Els conductors prenen mal així que han perdut la por i condueixen un cotxe que, sense ser-ho ben bé, s'assembla a un Ferrari.

Aznar és com l'home d'origen modest que tot d'una es troba propulsat a responsabilitats molt altes. Afegim-hi una bona dosi d'ambició personal i col·lectiva, política i patriòtica. Afegim-hi també una primera legislatura de molt èxit, amb molta gent aplaudint-lo, dins i fora d'Espanya. Afegim-hi que va fer una gran arrencada per situar Espanya molt amunt, cremant etapes, i amb Espanya, ell mateix. Podríem dir que és la història d'un jove que vol aixecar un castell de 9. O de 10. El castell s'organitza. Aznar, que n'és el cap de colla i a la vegada l'enxaneta, cosa impossible a les places de Valls o de Vilafranca, comença a pujar-lo enmig de l'escepticisme i gairebé la burla dels espectadors. A mesura que el castell va pujant i s'observa que aguanta, la gent comença a mirar-se'l amb uns altres ulls. Continua pujant i la plaça emmudeix. Aznar està a punt de coronar el castell i fer l'aleta. El moment de glòria és a tocar. Però, en aquell moment els dosos o els terços fallen, tot el castell se'n va a terra, i amb el castell ell mateix, en part perquè l'ha aixecat malament.

El moment àlgid de l'orgull d'Aznar i en cert sentit d'Espanya es manifesta en la cimera de Berlín de l'any 2000. Aznar reclamava per a Espanya més diners d'Europa i el canceller Schröder s'hi resistia. Aznar es vantava que Espanya, econòmicament, anava més bé que Alemanya i que feia millor els deures. Ho deia d'una manera irritant, amb aquell to i aquell posat que els castellans anomenen *altanería*. Naturalment, silenciava que gran part de la prosperitat era possible per la gran quantitat de diners que Espanya rebia de la UE, que en un percentatge molt alt pagaven precisament els alemanys, malgrat que aleshores tinguessin dificultats internes degudes a la unificació. Finalment, Schröder, que era el president de torn de la UE, es va veure obligat a accedir a les exigències d'Aznar. En conjunt la reunió va tenir un to d'humiliació per al canceller i per a Alemanya, que crec que els alemanys no han oblidat.

Aznar sabia que era antipàtic, que no era brillant, que dialècticament no tenia l'habilitat de Felipe González, però com que coneixia aquestes limitacions, sabia que havia de fer forat amb unes altres armes: amb la seriositat, la credibilitat. Realment ha estat un home de paraula. Tenir paraula pot ser bo i dolent. És dolent quan condueix a la inflexibilitat.

Suposo que va pactar amb nosaltres a contracor. Va fer el raonament següent: «He pactat amb aquests i això m'obliga a unes determinades concessions; miraré de complir-les ràpidament però de seguida em tancaré en banda». I així ho va fer.

La pedagogia ineficaç

En els anys immediatament posteriors al pacte del Majestic, vaig arribar a la conclusió que hi havia les circumstàncies adequades per mirar de consolidar una situació que en tots sentits havia millorat. El creixement econòmic es mantenia, la relació amb l'Europa de l'euro estava ben encaminada, Europa mateix passava un bon moment amb la unió monetària i els acords de Schengen... Era també l'època en què l'Estat del Benestar es consolidava. Aznar governava bé amb la nostra col·laboració i el PSOE, per opció o per incapacitat, no duia a terme una campanya d'agressió radical, després del tràngol de la pèrdua de les eleccions i els escàndols que l'havien acompanyat. I Espanya no havia entrat encara en la vorágine que es va desfermar anys més tard pel creixement immoderat del sector immobiliari i, en general, l'eufòria descordada.

Em va semblar que aquell era un moment adequat per donar més consistència i garantia de futur a la situació de Catalunya, tot mirant de crear un clima positiu, polític i intel·lectual, amb Espanya. Amb aquest objectiu vaig organitzar un cicle de tres conferències, cada una amb un títol ben significatiu. La primera, pronunciada a Madrid al mes de juliol del 1996, es titulava «¿Es posible el acuerdo no coyuntural? Es hora de superar los pactos de coyuntura». La segona, la vaig pronunciar a Sevilla, a l'octubre: «La hora del diálogo sin reservas». I la tercera, de nou a Madrid, al novembre, amb el títol, ara, d'«España, nuevo ciclo histórico».

Els enunciats ho diuen tot. Després dels pactes «conjunturals» que CiU i la Generalitat havien lligat amb el PSOE el 1993 i amb el PP el 1996, volia aconseguir que no haguéssim de dependre de les vicissituds polítiques, de si ara governava l'un o governava l'altre, sinó que, a través d'un «diàleg sense reserves», aconseguíssim acords més consistents i definitius en la relació de Catalunya amb Espanya. Creia que el diàleg i els acords es podien veure facilitats pel fet que Espanya entrava en un nou cicle històric, després de la superació de la decadència que havia arrossegat durant segles i l'entrada en una etapa definitiva de democràcia, prosperitat, modernitat i prestigi.

També són d'aquella època tota una sèrie d'iniciatives com l'exposició «Cataluña, tierra de acogida», que vam presentar amb gran solemnitat a Madrid amb la presència dels Reis i que vam portar després a algunes ciutats espanyoles: Sevilla, Badajoz, Santander..., i l'intent d'aconseguir que els mitjans de comunicació espanyols fossin més receptius amb Catalunya.

La conferència de Sevilla estava emmarcada en un viatge de tres dies per Andalusia que incloïa una visita a Lepe i Cartaya, a la província de Huelva. La visita, feta per qui de jove s'havia acostat a aquelles terres andaluses molt depauperades per fer-se càrrec de la seva situació i entendre les causes de la immigració dels anys cinquanta i seixanta a Catalunya, contenia aquest discurs:

> Ni Espanya ni Andalusia no són el que havien estat; s'ha superat el subdesenvolupament i Andalusia ha demostrat que això no es fa només amb ajuts i subsidis sinó amb ini-

ciativa. Lepe i Cartaya, que havien estat enclavaments pobres de garrofers i magraners, avui són un jardí i s'han enriquit, no només pel conreu de les maduixes sinó per les empreses de transport que s'han creat al seu entorn i per l'aprofitament que la gent de Lepe i Cartaya ha fet dels terrenys invertint, construint hotels, ports esportius i camps de golf. I en el grau que Catalunya hi hagi contribuït, responent a la crida a la solidaritat que es va fer fa vint o trenta anys, jo com a president me'n sento orgullós. Però el mèrit i l'orgull principals corresponen a la gent de Lepe i Cartaya, que són un exemple per a Catalunya i Espanya. Aquest és el camí a seguir; i és un camí obert pel qual tothom pot transitar.

Els de Lepe i Cartaya és possible que fossin receptius a aquestes paraules. En tot cas, el tracte que em van dispensar va ser molt afectuós. L'estada va ser molt agradable. Però a Sevilla, o no les van entendre o no les van voler entendre. El dia que vaig arribar a la capital andalusa des de Barcelona, i abans de desplaçar-me a les dues localitats de Huelva, ja vaig tenir indicis clars que ni el viatge ni el discurs eren ben vistos. Una anècdota ho explica bé. Vaig arribar a Sevilla el matí del dia 20 d'octubre de 1996 i el primer que vaig fer va ser anar a visitar el president de la Junta, Manuel Chaves, per deferència institucional i per mantenir-hi un canvi d'impressions. Vam repassar la política autonòmica i espanyola i li vaig exposar els motius del viatge. Després vam celebrar una conferència de premsa conjunta als jardins del Palacio de San Telmo, la residència presidencial. Tot i que no hi havia cap convocatòria electoral a la vista, la primera pregunta dels periodistes va ser aquesta: «*Se supone que usted ha venido aquí a buscar votos*». Els vaig explicar pacientment la intenció del viatge i la filosofia del meu discurs. Per la cara que van fer ja vaig veure que no s'ho creien o tant els feia, i que, com passa sovint, els titulars ja estaven decidits. La segona pregunta encara era més poca-solta: «*¿Qué nos dice usted sobre el hecho que se lance desde Cataluña una iniciativa de absorción de Sevillana de Electricidad y de colonización económica de Andalucía?*». Aquells dies la companyia elèctrica ENDESA havia anunciat la intenció d'absorbir FECSA i Sevillana de Electricidad, dues companyies, una de catalana i l'altra andalusa, de les quals ENDESA ja posseïa una molt àmplia majoria. Vaig haver d'explicar als periodistes que qui absorbia era una empresa que, com havien de saber, tenia la seu a Madrid i era controlada des de Madrid. La meva explicació no va tenir tampoc gaire èxit. Però de qui em queixo és de Manuel Chaves. Davant unes preguntes sense sentit, llançades al president de Catalunya, el president d'Andalusia no pot romandre somrient i sense dir res. Algun cop, jo, com a president, vaig haver de protegir algun visitant de preguntes absurdes o no tan absurdes o malintencionades, i sempre vaig complir amb el meu deure d'hospitalitat i de respecte.

Quan, dos dies després, vaig pronunciar la conferència al Real Alcázar de Sevilla, també em vaig adonar que picava en ferro fred. A primera fila hi havia Jaime García Añoveros, antic ministre d'Hisenda amb la UCD i amic de Catalunya. Per la cara que li vaig veure, vaig entendre que internament pensava que el meu esforç resultava inútil. Recordem de passada que García Añoveros és, com he dit tantes vegades, l'encunyador de la frase «*En España, la autonomía será por arrastre; el techo autonómico lo marcará Cataluña y el resto seguirá sin permitir el reconocimiento de una personalidad propia de Cataluña y por consiguiente de una situación particular*».

Per enèsima vegada vam haver de constatar que la pedagogia, feta des de Catalunya, és poc eficaç. Després d'haver presidit la inauguració de «Cataluña, tierra de acogida», ens va sortir el rei amb aquell discurs, ja explicat, segons el qual «*nunca fue el castellano lengua de imposición*».

El sostre autonòmic

En l'època de la nostra col·laboració, Felipe González, que ja entenia que la cessió del 15% de l'IRPF o el traspàs dels Mossos no podia satisfer les nostres aspiracions, m'havia preguntat: «*¿Cuál es vuestro techo autonómico?*». Jo li explicava que no preteníem canviar ni l'Estatut ni la Constitució, sinó que estaríem satisfets si els dos textos fossin interpretats pel govern espanyol de la manera més autonomista possible. La resposta hauria pogut ser més precisa i detallada si el govern del PSOE, ja molt feble i, per tant, incapaç de fer plantejaments arriscats, no hagués caigut tan aviat. Vaig mirar de recuperar aquell discurs amb Aznar, durant la primera legislatura del PP. Jo era conscient que les nostres ambicions de fons difícilment serien acceptades ni per un govern ni per l'altre, però, amb tot, creia que els socialistes i els populars podien admetre una lectura més positiva i favorable tant de la Constitució com de l'Estatut.

Si no vaig plantejar mai la reforma de l'Estatut és perquè em semblava que la resposta espanyola seria entre poc favorable i molt desfavorable. Primer, per la mateixa actitud d'Aznar i el PP. Segon, perquè en aquella època, parlant un dia amb Felipe González, el ja expresident del govern m'havia dit: «*Ahora no os daríamos el Estatut del 79*». I Alfonso Guerra havia dit a Roca: «*No se os ocurra pedir la reforma del Estatut*».

El meu plantejament partia d'un treball del professor Enric Argullol, titulat *Criteris per a un desenvolupament institucional*, i editat per l'Institut d'Estudis Autonòmics el 1999. Deia el següent: la Constitució espanyola té dues ànimes; una es basa en l'homogeneïtat d'Espanya i l'altra en la seva heterogeneïtat. Segons si l'accent es posa en l'una o en l'altra, pot sortir una ordenació autonòmica molt prima o molt generosa. Per evitar recels i perquè era veritat, Argullol insistia a dir que l'heterogeneïtat no estava renyida amb la unitat espanyola. Recordem que la

Constitució va ser el resultat de molts compromisos. Quan es va redactar, vam tenir l'esperança que amb el pes que confiàvem que Catalunya acumularia i l'actitud de col·laboració amb Espanya que hi hauria, el pluralisme, la diversitat i l'heterogeneïtat serien respectats. Però, molt aviat, l'esperança es va veure contrariada pel cop del 23 de febrer i la LOAPA, que en va ser la conseqüència, però de totes maneres vam poder continuar pressionant en favor de les nostres tesis.

Havia encarregat aquell estudi al professor Argullol per reforçar la nostra argumentació. Vaig escriure'n el pròleg, en què deia, entre altres coses: «La Constitució de 1978 es caracteritza, a diferència del que succeeix en altres models federals o regionals, per tenir un important grau de flexibilitat en allò que fa referència a l'organització territorial de l'Estat. La diferenciació entre nacionalitats i regions, les diferents formes d'accés i sostres competencials entre les autonomies o l'aplicació del que preveu l'article 150.1 i 2, posen de manifest l'existència d'un potencial més gran del principi d'autonomia del que s'ha pogut assolir fins ara i, al mateix temps, d'una articulació no necessàriament homogènia entre les diferents autonomies». I seguia: «L'assumpció del principi plurinacional i de les seves conseqüències pel mateix poder central i la potenciació dels elements d'asimetria inherents a aquesta realitat diversa han de ser, per tant, el punt de referència de l'evolució del model autonòmic actual, així com les bases de l'articulació de Catalunya dins l'Estat».

Amb l'estudi enllestit, vaig sol·licitar una entrevista amb els màxims responsables del PP i amb el mateix Aznar per explicar-los quin era el «sostre» autonòmic que volíem aconseguir o, com a mínim, per establir una metodologia que ens permetés discutir-lo a fons. Es tractava de bastir un acord que, com he dit parlant de les meves conferències a Madrid i Andalusia, no fos conjuntural ni depenent de situacions polítiques i parlamentàries particulars i fugaces, sinó definitiu.

La reunió, secreta de nou, es va celebrar a Madrid. Em van acompanyar en Josep M. Cullell i en Macià Alavedra. Pel PP, van venir Mariano Rajoy, Rodrigo Rato i Cristóbal Montoro. Hi vaig comparèixer amb l'estudi d'Argullol. El meu discurs va ser: «Mirin, jo crec que ara és un bon moment perquè analitzem quins acords generals podem establir entre nosaltres pel que fa a l'autonomia en general i de manera particular la de Catalunya, i els presentem aquest treball perquè conté la base de la nostra argumentació política». Es van quedar l'estudi dientnos que hi pensarien i que ja ens en dirien alguna cosa. Al cap de poc ens van contestar amb una fugida d'estudi. Ens van dir que no els semblava oportú entrar a fons en el nostre plantejament i que seria millor que aquella legislatura, la primera del PP, la dediquéssim a posar les bases d'un fort creixement econòmic i a consolidar la posició d'Espanya a Europa i el progrés aconseguit. Van afegir que comencéssim a pensar en la pròxima negociació del finançament. Com que era prevista per a l'any

2001 i quedava lluny, suposo que va ser una llaminadura que ens llançaven perquè ens hi entretinguéssim. En definitiva, que n'hauríem de parlar a l'inici de la legislatura següent. Ho vam fer, amb un resultat igualment negatiu, com més endavant es veurà.

La segona legislatura d'Aznar

En les eleccions generals espanyoles del 2000, el PP va aconseguir la majoria absoluta. A partir d'aquell moment es va obrir la incògnita de si l'orientació moderada i col·laboradora amb Catalunya, mantinguda fins aleshores, havia estat sincera o era fruit de la necessitat o un miratge. Fos una cosa o l'altra no semblava, en principi, que tinguéssim cap altra opció que entendre'ns de nou amb Aznar. El PSOE no solament havia perdut clarament les eleccions, sinó que directament o a través del PSC mantenia una actitud molt hostil respecte a CiU i al govern de la Generalitat, que, a causa precisament de la col·laboració amb els socialistes espanyols primer i amb el PP més tard, havia perdut força al Parlament de Catalunya després de les eleccions catalanes del 1999. Entrar en la confrontació directa amb el PP feia molt difícil la nostra posició com a govern de Catalunya i ens feia renunciar a qualsevol possibilitat d'influència en la política espanyola. Reconec que a mi la col·laboració amb el PP no em feia gens de goig, però no hi havia cap altra alternativa. De vegades en política es presenten situacions molt difícils, quasi límit, que no ofereixen cap resposta positiva. A tot estirar, hi ha la possibilitat de sortir del pas i resoldre problemes que no tenen espera i aplicar la política del peix al cove, que alguns han vist com a característica de la meva presidència. Havíem d'assegurar la governabilitat de Catalunya, acabar de desencallar els projectes de les infraestructures i, sobretot, millorar el finançament, la negociació del qual amb el govern central estava fixada precisament per al 2001.

Molta gent de CiU ho va entendre, encara que amb dificultat, però no en Pere Esteve, el secretari general de CDC i altres, que van considerar que havia arribat el moment de trencar amb una certa espectacularitat amb el PP, d'engegar-los directament a fer punyetes.

Aviat es va veure que Aznar i el PP amb majoria absoluta eren una cosa diferent de l'Aznar i el PP de la primera legislatura. Cal dir, de totes maneres, que en certs aspectes ens hi vam poder entendre bé. Aznar va complir els compromisos sobre infraestructures: les obres del TGV van avançar, la nova terminal de l'aeroport de Barcelona es va anar construint, el Llobregat es va desviar per permetre l'ampliació del port, la depuradora del Besòs va ser una realitat...

La menció d'aquestes grans obres em suggereix un comentari per il·lustrar la irracionalitat que de vegades impregna la política. Tot i que els anys del PP van ser els de més inversió pública de l'Estat a Catalunya, hi va haver crítiques per part de l'oposició, és a dir dels partits que més tard havien de formar el tripartit. Entra dintre de la lògica de l'oposició demanar sempre més, però valdria la pena que la lògica no violentés la coherència. Els meus oponents deien que no s'invertia prou en obra ferroviària. Era veritat pel que fa a la línia de Barcelona a Puigcerdà, però també ho era que l'Estat donava un gran impuls al TGV de Madrid a Barcelona, que era una obra caríssima. Quan els ho explicaves, responien que l'Estat invertia més a l'Aragó que a Catalunya, sense tenir en compte que perquè el TGV arribés a Catalunya abans havia de passar per l'Aragó, que era el punt on es trobaven les obres. Els explicava, pensant que era la pura evidència, que la inversió del TGV a Calataiud l'havíem de considerar també a Catalunya perquè era com si es fes a Lleida o a Vilafranca, i em contestaven amb rèpliques poc racionals i realment absurdes, de criatura. De vegades en política passen coses així.

El govern del PP amb majoria absoluta també va tenir una actitud molt positiva i decisiva en la instal·lació del sincrotró a Catalunya, una obra de tecnologia punta de gran envergadura que havia iniciat la seva gestació al voltant dels anys noranta amb la visita de Ramon Pascual, Josep Laporte, Antoni Subirà i jo al CERN, el Centre Europeu de Recerca Nuclear de Ginebra. És de justícia deixar constància que Aznar, la ministra Anna Birulés i Josep Piqué, aleshores membres influents del govern del PP, van assumir la nostra idea i la van fer possible.

Ja explicaré més endavant, quan parli de l'obra de govern, com Aznar també es va implicar a fons perquè l'ITER, el reactor de fusió nuclear, tingués la seu a Vandellòs i no als altres llocs del món que se'l disputaven. L'ITER finalment s'està construint a França, però tant el govern del PP com el de la Generalitat vam presentar un projecte que superava tots els de la competència, com van reconèixer els científics que els van avaluar.

Aquests aspectes positius del govern del PP anaven acompanyats, però, d'una actitud cada cop més negativa i fins i tot hostil en molts altres aspectes cap a Catalunya.

El peix al cove

M'adono que fins ara no he explicat el significat de la política del «peix al cove», a la qual acabo de fer referència. He buscat l'expressió al diccionari de l'Institut d'Estudis Catalans i no la hi he trobada, ni per *peix* ni per *cove*, tot i ser tan habitual. He consultat l'Alcover-Moll: «*Ésser peix al cove*: ésser una cosa fàcil, de resultat segur». No és ben bé el sentit que jo li dono i el que li dóna molta gent. *Peix al cove* vol dir aprofitar el que pots pescar, agafar el que es pugui. Aplicat a la política i a les seves negociacions significa anar aconseguint coses concretes previstes en el programa i que van configurant el projecte global. És a dir: «No és tot el que volem, però de moment tenim això».

Definir la nostra política només com a peix al cove és erroni i també injust, perquè en tot moment hem actuat tenint present una idea i un projecte de país que anava molt més enllà dels guanys concrets que es podien obtenir en un moment donat. Recordem el que he dit sovint: una política de construcció de país requereix un projecte –que vol dir un pla global que mira cap al futur–, un programa –les coses concretes que cal fer per anar posant les peces que el projecte reclama– i una emoció, o si es vol una lírica o una il·lusió. El peix al cove només té sentit si es practica en funció del projecte. I convé saber-lo presentar d'una manera il·lusionada.

Un exemple clar i brillant de peix al cove és haver aconseguit, al marge de negociacions globals, l'IRTA, l'Institut de Recerca i Tecnologia Agràries, una peça important, en el terreny de la ramaderia i la indústria agroalimentària. És evident que per a la identitat nacional de Catalunya, per al sentit de la institució de la Generalitat o per a la força del país, el traspàs de l'IRTA no és un fet decisiu, però sens dubte ha significat una aportació important per a l'autogovern català i la capacitat de fer país. La política del peix al cove tractava d'anar omplint de contingut, a mesura que les conjuntures favorables ho permetien, el projecte global de país que volíem. Calen molts IRTA per anar completant aquest projecte.

Una oferta als Montes de Toledo

Malgrat que amb Aznar i la seva majoria absoluta podíem fer algunes coses, les relacions eren cada cop més difícils. Al Parlament de Catalunya, el PP ens ajudava a aprovar els pressupostos, una qüestió essencial, evidentment, però sempre havíem d'estar amb l'ai al cor perquè de vegades s'aliava amb l'oposició d'esquerres i ens impedia tirar endavant projectes importants. En aquestes condicions és lògic que cresqués dins mateix de CDC la incomoditat per la relació amb el PP. Tots sabíem, i jo el primer, que no la podríem continuar, però el dubte era com donar per acabada la col·laboració: si havíem de provocar una mena de ruptura molt evident i fins i tot espectacular amb el govern de Madrid o havíem d'esperar el final de la legislatura. Una reunió amb Aznar va precipitar els esdeveniments.

Un dia Aznar em va telefonar i em va dir que volia tenir una entrevista sense publicitat amb mi. La reunió es va celebrar el 25 d'octubre de 2001 en una finca que l'Estat té als Montes de Toledo. És un lloc apropiat perquè els homes importants de Madrid hi organitzin caceres o hi celebrin reunions discretes, que no vol dir amb senyores.

Es tractava de sopar-hi i quedar-s'hi a dormir. Vaig arribar al lloc amb un helicòpter que havia sortit de la base militar de Torrejón de Ardoz. Abans d'entrar en matèria i per crear el clima adequat, Aznar, conduint ell mateix un jeep, em va passejar per la finca, on es veien algunes cases disseminades, propietat de gent important de Madrid. Acabada l'excursió, vam anar a sopar a la casa principal nosaltres dos sols, sense la companyia de ningú. La conversa va acabar tard, a la nit.

Aznar em va plantejar que entréssim al seu govern. Una entrada generosa, amb ministeris importants. Ell considerava que havia complert el pacte del Majestic, que tancaríem amb satisfacció la negociació del finançament i que nosaltres havíem demostrat que érem uns socis seriosos, eficaços i complidors. Li vaig dir amb tota claredat que els nostres càlculs no preveien entrar al seu govern, però ell va insistir perquè m'ho rumiés i en tornéssim a parlar: «Sé que sempre heu estat reticents a entrar a qualsevol govern de Madrid, però pensa-hi, perquè serà avantatjós per a vosaltres i nosaltres». Em volia donar a entendre que estar lligat a un gran partit és, per a un de petit, un gran avantatge.

Ens en vam anar a dormir. Quan l'endemà vaig baixar a esmorzar, Aznar ja havia fet tres o quatre curses pel camp. Per la mica de conversa que vam tenir em va fer l'efecte que havia entès que la meva resposta havia estat prou categòrica. De totes maneres, com tot seguit es veurà, va insistir-hi més endavant. El mateix helicòpter em va tornar a Torrejón de Ardoz.

Quines eren les intencions d'Aznar? Quin sentit tenia l'oferta d'implicació de CiU en un govern amb majoria absoluta? Com que, tot i tenir la majoria al Congrés, a

Catalunya eren pocs, ell calculava que, gràcies al bon clima que hi hauria entre CiU i el PP català si nosaltres acceptàvem la proposta, al cap d'un temps Catalunya, almenys en part, bascularia cap a l'àrea del PP en detriment nostre i, també, dels socialistes. Jo crec que Aznar, que ja havia pensat que amb dos mandats en tenia prou i no es tornaria a presentar a les eleccions, volia culminar el seu període de govern de vuit anys amb un «*finiquito*» de la qüestió catalana, representada per una entesa entre CiU i el PP. Conquerint Catalunya a través nostre, incrementava molt la seva força a Espanya, com passa al PSOE amb el PSC. Si realment Aznar feia aquest càlcul vol dir que desconeixia el sentit d'un partit nacionalista, per moderat que sigui i per més compromès que estigui amb un objectiu de progrés general espanyol.

Durant el sopar d'aquella nit a Montes de Toledo, havia sortit accidentalment a la conversa la qüestió de les matrícules dels cotxes. Feia poc, en Xavier Trias, aleshores cap del nostre grup parlamentari a Madrid, i Mariano Rajoy, portaveu del PP, havien arribat a un acord perquè les matrícules dels cotxes catalans poguessin portar el distintiu CAT, de Catalunya. Jo no havia donat gaire importància a aquesta reclamació d'alguns conductors i de molts catalanistes, però m'havia sorprès la manera com Aznar havia decidit pel seu compte que l'acord quedava sense efecte. Al sopar, parlant del tema, Aznar va reblar el clau dient-me: «*Si al lado de la matrícula queréis poner una referencia a la Comunidad Autónoma como quien pone "a mi me gusta el jamón serrano", vale*». El comentari barroer, vingut de qui m'havia citat per proposar-me l'entrada al seu govern, em va confirmar que la idea que el líder del PP tenia d'Espanya anava en una direcció molt diferent de la nostra. I no tan sols la idea, sinó la sensibilitat, per la mentalitat tan unitarista que traslluïa. La seva concepció molt fèrriament centralista d'Espanya no li permetia acompanyar l'oferta d'entrar al govern ni tan sols amb gestos tan modestos com una inscripció a les matrícules.

Tant aquest fet, que mostra el seu pensament de fons, com la reticència, manifestada una mica més tard, a voler parlar a fons del sostre de l'autonomia expressat en l'informe del professor Argullol, em va fer entendre que tindríem una legislatura difícil, també a Catalunya, i que ell i el seu partit s'anaven allunyant dels plantejaments autonomistes i pluralistes de l'època de la Transició. Cal advertir que aquesta evolució es notava també en els socialistes. Gent del PSOE em repetia: «*Ahora no os daríamos el Estatut que os concedimos en la época de la Transición*». Més tard, quan ja estava engegat el mecanisme de reforma de l'Estatut amb Maragall de president, durant un dinar que vaig tenir amb Felipe González a Madrid, l'expresident del PSOE em va dir: «*Habéis cometido un error; teníais que haber seguido sacando provecho del Estatut actual y, por supuesto, haber planteado mejoras en la financiación*». I va afegir, referint-se al nou Estatut: «*Esto no va a salir bien*». Li vaig haver de fer notar que amb el PSOE sempre ens havíem trobat també amb una gran resistència cada cop que plantejàvem millores competencials i financeres. Però, és clar, una cosa és una conversa d'expresidents entorn de la taula d'un restaurant i una altra discutir tenint responsabilitats polítiques.

N'hi ha per quedar parat

Descartada l'entrada al govern, jo havia deixat clar a Aznar en la nostra trobada a Montes de Toledo que estàvem oberts a parlar de qüestions d'interès general espanyol i que volíem plantejar el desenvolupament autonòmic. No és que després de la meva negativa a la seva petició em fes gaires il·lusions, però considerava que ho havíem d'intentar.

A partir d'aquí, però, es van succeir un seguit d'intercanvis epistolars molt significatius que van marcar el tombant definitiu de la legislatura i la nostra relació amb el PP. El 27 de desembre de 2001 vaig enviar una carta a Aznar per demanar-li una entrevista amb la intenció de discutir l'informe Argullol que havia fet a mans del PP temps enrere. Si llavors el PP ens havia dit que l'aprofundiment de l'autonomia havia d'esperar la legislatura següent, ara que ens hi trobàvem era el moment de plantejar-ho.

Excmo. Sr. D. José María Aznar
Presidente del Gobierno
Madrid

Excelentísimo señor:

Le agradeceré que durante las próximas semanas me conceda una entrevista cuyo objetivo paso a detallarle. El gobierno de la Generalitat cree, sobre la base de estudios de juristas competentes e independientes, y en ocasiones sobre la base incluso de sentencias del Tribunal Constitucional, que la Constitución y el Estatuto permiten una aplicación de la autonomía que daría a Catalunya unas competencias políticas y administrativas sensiblemente mayores de las que ahora tiene. Y ello sin necesidad de modificación alguna.

Como usted ya sabe, es objetivo de nuestro gobierno negociar a partir de este planteamiento constitucional la mejora de nuestra autonomía [...]. En espera de su respuesta, y al propio tiempo que le deseo un buen año 2002, reciba un cordial saludo de

Jordi Pujol

Aznar em va contestar el 9 de gener de 2002 amb una carta llarga que reiterava el seu interès perquè entréssim al govern o perquè les dues formacions polítiques reforcessin les seves relacions. Per entendre-la, cal tenir present que tant ell com jo havíem decidit no presentar-nos com a candidats en les següents i respectives convocatòries electorals. Per això, en la carta, Aznar parla de «*personas que se presentan por vez primera*», referint-se a Artur Mas per part de CiU i Mariano Rajoy pel PP.

Madrid, 9 de enero de 2002
Muy Honorable
Sr. Jordi Pujol
Presidente de la Generalidad de Cataluña
Pza. de San Jaime s/n
08001 BARCELONA

Sr. Presidente de la Generalidad: querido amigo [a mà],

Gracias por los buenos deseos para este año de su carta de diciembre, día 27, que no puedo dejar de sentir igualmente para Ud. y su familia. Sobre la entrevista que proponía, conviene dejar pasar estas primeras semanas de la presidencia española y del congreso nacional de mi partido, a causa también de sus ocupaciones y algún viaje previsto, según anteayer me decía por teléfono.

Pero, mientras ponemos una fecha conveniente para ambos, quisiera adelantarle por escrito otras cuestiones, aparte de la que comunica por carta, y que ya salieron en la última cita del 25 de octubre, porque las creo importantes para aprovechar a fondo la entrevista que mantendremos a partir de febrero.

Sigo persuadido de que son momentos estos de asegurar el entendimiento entre nuestras formaciones y la colaboración del gobierno con la Generalidad. A dos años de las elecciones generales y a distancia suficiente todavía de las municipales y las catalanas, parece mejor que los candidatos respectivos ofrezcan un balance positivo de gestión y apoyo parlamentario que redunden en su buena reputación política. Pienso que es el camino a seguir más prudente, sobre todo en el caso de personas que se presentarán por vez primera. Y no hay en esta conveniencia de los dos partidos de gobierno incompatibilidad de ninguna clase con los intereses generales, sino todo la contrario.

Por otro lado, encuentro que la izquierda española y catalana de los últimos tiempos encubre mal sus problemas para articular un mensaje congruente, tiene dificultades de liderazgo y, después del 11 de septiembre, está obligada a tranquilizar a los ciudadanos en vez de formular la situación con propuestas irrealistas.

Como ya le planteaba en octubre, creo que se repite la ocasión de profundizar y actualizar la colaboración que viene cumpliéndose, como el reciente acuerdo de financiación económica, desde el 96. Evidente que con altibajos y desacuerdos, pero fructífera, en definitiva. Conservo la memoria de su apoyo a la minoría popular de entonces, y de ahí mi decidido interés por conocer en detalle su postura respecto de la entrada en el gobierno, como eje de una nueva etapa en la política catalana y española.

Esta cuestión es distinta al aumento competencial para el gobierno de la comunidad autónoma, pero entiendo que no es menos valiosa. En alguna reunión hemos coincidido en que la participación sería un gesto cargado de historia, con una significación que desborda el ámbito estricto de nuestras siglas. En cuanto al documento preparado que deseaba presentar, lógicamente necesitará un examen más amplio que el tiempo de la entrevista. Mi manera de ver estas cuestiones, habladas a lo largo de nuestras conversaciones, es que debemos afrontarlas con el dato de que la descentralización de poderes se extiende ya a los distintos niveles de gobierno, al menos en un gran número de países.

Para una perspectiva más completa de la política catalana hemos de contar, igualmente, con el hecho de que la integración europea y la globalización requieren una mayor cooperación en el interior de nuestros estados descentralizados, incluso la adopción en su lugar de nuevas facultades para los gobiernos centrales, por la misma dimensión supranacional de los problemas. De modo que el problema de partida no sea tanto una insuficiencia sustancial de la autonomía política catalana, en los términos previstos por la Constitución del 78, sino de aclarar mejor las competencias y atribuciones de cada cual en un época tan cambiante.

Por señalar un asunto que preocupa con razón en estos años, la inmigración y la demografía resultan fenómenos sociales que pueden exigir una redistribución de las facultades de cada administración, pero es razonable fijar lo que se haga en común y garantizar una coordinación efectiva en vista de la magnitud de esta cuestión social. Hay nuevas realidades económicas y políticas como la estabilidad monetaria y presupuestaria en la zona del euro, que desconocíamos en los momentos del debate constitucional y el Estatuto catalán, pero de las que urgía responsabilizarse, pensando en la solvencia exterior de España como de la comunidades más desarrolladas.

Por ello creo más útil un intercambio previo y a fondo de opiniones, si juzga que nuestra conversación deba avanzar en estas otras cuestiones. Por nuestra parte, propongo que sea el secretario general del Partido Popular, Javier Arenas, quien se ponga en contacto con Artur Mas en los próximos días. Estimo que la autonomía de Cataluña será mejor servida con una cooperación básica de la fuerza política que hoy la dirige y el Partido Popular en el gobierno de la nación. Sinceramente sostengo que merece la pena el empeño en lograrlo.

Cordialmente [a mà],

José María Aznar

Vaig contestar immediatament la seva carta. Me n'havia d'anar a Califòrnia per visitar algunes universitats acompanyat d'Andreu Mas-Colell i Antoni Subirà, i no volia que qualsevol informació sobre la proposta d'Aznar transcendís i es comencés a muntar un gran debat. Per això m'expressava amb rotunditat:

Barcelona 11 de enero de 2002

Excelentísimo Señor D. José María Aznar López
Presidente del Gobierno
28071 MADRID

Excelentísimo señor:

He leído con atención su carta del día 9, y de acuerdo con lo que Vd. sugiere, Mas se pondrá en contacto con Javier Arenas en el transcurso de la próxima semana.

Yo me marcho pasado mañana a California, y luego tengo algunos viajes más. Y por supuesto Vd. tiene una agenda cargadísima, con temas de máxima responsabilidad. Por lo tanto dejo a su decisión la fijación de la fecha de nuestra entrevista. Por supuesto que puede ser muy útil la entrevista con Arenas, pero creo que finalmente será necesario que Vd. y yo nos veamos.

Corremos el riesgo de que mientras tanto algunos temas de gran calado se discutan a través de los medios de comunicación. Son temas sobre los cuales Vd. y yo sabemos que el acuerdo es difícil. Pero que en todo caso conviene que podamos tratar discretamente. Y ello tanto porque si lo hacemos así puede que lleguemos a algún acuerdo, aunque sea parcial, como porque aunque de momento no haya acuerdo podamos dejar los temas pendientes con una delimitación más clara de las diferencias, con una mejor definición de los terrenos de coincidencia y por ende unas mejores perspectivas de futuro.

Ya le avancé en nuestra entrevista del mes de octubre que CiU no cree oportuno entrar en el gobierno. Vd. insistió en que lo meditáramos. Así lo hemos hecho y nos ratificamos en nuestra opinión. Es un tema que por supuesto merece una más amplia explicación, que les daré personalmente.

Ello no ha sido obstáculo en el pasado para que hayamos hallado muchos temas de coincidencia en la política catalana y la española. Y creo que en general, como Vd. recordaba en su carta, ambos los hemos utilizado bien. Convendrá ver si coincidencias así pueden seguir dándose en el futuro, máxime cuando pese a su importancia muy primordial ni el tema autonómico ni el de la presencia en el gobierno agotan nuestras agendas. Yo mismo le he hablado recientemente de cuestiones de política económica, de desarrollo científico y tecnológico, de política europea y mediterránea, etcétera.

Le deseo una buena presidencia de la UE. Mucho éxito.

Muy cordialmente,

Jordi Pujol

Aznar ja no va respondre aquella carta i jo li vaig enviar el text d'una conferència al Col·legi d'Advocats del 29 de gener que aclaria la nostra posició.

Hi deia: «CiU és el real adversari de molta gent del PP perquè CiU és qui fa diferent la política catalana de l'espanyola». I després d'afirmar que «Entrar o no entrar al govern no és la qüestió. No ha estat mai la qüestió» i de dir que «un partit polític no pot anar en contra del seu projecte», em preguntava: «Quin és l'objectiu de CiU? Quin era l'objectiu de CDC quan es va fundar l'any 1974?». I vaig enumerar els nostres objectius: aconseguir un alt nivell d'autogovern; la defensa, la consolidació i el reconeixement de la personalitat de Catalunya com a poble, com a país i com a nació. «Primer volem ser catalans; som i volem ser, abans que res, catalans; si no ho som, no serem res». Vaig recordar que en molts aspectes era un admirador del «cor central d'Espanya» i vaig afirmar: «Des de fa un temps s'està fent un gran esforç perquè les autonomies, també la nostra, tornin a ser províncies espanyoles» i que «se segueix fomentant una idea d'Espanya que situa la catalanitat en la marginalitat».

«Des de la nostra identitat preservada i amb un instrument institucional d'autogovern adequat», seguia, «Catalunya ha de proposar-se construir un país d'alta qualitat». I advertia: «Però de cara a assolir l'alt nivell europeu que en tots els ordres volem aconseguir necessitem més capacitat de decisió». Recordava que, d'acord amb la tradició catalanista de tot el segle XX, «per resoldre el nostre problema nacional dintre del marc de l'Estat espanyol s'imposava tenir també una política espanyola». I afegia que, sense estar presents en el govern de l'Estat, «durant els últims vint anys hem fet contribucions importantíssimes a l'estabilitat, a la governabilitat, a la consolidació democràtica, a la integració a Europa, a la modernització econòmica i social i a moltes coses més».

Més endavant entrava en matèria i, parlant d'altres vegades que CiU ha estat convidada a entrar als governs espanyols, em preguntava: «Per què fins avui hem rebutjat aquestes ofertes?». I responia: «Perquè sempre s'han produït, i ara també, en un moment en què, segons CiU, el procés autonòmic català no està acabat i d'una forma que no garanteix, no ja que aconseguirem tot el que considerem pendent, sinó ni tan sols que podem comptar amb avenços substancials». Recordava que en la carta d'Aznar del 9 de gener hi deia: «Sabem què vol dir "*mayor cooperación*" i "*nuevas facultades para los gobiernos centrales*". Sabem que per aquest camí convertiran la Generalitat de Catalunya en un organisme del tot secundari, desproveït de poder polític. Serà un negociat administratiu vigilat, controlat i coordinat pels quatre costats».

«N'hi ha per quedar parat», exclamava després d'haver dit: «Fixin-se que la proposta que ens fan no revesteix la forma de pacte polític, que és el normal quan dos partits han de governar junts. En aquest cas no és així. Ens diuen primer que en el tema autonòmic faran una política contrària a la que defensem, ens demanen després que ens hi adherim i finalment que contribuïm a aplicar-la». Realment, n'hi havia per quedar parat.

Seguia: «Vol dir això que no tenim res a parlar o a negociar amb el govern del PP? No vol dir això. Vol dir que valorem negativament la col·laboració que hem tingut amb el PP del 1996 ençà? Tampoc. El traspàs de la policia i del trànsit i la millora del finançament són resultats molt importants d'aquesta col·laboració. La contribució decisiva que vam fer a l'ingrés d'Espanya a la Unió Monetària és també un actiu molt important... El balanç del govern del PP és bo en conjunt i no hi ha motiu per negar-ho, encara que tinguem més d'un punt de desacord i que hi hagi hagut decisions que ens han estat imposades des de la majoria absoluta». Donava importància als acords en inversió pública i a la política d'equipaments científics i acabava la conferència d'aquesta manera: «La política espanyola –tota ella i especialment l'econòmica i social– probablement continuarà anant bé.

I a Catalunya podrem acabar assumint no només que hem progressat molt, sinó que podem progressar molt més. Només cal que acabem de treure totes les bones conseqüències de dades com les següents: que a Califòrnia –i concretament a Stanford– ens diguessin fa deu dies que a Catalunya estàvem a prop de tenir un dels millors clústers d'ensenyament d'Europa. I que Barcelona i tot Catalunya segueixen atraient molta inversió estrangera, com ho ha anunciat la General Electric fa pocs dies i la Dow Chemical fa dues setmanes. I passa que a tot Europa se'ns reconeix un paper de lideratge pel que fa a iniciatives mediterrànies, tant culturals com econòmiques i polítiques. I també passa que som la primera autonomia exportadora d'Espanya, i també la que ha fet més biblioteques. Si passen totes aquestes coses vol dir que, tot i ser lluny dels nostres objectius com a nació, som un país sòlid, dinàmic i creatiu. I que això no depèn d'estar o no estar en el govern espanyol. Depèn de treure el màxim profit possible del que tenim. Depèn del fet que uns i altres sapiguem respectar-nos, ser sensibles a l'interès general, ser capaços de cercar els punts de contacte en els quals les col·laboracions són possibles. Capaços de ser mútuament generosos. I capaços de no renunciar a l'ambició».

És a dir, amb la nostra resposta CiU no actuava tàcticament i en termes d'interès immediat, intentant treure profit d'una conjuntura, sinó en termes més de fons i substancials. No demanàvem algunes millores competencials concretes, sinó que volíem aconseguir una interpretació més alta i més definitiva de l'Estatut. I això, malgrat una situació precària de CiU al Parlament de Catalunya, perquè, de fet, a partir d'aquest moment la relació amb el PP va ser més difícil.

Aznar va rebre el text de la conferència, però no en vaig obtenir resposta.

Ell no ens donava més autonomia, doncs nosaltres no entràvem al seu govern i i es va obrir un període marcat per la majoria absoluta del PP a Madrid, amb la convicció molt general, també compartida pels socialistes, que la renovaria. Un període marcat també per les relacions més difícils que vam tenir amb el PP al Parlament de Catalunya, on la nostra situació era precària, i pel risc d'aproximació de les formacions catalanes que van acabar conformant el tripartit: el PSC, ERC i ICV.

Alfils en el tauler dels escacs

La reacció d'Aznar cap a Catalunya així que va haver obtingut la majoria absoluta en la segona legislatura obliga a fer una reflexió sobre la relació frustrant que hi sol haver entre Espanya i Catalunya. Frustrant, perquè Catalunya molt sovint és utilitzada en el marc de la política interna espanyola, en la pugna entre les dues grans forces polítiques espanyoles o fins i tot en el xoc d'allò que en diuen «*las dos Españas*».

Sobre això vull aportar un fet que se situa als anys vuitanta, quan el PSOE governava amb majoria absoluta. La dreta espanyola passava en aquell moment per una gran feblesa. El PP es pensava que havia trobat, en la figura d'Antonio Hernández Mancha, un recanvi de Fraga, però es va equivocar. Després va intentar situar al capdamunt del partit Marcelino Oreja, un home de qualitat personal, políticament moderat, molt europeista i amb bona actitud envers Catalunya, però amb ell el PP va treure un mal resultat en les eleccions europees del 1989, perquè la llista presentada per l'empresari José María Ruiz Mateos li va llevar dos diputats. No va ser fins més tard que el PP trobà en Aznar l'home que havia de reorganitzar el partit i donar-li impuls.

Mentre Aznar no arribava, la dreta dèbil i desorientada va mirar d'utilitzar Catalunya, o més concretament la Generalitat i CiU, per resistir davant dels socialistes. Nosaltres no ens vam prestar en absolut a la maniobra, i la prova és que per oposar-nos a la majoria asfixiant del PSOE vam intentar crear la nostra pròpia eina, el Partit Reformista, bo i rebutjant qualsevol mena de col·laboració amb el PP.

Però hi va haver un fet que em va posar a mi personalment en una situació compromesa. El 1984, el diari *ABC* de Madrid, òrgan d'expressió de la dreta espanyola tradicionalment poc propícia a les reivindicacions catalanistes, que llavors dirigia Luis María Ansón, em va proclamar *Español del Año*. A mi no se m'escapava la manipulació. Me'n feien perquè CiU, jo mateix i en Roca érem realment la veu més clara i coherent d'oposició al PSOE. Em resultava, però, molt difícil rebutjar la diguem-ne distinció, perquè hauria significat donar armes als que, de dretes o esquerres, miraven amb recel creixent la Generalitat a tot Espanya. Fins i tot l'intent ja prou difícil del Partit Reformista en podia sortir perjudicat. Per tant, vaig acceptar el nomenament. Des de Catalunya, no sempre es pot respondre amb una negativa.

Malgrat tot, l'acceptació no va generar crítiques especialment agressives contra mi. Se'n va fer alguna broma, però no la vaig notar. Com a partit vam continuar rebent un suport molt clar per part dels ciutadans de Catalunya, tant en l'acció quotidiana com en els resultats electorals. Vam tenir molt bon resultat en les eleccions generals del 1986 i vam renovar la majoria absoluta al Parlament de Catalunya el 1988.

He dit que des de Catalunya no sempre es pot respondre amb una negativa, però hem de ser conscients que no són sincers. El mateix *ABC* que el 1984 em feia *Español del Año*, al cap d'uns anys atacava a fons la nostra política lingüística i em posava de nou en una portada amb aquest titular: «*Como Franco, pero al revés*». I és que mentrestant ens havíem convertit en l'únic suport al govern del PSOE.

El problema és el que hem dit: veuen Catalunya com un peó o un cavall o un alfil en el joc d'escacs de les forces polítiques espanyoles.

Balanç provisional

Crec que el millor balanç de la trinitat dels meus camps d'actuació –Catalunya, Espanya, Europa– correspon a Espanya. I s'entén perquè la influència que podem tenir en els temes europeus és modesta i perquè el progrés de Catalunya, que ha estat i és important, ha acabat topant amb la idea tradicional que tenen d'Espanya tant el PP com el PSOE. En canvi, el benefici d'una bona política espanyola és de més fàcil i evident consolidació. Tot i que, com després s'ha vist, la prosperitat espanyola s'ha bastit sobre estructures i plantejaments immediatament molt rendibles però poc sòlids. Amb una esperem que transitòria mentalitat de nou-ric i amb aquella tendència a mirar de rebaixar i ferir aquell o allò que havia estat més important o més ric que ell. Ara Catalunya ha quedat, en l'imaginari espanyol, com un objectiu per rebaixar o destruir. Fa de mal dir, però l'actual crisi econòmica hauria de significar un correctiu per a Espanya i per a molta gent que s'ha beneficiat de la bonança.

Europa s'ha reconstruït materialment, s'ha construït políticament, i el balanç ha de parlar forçosament d'èxit. Ara: també és evident que Europa es troba en aquest moment en una situació de crisi política, de valors, de confiança en ella mateixa i del seu pes al món.

A Catalunya, en les últimes dècades, moltes coses han anat bé. El balanç és positiu. Però avui, després d'aquesta trajectòria, Catalunya es troba de nou en una zona de molt alt risc per raons polítiques i demogràfiques i per una crisi interna d'ordre intel·lectual.

La meva esperança que la dreta espanyola canviés la seva idea de Catalunya havia resultat fallida. Per desgràcia, això no és tot. Ara, en el moment d'escriure aquestes ratlles –febrer del 2010–, ja sabem que també ha resultat fallida pel que fa al PSOE, de nou al poder amb la figura de José Luis Rodríguez Zapatero. Jo mateix he introduït en el debat polític català la idea que l'esperit de *La pell de brau* de Salvador Espriu ha fracassat. Ha fracassat l'esperit d'una Sepharad capaç d'entendre les raons i les parles diverses dels seus fills, no en termes superficials i cosmètics, sinó en profunditat. Vivim un moment especialment negatiu des d'aquest punt de vista. Val a dir que també és negatiu per al conjunt d'Espanya. Aquell país amb complex de nou-ric de sobte s'adona que no havia progressat tant ni prou sòlidament, ni d'una manera que li permetés menystenir el veí del replà.

Aquesta constatació, a què ens porta? Alguns, amb aire resignat, es decanten per l'«anar fent». Però no és això. És treballar cada dia amb el que tenim, de sol a sol, amb una condició i una exigència: fent-ho bé. Sense posar en perill les bases econòmiques del nostre govern i del nostre Estat del Benestar ni perjudicant la nostra autoestima ni el nostre prestigi de cara enfora. Sense cedir tampoc en la nostra identitat. I sense tancar la porta al que les generacions futures pot ser que plantegin, i que alguns ja comencen a plantejar, que és anar més enllà. No és ben bé un «anar fent». És consolidar el que som i el que hem aconseguit sense renunciar a les oportunitats que el futur ens pugui anar oferint. I treballar perquè aquestes oportunitats es presentin.

En el pla personal, un aspecte positiu es manté i s'incrementa: continuen arribant néts. I em dec anar fent gran perquè ara els faig més cas que deu o dotze anys enrere, quan també me'n van néixer cinc de cop.

2

El partit

Quan en Miquel Roca passà definitivament a l'àmbit privat després d'haver renunciat el 1995 a la secretaria general del partit i no voler aspirar de nou a l'alcaldia de Barcelona el 1999, CDC es va trobar en una situació nova.

CDC havia estat dirigida amb fermesa per en Roca i els seus col·laboradors més directes i per mi mateix, tot i que jo durant bastant temps me n'havia ocupat poc, abocat com estava a l'acció de govern, al paper institucional de president i al contacte amb el país i la gent. Des del 1980, des que vaig començar a governar, vaig aplicar-me les ordres que havia donat als meus consellers d'actuar en termes d'interès general més que de partit. Quan visitava una població o un barri com a president, evitava coincidir amb un acte de CDC que s'hi pogués celebrar o visitar la seva seu local. Devem haver estat els únics que hem practicat aquesta actitud de manera estricta, perquè ha estat norma de molts polítics d'altres formacions utilitzar els viatges institucionals per fer, al mateix temps, acció de partit.

Probablement em vaig dedicar massa poc al partit. I

consti que a mi m'atrauen la relació humana, el cos a cos amb la militància de base i l'establiment de vincles entre el partit i la societat. No m'atrau tant l'aparell, el partit de cara endins. És una actitud que té coses bones i dolentes, però que va ser la meva. També és cert que, malgrat que no me n'ocupava gaire, els dirigents i els militants em reconeixien l'autoritat. Sigui com vulgui, en el moment en què en Roca va deixar les seves responsabilitats a CDC es va notar un buit. I també un ambient de certa inquietud, perquè com que hi havia gent que començava a pensar que m'arribava el moment del relleu, la sortida d'en Roca deixava el futur del partit més obert que mai. Hem de pensar que no parlem d'un partit qualsevol, sinó del que en aquell moment tenia un paper creixent en la política espanyola i en la projecció internacional i europea. La inquietud, doncs, era general, dintre i fora de Catalunya.

Molt abans, el 1994, amb motiu d'una concentració a Montserrat per celebrar el vintè aniversari de la fundació de CDC, havia fet un discurs dient que hi havia d'haver renovació al partit. Finalment hi va ser, i, com tota renovació, va tenir dificultats. El procés es va accelerar del tot el 7 de gener de 1996 al Consell Nacional en el qual va ser nomenat secretari general en Pere Esteve, en substitució d'en Roca, i secretari d'organització en Felip Puig. S'ha dit que el procés va ser una mica precipitat, perquè es van saltar algunes lleves. No dic una generació sencera, perquè en Roca i l'Esteve només es portaven dos anys, però sí alguna lleva. És possible que els que ho diuen tinguin una part de raó. En Roca, l'any 1975, quan va començar la Transició i ens vam posar a fer política, ja era un home molt important. L'Esteve va començar a destacar més tard i no va acabar de donar tot el perfil de la seva vàlua fins als anys noranta.

En Pere Esteve, enginyer de professió, era un home molt organitzat i molt treballador. Ell i en Felip Puig van fer bona feina. De totes maneres, es van trobar amb un partit que, com el conjunt de totes les altres forces polítiques en aquell moment, havia entrat en una etapa del que jo en dic habituació i que vol dir de menys tensió moral i de menys il·lusió de les que es podien observar en els anys setanta i vuitanta. El partit, però, va ser ben conduït durant una llarga temporada, fins que es va produir la crisi d'en Pere Esteve.

Alguns atribueixen el distanciament al fet que en Pere Esteve aspirava a ser el meu relleu com a candidat i, eventualment, com a president de la Generalitat. No ho sé, no em consta que tingués aquesta ambició, però suposant que fos cert hauria estat del tot legítima. En tot cas l'havia vist frustrada el 2000 quan Artur Mas, del qual d'aquí a una estona parlarem, va rellevar-lo en la Secretaria General del partit per decisió meva i ell va passar a la Secretaria Adjunta. Crec que principalment hi va haver un desacord amb la política que jo vaig propugnar respecte al PP i a futures aliances.

Es veia a venir que després de les eleccions al Parlament del 2003, a les quals jo ja no em presentaria, CiU tindria necessitat de pactar amb altres forces polítiques. Jo no vaig explicar mai quines eren les meves preferències, encara que l'orientació que anava agafant el PP després d'obtenir la majoria absoluta em portava a la conclusió que no podríem pactar amb un partit que començava a ser molt agressiu amb Catalunya. Pensava que el 2003 els pactes es podrien fer amb el PSC o amb ERC. No era una elecció fàcil, perquè si, d'una banda, el PSC oferia més garanties de mentalitat de govern, de l'altra, l'ànima nacionalista de CDC s'inclinava a favor d'ERC. Fins i tot alguns manifestaven que el millor seria un tripartit CiU-PSC-ERC.

No vaig deixar que aquest debat intern transcendís. De fet, vaig procurar mantenir-lo al ralentí perquè de manera immediata al Parlament només podíem aprovar els pressupostos amb el PP, ja que els altres partits s'hi oposaven en rodó. Però és que, a més a més, jo estava pendent de negociar alguns punts importants amb el PP de Madrid, com un nou finançament o la instal·lació a Catalunya del sincrotró, i ERC, que s'oposava a qualsevol contacte nostre amb el govern d'Aznar, interferia en les meves gestions d'una manera molt perjudicial. Recordo que una vegada que el conseller Antoni Subirà i jo ens queixàvem amb representants del PP del poc interès que mostraven a instal·lar el sincrotró a Catalunya, vam haver de sentir dels nostres interlocutors: «I per què hem de comprometre'ns amb vostès en una instal·lació tan fonamental per a l'Estat si sabem que així que puguin s'entendran amb els radicals d'ERC que propugnen la independència?».

No podíem, doncs, trencar amb el PP, com en Pere Esteve i altres haurien volgut. Ens en podíem anar distanciant, i així ho fèiem, però no podíem trencar-hi del tot.

No sé què hauria passat si ja aleshores jo mateix i CiU haguéssim fet unes aproximacions més clares al PSC i ERC. Probablement ni l'un ni l'altre partit les haurien rebut bé. Crec que a CDC i a mi se'ns pot titllar de poc vigilants respecte al pacte tripartit que el PSC, ERC i ICV estaven planejant en aquell moment amb la vista posada en l'endemà de les eleccions del 2003. Em sembla que ja estaven molt enderiats en una jugada –el tripartit– que els prometia satisfaccions i avantatges, i que els il·lusionava massa per renunciar-hi. Es veien accedint a la presidència de la Generalitat, tot omplint-se la boca amb l'argument del catalanisme social i del catalanisme d'esquerres. Sortien de la idea, molt general, que el 2004 el PP tornaria a treure la majoria absoluta a Espanya i ells podrien presentar un projecte de nou Estatut que amb tota seguretat seria rebutjat de mala manera pel nou govern majoritari de Madrid. Catalunya no hi guanyaria gens, però res no els seria tan còmode com poder atrinxerar-se durant quatre anys contra un govern anticatalà i molt de dretes com el PP amb majoria absoluta. El seu càlcul anava més enllà. Creien que si amb la mateixa fórmula de tripartit aplicada a ajuntaments i diputacions ens expulsaven de totes les instàncies de poder, CiU no resistiria i es desfaria. És una pena que fins i tot el projecte de nou Estatut s'utilitzés no mirant per l'interès del país sinó per partidisme polític.

De tota manera, hi va haver un fet que cal ressenyar. En el debat de política general del 2002 em van arribar notícies que Josep-Lluís Carod-Rovira, el líder d'ERC, faria un discurs d'aproximació a nosaltres pensant en un possible pacte. Com que només ens volíem acostar al PP català en el que fos estrictament necessari i, sobretot, per aprovar els pressupostos, i com que els meus veien amb simpatia una possible col·laboració amb ERC, i jo, segons com també, em vaig disposar a escoltar amb interès les paraules de Carod. Portava unes notes de resposta de signe positiu i conciliador. L'aproximació hi va ser, però Carod la va vestir amb unes paraules d'extrema gravetat que ens van sorprendre, a mi i als meus col·laboradors més directes. Evidentment no em servien les notes que havia preparat. La meva intervenció no va ser feliç. Va tenir duresa. I encara que la vaig intentar suavitzar en la contrarèplica, va ser inútil.

De vegades hi ha molta diferència entre el text d'un discurs i la manera com és pronunciat. Temps després he llegit aquelles paraules d'en Carod i m'adono que, dites en veu alta des de la tribuna d'oradors, van revestir un to molt més elevat que sobre el paper. En Carod és un bon orador, però de vegades adopta una teatralitat i una actitud de perdonavides que el pot arribar a fer feridor. Potser si jo hagués disposat de tres minuts per separar el que era histrionisme del contingut del text hauria trobat la manera de donar una resposta millor. Però la pilota, que ve com ve, s'ha de tornar a cop calent, i no sempre es fa amb encert. L'acord que Carod propugnava d'aquella manera tan peculiar no va ser possible. Però, conegudes amb el temps les interioritats d'ERC en aquell moment, vista l'evolució posterior del partit, i sabedors dels moviments d'aproximació entre el PSC i ERC i l'objectiu estratègic que s'havien marcat, crec que el pacte que es va materialitzar en el primer tripartit era, com ja he dit, inevitable.

El PP català ens va votar els pressupostos del 2003, els últims de la legislatura, perquè considerava convenient que la poguéssim acabar. En canvi, en altres ocasions ens van deixar en minoria al Parlament. Per exemple, amb la nova Llei de consells comarcals. Ells van provocar la dimissió de David Madí, un home de molta confiança d'Artur Mas i una autèntica esperança política que aleshores ocupava el càrrec de responsable de comunicació de CDC. El PP combinava un mínim suport amb accions de desgast.

No es podia descartar, per tant, que en Pere Esteve, partidari del pacte amb ERC i el trencament públic amb el PP, fes sentir d'una manera molt evident la seva disconformitat, i jo havia d'assumir-ho. El que em va molestar va ser el moment i la manera que va triar per manifestar-ho. El dia 25 de setembre de 2002 jo havia de pronunciar el discurs d'obertura del debat de política general al Parlament. Seria el meu últim discurs important com a president. Discurs, a més, difícil per la conjunció d'oposicions, obertes o dissimulades. L'estava acabant de polir al meu despatx del Palau de la Generalitat. Anava de pressa i, just abans de sortir cap al Parlament, es va presentar en Pere Esteve dient que havia de parlar amb mi urgentment. Em va dir, de manera molt tallant, que renunciava al càrrec de secretari general adjunt de CDC i que es donava de baixa del partit. Havia convocat una roda de premsa aquell migdia per anunciar-ho. Tot i que em vaig adonar que era una decisió irrevocable, vaig intentar fer-li entendre que l'anunci de la seva decisió en aquell moment em creava una gran incomoditat, política i personal. Em vaig enfadar. Reunits al saló de la Mare de Déu de Montserrat, li vaig dir: «En el meu últim discurs com a president de la Generalitat m'has de fer això?». La notícia, a partir d'aleshores, ja no va ser el debat de política general, sinó la seva dimissió. Em va contestar d'una manera molt rígida. La conversa va durar poc. No va ser agradable.

Vaig aprofitar els quatre o cinc minuts que em quedaven abans d'anar al Parlament per acabar els retocs que feia al discurs en el moment en què en Pere Esteve havia entrat. No hi vaig parlar d'ell, però la seva dimissió va acabar centrant l'interès de la premsa.

En Pere Esteve va crear un grup anomenat Associació

Catalunya 2003, a través del qual es va vincular a ERC. Ell i un parell de persones més de l'Associació van anar a la llista d'aquesta formació en les eleccions del 2003. En el tripartit presidit per Maragall que es va formar després va ser nomenat conseller de Comerç.

Va morir jove, al juny del 2005. Jo continuava estant molt enfadat amb ell i no vaig assistir a l'enterrament. Gent de CDC sí que ho van fer. De vegades un se sent ferit per coses que, tot i poder-les entomar amb més serenitat, et fan dir: «Ara t'han tocat». Vaig fer malament de no anar al funeral. Ho sento.

No voldria acabar sense explicar un fet d'en Pere Esteve que me'l fa recordar amb afecte, ja que durant molts anys hi vaig tenir una relació positiva i cordial. El dia 11 de setembre de 2001, Diada Nacional de Catalunya, ell i jo havíem quedat de trobar-nos, a la tarda, a la Casa dels Canonges per canviar impressions sobre algun aspecte del partit. Feia un any que l'Esteve havia cedit el càrrec de secretari general de Convergència a Artur Mas i havia passat a secretari general adjunt. Aquell dia, després de participar en els actes institucionals de la Diada, la Marta i jo havíem decidit dinar a la residència oficial del president de la Generalitat. En acabat, vam veure en directe per televisió els atemptats de les Torres Bessones de Nova York. Va ser realment molt impressionant. Al cap d'una estona, va arribar en Pere Esteve. No vam parlar del que ens havia reunit, sinó que tant ell com jo vam tenir una reacció molt pròpia de CDC i del nostre govern. Vam dir-nos: «El president de la Generalitat ha de sortir en aquests moments a la televisió per valorar els fets de Nova York».

Nosaltres no podíem influir en la política del món i, davant la magnitud del que acabava de passar en una de les seves grans capitals, no érem ningú, però aquesta constatació no impedia que qui primer havia d'adreçar-se al poble de Catalunya no era el president Aznar, ni el president de la Comissió Europea, ni el president Bush, sinó el govern de la Generalitat. El president Bush ja parlaria, i el que digués tindria més transcendència que el que poguéssim dir nosaltres, però el nostre govern tenia l'obligació d'explicar al país el que aquells atemptats, segons el seu parer, significaven. El govern de Catalunya i el seu president són els que en tot moment, i més en moments difícils, han de fer companyia i orientar el país. Un govern no ha de ser només un poder administratiu i ni tan sols polític, sinó també moral. Aquella tarda en Pere Esteve em va ajudar amb molt d'encert a redactar el breu, però crec que ajustat discurs, que vaig dirigir als catalans. Per això li estic molt agraït.

Però de vegades, en la vida i la política, els camins es bifurquen.

L'IVA d'Artur Mas

Per iniciativa meva, amb el meu pilotatge i molt convençut que tocava, entre el 2000 i el 2002 es va començar a gestar el final polític d'en Pujol.

El dissabte 31 de març de 2001, durant la celebració d'un Consell Nacional de CDC, vaig anunciar oficialment que no seria de nou candidat a la presidència de la Generalitat. No ho havia dit a ningú abans, només a la Marta. Des d'aquell moment va quedar molt obertament plantejada la meva successió tant al partit com a la presidència del govern. També en aquell congrés es va aprovar que CiU deixava de ser una coalició electoral per ser una federació.

Ja he dit en el segon volum d'aquestes *Memòries*, que, abans que en Roca expressés el seu interès per optar a l'alcaldia de Barcelona, en Mas, que era el cap de l'oposició a l'Ajuntament, feia una bona feina i es dibuixava com a futur candidat per enfrontar-se amb l'alcalde Pasqual Maragall. Quan en Roca el va rellevar en aquesta aspiració, en Mas va entrar al meu govern com a conseller de Política Territorial i Obres Públiques. Fins aleshores havia tingut molt poca relació amb aquell jove polític del nostre partit. Tan poca, que els primers temps de tractar-lo li deia sistemàticament, per error, *Andreu* Mas. Suposo que perquè un antic conegut meu se'n deia. Els equívocs es van acabar i em vaig fixar en ell amb especial interès, quan li vaig escoltar el discurs d'inauguració d'un túnel de l'Eix Transversal. Vaig pensar: «Aquest home parla bé, de manera clara i entenedora, i amb il·lusió». Les característiques de l'oratòria d'en Mas: cartesiana i ben documentada. A alguns no els acaba d'agradar perquè la troben un pèl freda, però ningú no pot negar que té una gran qualitat. A mi m'agrada, potser perquè sóc el cas contrari. Jo m'acosto més a un romàntic d'encuny germànic. De moment, aquell dia del túnel, no vaig anar més enllà d'aquestes constatacions.

A l'estiu del 1998, quan encara era lluny el moment de prendre una decisió sobre qui havia de ser el meu successor, vaig detectar actuacions i actituds d'UDC, el nostre soci, que tenien la intenció de presentar el seu líder Josep Antoni Duran i Lleida com el meu relleu a candidat a la presidència. La premsa n'havia començat a parlar. Tenia clar que, si de mi depenia, els fets no anirien per aquí, però m'acuso a mi mateix de no haver-ho dit amb prou contundència. Potser perquè en les relacions amb UDC jo sempre he anat amb peus de plom. Hi ha gent que considera que massa. Però ja he dit en algun lloc d'aquestes *Memòries* que sempre vaig donar molta importància al manteniment de la coalició entre Convergència Democràtica de Catalunya i Unió Democràtica de Catalunya, perquè he tingut por que el catalanisme es fragmentés. La preocupació m'ha fet poc contundent, de vegades. Els fets de què parlo es van superar, però em van deixar preocupat. La meva reacció no devia ser prou tallant o prou diàfana perquè la consideració que en Duran havia de ser el meu substitut com a candidat es va mantenir viva en alguns sectors, especialment del seu partit.

Per a mi era evident, i crec que per a molta gent també, que el meu substitut havia de sorgir de CDC. Ho era pel que havia estat la història dels últims trenta anys i pel paper i la importància del partit que amb més implantació que cap altre s'ha identificat com la força capdavantera en la construcció nacional de Catalunya. CDC havia demostrat que era capaç d'assumir el pes principal no tan sols de la tasca de govern, sinó també de la formulació i l'aplicació d'un projecte de país. No en tenia l'exclusiva –i és bo que fos així–, i el compartia amb Unió, però CDC hi havia tingut un paper molt principal. Havia respost bé a un gran repte.

Tot això no significava que no valorés en Duran, ben al contrari. Tinc en molt bon concepte, i ell ho sap perquè li ho he dit més d'un cop, la seva habilitat, la preparació, la tenacitat. La gent li ho reconeix, i ho demostra l'alta qualificació, merescuda, que obté en les enquestes. Si el procés de fusió o almenys de major acostament entre CDC i UDC, del qual diré alguna cosa ara mateix, hagués progressat, és possible que la candidatura d'algú d'UDC, i concretament d'en Duran, hagués tingut bona acollida a CDC. Però aquest procés de fusió no havia anat endavant. Fins i tot de vegades havia reculat, sense repercussions greus en l'acció política de la federació. Així, doncs, la persona que lògicament havia d'assumir la responsabilitat principal, és a dir, presidir Catalunya, havia de provenir de CDC. I si no podia governar, que és el que va acabar passant, havia de dirigir la travessia del desert. Amb Unió sempre al costat, com ha estat.

Artur Mas anava destacant als meus ulls. Em feia la impressió que tenia caràcter, que era capaç d'aguantar proves dures i llargues, com el temps ha confirmat: ha dirigit la llarga i dura travessia del desert entre el 2003 i el 2010, fent d'oposició al govern tripartit, i ha hagut de guanyar-se a pols la confiança de molta gent no sempre inicialment predisposada. En moments molt difícils per a ell i el partit, em va impressionar la manera com va acompanyar la seva dona, l'Helena, durant una malaltia. L'Artur Mas és un home de pedra picada. Pilar Rahola, quan escrivia el llibre *La màscara del rei Artur*, presentació ben coneguda de l'aleshores futur president, em va preguntar per què havia pensat en ell. Li vaig dir: «Per tres raons. La primera perquè per a ell la prioritat és Catalunya. La segona, perquè és competent i rigorós. I la tercera, perquè té exigència moral. Té valors sòlids». En el meu llenguatge actual, el que utilitzo en el Centre d'Estudis Jordi Pujol, diria que té un bon IVA: Idees clares. Valors sòlids (i, per tant, capacitat de compromís). Actituds positives (és a dir, confiança en ell mateix i propòsit constructiu). Un dia, en Pasqual Maragall, que havia de ser rival seu a les eleccions a la Generalitat, va dir que l'Artur Mas havia estat el seu opositor municipal més consistent.

Entrat ja l'any 2000, vaig preguntar a en Mas si estaria disposat a assumir el meu relleu. Va acceptar el repte sense presumpció però amb decisió.

Finalment, al gener del 2001 ho vaig fer públic: Artur Mas seria el meu successor. En conseqüència, i per fer-lo més conegut, el vaig nomenar conseller en cap del meu govern. En Duran i Lleida, que n'era membre com a conseller de Governació, es va sentir molest per aquest motiu i va dimitir. Unió sempre havia tingut tres consellers en els governs, i haver donat una cartera al seu líder en la nostra darrera legislatura havia tingut la voluntat de reforçar la coherència interna de la federació i també del mateix govern. El moment de tensió amb en Duran es va poder reconduir i, finalment, la candidatura va obtenir una acceptació general.

El dia 20 de gener de 2002 vam celebrar un míting al Pavelló de la Vall d'Hebron de Barcelona amb l'objectiu de presentar Artur Mas com a candidat a la presidència de la Generalitat a les eleccions de l'any següent. L'acte no va sortir bé, per culpa meva. El dia abans havia reunit a la Casa dels Canonges en Duran i Lleida i en Mas per organitzar les intervencions. Primer parlaria en Duran, després ho faria jo i al final la paraula seria per a Mas, que és qui amb el discurs més llarg i important s'havia d'erigir en protagonista. L'endemà, en Duran es va adaptar bé a la consigna, però, en canvi, jo vaig perdre els papers i vaig fer un discurs que, tot i que va ser relativament curt, va tenir molta intensitat i va acabar esdevenint un dels més recordats dels que he pronunciat mai: el discurs del «tites, tites». Artur Mas en va sortir, naturalment, perjudicat.

Per entendre la meva falta de control aquell dia s'ha de tenir en compte que ens trobàvem en el moment en què Aznar, després de negar-nos més autonomia, ens pressionava amb més força perquè entréssim en el seu govern amb majoria absoluta. Irritat perquè el PP feia aproximacions a algunes persones de CiU que poguessin ser receptives a les seves propostes i sentir-s'hi temptades, vaig pronunciar un discurs molt dur. Vaig venir a dir, exaltat: «Vénen i ens ofereixen càrrecs i prebendes. Però, qui s'han pensat que som? Nosaltres no som a la política per tenir càrrecs, nosaltres estem al servei d'un projecte de país». Apujant el to, vaig evocar la meva infantesa a Premià de Dalt per trobar el símil que va acabar fent tanta fortuna: «Això em recorda quan la meva àvia anava al galliner i cridava les gallines dient "tites, tites, tites", tot donant-los la ració de blat de moro». Les meves paraules van enardir la gent que omplia a vessar el pavelló i no van crear l'ambient més propici per donar pas al discurs serè i constructiu que a continuació havia de fer en Mas. Em va saber molt de greu.

El discurs de les «tites, tites» va tenir, però, una cosa bona. Va ser l'expressió apassionada d'una convicció meva que jo volia i continuo volent que sigui la de CDC:

el nostre objectiu primer, la nostra raó de ser, no és l'exercici del poder, sinó el servei a Catalunya.

CiU, LA FORÇA POTENT

Jo creia, i crec, que la construcció d'un país –fer país, construir Catalunya– necessita una força política potent que s'ho proposi. Una força amb molta base social i amb un component intel·lectual i cultural important que, de vegades, arriba a ser poc o molt hegemònica. A la Catalunya del segle XX en són exemples primer la Lliga i després Esquerra Republicana.

Cap al final del franquisme l'interrogant era si en la recuperació de la democràcia i de l'autogovern a Catalunya i, sobretot, en la tasca de construir país i reforçar la societat, hi hauria un partit líder o no. El PSUC havia estat el partit hegemònic i realment líder durant els últims anys de la dictadura, però amb les primeres eleccions això va canviar. Algú hauria pogut creure que CDC podia aspirar a aquest paper, però per l'ambient de l'època ja es veia que els socialistes del PSC serien la primera força política. Ho van ser, clarament, fins a les primeres eleccions catalanes del 20 de març de 1980, quan CDC es va imposar.

Pierre Vilar m'havia transmès la idea que la restauració política i nacional de Catalunya no podria ser obra d'una sola formació política, tot i que convenia que hi hagués un partit capaç d'assumir un plus de responsabilitat i un plus de lideratge. És el que a partir del 1980 va fer CiU gràcies al fet de ser la primera força del Parlament, de tenir el govern i la presidència i d'haver transmès la sensació que tenia idees més clares sobre Catalunya i una voluntat decidida d'assumir-ne la direcció. I una motivació fonda de servei al conjunt del país, més que no pas simplement la de l'ocupació i l'exercici del poder.

Com havia arribat fins aquí? Als anys setanta, el meu propòsit havia consistit a crear, o a ajudar a crear, una força capaç d'agrupar molta gent en un arc que anés del centre-esquerra fins al centre-dreta, de la socialdemocràcia a grups de pensament liberal, passant per la gent de mentalitat democratacristiana i de pensament polític poc definit però demòcrata i amb sentit del bé comú. Tot això relligat pel catalanisme i per una actitud constructiva de país. Havia de ser un partit de centre no tant en el sentit d'equidistància entre dreta i esquerra, sinó en el de situar-se en el punt on confluïssin més interessos col·lectius i també més il·lusions i més sensibilitats. Un «partit nacional», segons la definició de la historiadora de CDC Paola lo Cascio. Segons ella, més un partit nacional que estrictament nacionalista.

El cos ideològic i programàtic del partit que jo volia crear es podia resumir així: «Ens cal una força política amb l'objectiu que la societat catalana sigui com l'europea: democràtica, amb un Estat del Benestar avançat i de mentalitat integrada a Europa. I que prioritzi la causa de Catalunya, és a dir la identitat, l'autogovern, la possibilitat de desenvolupar un projecte propi, la convivència i la cohesió internes».

Vam fer un programa, i va resultar més de centre-esquerra que pròpiament de centre, perquè en aquell moment era urgent corregir els desequilibris socials i econòmics que ens deixava la dictadura. Molt sovint se'ns ha volgut presentar com a conservadors. «La dreta», com diuen alguns amb un to despectiu que destil·la un esperit de superioritat poca-solta. Però si s'analitza la nostra actuació es veu que, realment, hem estat una força d'equilibri i de centre, amb una certa inclinació cap a l'esquerra. Una força la prioritat de la qual ha estat Catalunya i que, a més de ser molt europeista, ha tingut la voluntat d'intervenció positiva en la política espanyola.

Malgrat el meu interès per la socialdemocràcia sueca i pels fabians anglesos, especialment Harold Laski, o la simpatia que vaig tenir pels socialistes francesos Léon Blum i Paul Ramadier, jo tenia més influència socialcristiana que socialdemòcrata. Clarament. Coneixia la biografia de Don Sturzo i l'acció de govern i el contingut doctrinal del partit socialcristià belga. Havia estudiat també antecedents més llunyans, sobretot francesos, com Antoine Frédéric Ozanam i Marc Sagnier. I entre els polítics europeus de la postguerra més valorats per mi hi havia, sens dubte, Konrad Adenauer, Robert Schuman i Alcide De Gasperi, tots tres democratacristians. Val a dir que, en part, perquè eren els impulsors polítics molt principals de la Comunitat Econòmica Europea, que ja aleshores era un ideal meu molt il·lusionant.

Pel que acabo de dir, s'entén que hagués sentit simpatia per Unió Democràtica de Catalunya i per la figura de Manuel Carrasco i Formiguera, dirigent d'aquest partit durant la República i la guerra, que va ser afusellat per Franco. Si m'havien influït les lectures dels escriptors i intel·lectuals estrangers de signe cristià dels anys trenta, com Jacques Maritain, també ho havien fet catalans, com el doctor Carles Cardó.

Per què, doncs, amb aquests antecedents, no em vaig afiliar a Unió en comptes de fundar un partit de nou encuny? Per les mateixes dues raons que, sent nacionalista, no em vaig fer del Front Nacional de Catalunya, partit amb el qual també vaig simpatitzar, fins i tot més que amb Unió. Primera raó, perquè, durant molts anys, en el franquisme, no vaig veure l'eficàcia dels partits polítics que la dictadura feia forçosament clandestins. Ja de molt jove havia cregut més en l'acció social i cultural, fins i tot de militància catòlica, que no pas en la pròpiament i estrictament política. Considerava que la idea de «construir Catalunya» era més factible a fora que a dintre dels partits. I la segona raó: perquè l'eina política que jo creia que podia ser útil a la societat catalana havia de tenir més capacitat d'aglutinació que la d'un partit tradicional. A més, en la conjuntura mental i política dels anys seixanta i setanta era molt improbable l'èxit, ni que fos modest, d'un partit democratacristià de nova fundació o de vella i prestigiosa tradició com UDC, que tenia poca incidència social i estava poc adaptat a les circumstàncies. No era el moment d'un partit democratacristià, tret que ja estigués molt consolidat des dels anys quaranta. Els fets van demostrar l'encert d'aquesta anàlisi.

Jo, abans que res, em declaro nacionalista, però cal explicar bé aquesta definició, ja que altrament no s'entén la meva trajectòria política. El meu no ha estat mai un nacionalisme basat estrictament en els fets diferencials de llengua, cultura, drets històrics, religió, ètnia o tradició. Si els francesos afirmen que França és «*l'État et la langue*» i els irlandesos han tingut en la religió el fet diferencial molt principal, també en el nacionalisme català, com en l'espanyol, intervenen fets diferencials que cal defensar i preservar. Però a mi aquests factors, tot i ser molt importants i determinants, m'han semblat insuficients per sustentar un nacionalisme. Des de sempre he expressat d'una manera més o menys elaborada que el meu nacionalisme ha estat i és de signe personalista. És a dir, un nacionalisme no es justifica, ni res no es justifica, si no ajuda a donar consistència a les persones, als individus, i a fer-los servei. Com diria anys més tard en la conferència mig de balanç pronunciada al Palau de Congressos de Catalunya el 23 d'octubre de 2003, «el subjecte més important de tots és la persona concreta, i res que la perjudiqui no és acceptable. Per tant, el nacionalisme serà vàlid en el grau que afavoreixi el desenvolupament integral dels catalans, i no ho serà si els perjudica». Donar preeminència a les persones també és cristià i, de fet, a mi em venia de la meva formació cristiana, però no és només cristià.

Vull fer notar que en la síntesi que vaig formular durant la meva joventut la persona i la comunitat sempre van anar lligades. No vaig dissociar mai aquests dos conceptes. Alhora, vaig rebutjar un col·lectivisme que ofegués la persona i un individualisme que menystingués la comunitat i en prescindís, com alguns feien i fan. Recordem que la mateixa Declaració Universal dels Drets Humans, que cito perquè és el text de referència més utilitzat, diu en l'article 29: «Tothom es deu a la comunitat, que és l'únic que permet el lliure i ple desenvolupament de la personalitat».

Tot plegat em va conduir a la idea que una doctrina i un sentiment d'aquestes característiques era el que podia relligar millor sectors polítics diversos amb prou elements de contacte i superposició, perquè amb l'ajut d'un factor de cohesió –el nacionalisme personalista– poguessin construir una força política coherent, cohesionada i potent.

Hi havia un altre element no ben bé polític sinó extret de l'àmbit dels valors que podia ajudar a relligar. Es tracta de la idea, central en el meu pensament i en la meva acció des dels anys cinquanta, de «fer país» i de «construir Catalunya». Això comporta una actitud i una visió de la política poc partidista. Ha de fer-se forçosament a través d'un partit, perquè la democràcia funciona així, però no creia que les ideologies haguessin d'actuar com a compartiments estancs. Això podia ajudar, potser, a tenir una actitud poc sectària i més de servei al bé comú. El *Gemeinwohl* que m'havien ensenyat les meves lectures alemanyes.

Finalment, al novembre del 1974, vam fundar CDC. Sovint he pensat que una mica tard. Un o dos anys massa tard. Perquè si és veritat que sense un partit ni etiquetes la voluntat de «construir Catalunya» i de «fer país» havia estat més eficaç, finalment només amb la política es podien assolir els nostres objectius. I no es podia fer política sense programa i, sobretot, sense organització. És en aquest sentit que vam arribar una mica tard. Des de l'inici dels anys setanta, i sobretot a partir del 1972, la gent amb inquietud estava freturosa, madura per assumir un compromís polític. I quan CDC es va posar a reclutar gent n'hi havia que, podent-hi haver encaixat bé, ja s'havien afiliat a altres opcions. Sobretot al PSC i al Reagrupament d'en Pallach. La tardança ens va perjudicar.

Vam tenir, de tota manera, moltes adhesions perquè la idea de país i el nostre concepte del que havia de ser la política responien bé a la inquietud de sectors importants de gent. I perquè, com queda explicat en el primer volum d'aquestes *Memòries*, vam poder aprofitar la xarxa de contactes que havíem establert des del temps de «fer país» i «construir Catalunya». Vam fundar CDC amb gent que havia col·laborat amb mi al Centre d'Informació, Recerca i Promocions (CIRP), creat al 1964 per a la traducció i la difusió d'articles de premsa estrangera, publicar revistes i donar suport a iniciatives editorials i discogràfiques, com ara EDIGSA, així com campanyes demanant el català a l'escola i a l'Església, i al CC (col·lectiu d'activisme clandestí amb una perspectiva cristiana i catalana), gent d'organitzacions catòliques, gent procedent del Front Nacional de Catalunya, gent d'un grup d'advocats molt actius que encapçalava en Miquel Roca, gent del món cultural, econòmic i social de comarques... Gent d'aquell arc ideològic que he descrit, que anava des de la socialdemocràcia al liberalisme, i que tenia la mentalitat de país i de fer país.

És evident que Unió Democràtica de Catalunya tenia un lloc important dins d'aquest arc. De fet, en la reunió constitutiva de CDC a Montserrat van assistir-hi representants seus o gent que hi era molt propera, com mossèn Joan Carrera, Simeó Miquel o Josep Miró i Ardèvol. Però molt aviat el partit ens va manifestar que volia restar al marge del projecte.

Com que en la conjuntura radicalitzada de la Transició política, Unió no podia surar, els seus dirigents van haver de buscar associats, sobretot per a les primeres eleccions generals espanyoles, l'any 1977. Van crear la coalició Unió del Centre i de la Democràcia Cristiana de Catalunya (UDC-DCC), amb gent més de dretes, i el resultat va ser dolent. Centristes de Catalunya només va obtenir dos diputats (Anton Cañellas i Carles Güell de Sentmenat). Val a dir que, a Espanya, el fracàs de la democràcia cristiana va ser total. Ni José María Gil Robles ni Joaquín Ruiz-Giménez, que anaven separats, no van sortir diputats. Els únics democratacristians que van tenir escó a les Corts van ser el mateix Cañellas i els bascos del PNB, aquests afavorits per uns votants més d'origen nacionalista que democratacristià.

El resultat de CDC en aquells comicis tampoc no va ser prou bo. Vam concórrer a les eleccions amb el Partit Socialista de Catalunya-Reagrupament d'en Josep Pallach –que ja he dit que era solcialdemòcrata, molt catalanista i d'encuny molt europeu–, amb l'Esquerra Democràtica d'en Ramon Trias Fargas i amb el Front Nacional. No vam fer mal paper, però l'hegemonia de l'esquerra, representada a Catalunya pel PSC i el PSUC, va ser molt clara. Fins i tot la UCD d'Adolfo Suárez va empatar amb nosaltres a Catalunya. La feblesa política del nacionalisme en aquells primers anys va tenir efectes negatius, perquè el predomini de l'esquerra i, en general, dels partits no independents de Madrid –no els dic *sucursalistes* perquè s'ofenen– va tenir efectes negatius a l'hora de discutir l'Estatut. L'hegemonia a Catalunya va ser en part contrarestada pel president Tarradellas, però tot i així va ser incontestable.

El Pacte Democràtic per Catalunya (PDC), que era el nom de la nostra coalició, va treure onze diputats. Ràpidament, però, es va desfer perquè els tres que procedien del Reagrupament –Josep Verde Aldea, Joaquim Arana i Joan Pau– es van passar al PSC. Probablement tot hauria estat diferent si en Pallach no hagués mort cinc mesos abans de les eleccions. O si en comptes de treure onze diputats n'haguessin tret quinze o setze.

En un cert sentit els resultats obtinguts no em van preocupar gaire, perquè des que tenia vint anys –i ja en feia vint-i-cinc, d'això– m'havia fet la idea que la recuperació de Catalunya seria un procés llarg. Però no podia deixar de reconèixer la gravetat d'una situació que, segons tots els pronòstics, empitjoraria molt en les següents eleccions generals. Ja he explicat en un altre lloc que el mateix president Tarradellas i els consellers del seu govern, del qual formàvem part, ens anunciaven un desastre i, gairebé, la desaparició.

El 1978, Unió, dividida entre els partidaris de col·laborar a fons amb la UCD d'Adolfo Suárez, encapçalats per Anton Cañellas, i els que n'eren contraris, amb Miquel Coll i Alentorn al davant, havia patit una crisi interna. El grup de Cañellas va sortir del partit i fou aleshores, a final d'any, que Unió ens va proposar estudiar un possible pacte permanent. Ens hi vam obrir. Ja he explicat la meva pruïja perquè el catalanisme no es fragmentés massa. El nom *convergència* del nostre partit ja responia a aquesta voluntat.

El senyor Coll i Alentorn va ser sempre molt inflexible pel que feia a la independència d'UDC i el manteniment de la doctrina democratacristiana. Era un home d'una gran amabilitat i de tracte exquisit, però dur i en certs aspectes difícil. Diria que un pèl tancat. Tot i això va entendre que UDC, sola, anava a la més absoluta marginalitat. La necessitat el va conduir a la proposta de pacte amb CDC, un partit que, tot i que no havia obtingut grans resultats electorals, havia demostrat que estava molt més adaptat a l'època i a la situació del país. Així va néixer CiU, primer com a coalició i més tard, i fins ara, com a federació.

La voluntat de sumar forces catalanistes no em va fer prou exigent en la negociació amb Unió i, en concret, amb el senyor Coll. Crec que jo ja pensava més en termes d'enfortiment nacional que de partit. La proporció de 3 a 1 que es manté fins ara –tres candidats de CDC per un d'Unió a les llistes electorals– no responia de cap manera a la realitat. Però aleshores el pacte estable va ser útil i, de fet, ho ha estat fins avui mateix, amb algunes tensions i una incomoditat que de tant en tant aflora.

Deixant de banda el factor humà i personal, que poc o molt sempre hi és, els problemes que hi ha hagut entre UDC i CDC tenen causes diverses. En primer lloc, la voluntat d'UDC de no ser absorbida. Voluntat que respecto i trobo legítima, tot i creure que hauríem anat millor si haguéssim acabat creant un sol partit. Però, a part d'això, en el pacte original, ja des del 1978, hi ha un punt que fàcilment pot entorpir la relació. El pacte va fer creure a UDC que el seu creixement més fàcil era a expenses de CDC. És a dir: a base d'anar pessigant en el cos social i electoral de CDC més que d'explorar altres horitzons. Hi ha hagut un pressió constant en aquest sentit, sobretot a nivell local, en les eleccions municipals, però també de vegades en cotes més altes. S'ha de tenir en compte també que el pes i les responsabilitats principals han recaigut en CDC i això en les discussions internes l'ha conduït més fàcilment a cedir. De fet, es pot dir que per la seva pròpia filosofia fundacional CDC és més propensa a tenir en compte l'interès general que el que és habitual en els altres partits. I això, que sovint és bo, et fa més feble en les negociacions. No ho dic com un elogi, sinó com una constatació.

Encara una altra cosa ha enverinat de vegades les relacions dels dos partits, sense que ni CDC ni UDC en tinguin la responsabilitat. Com ja he dit i repetiré més endavant, a molta gent de Catalunya, CiU els fa nosa perquè ha trencat l'esquema dreta-esquerra que molts voldrien per a la política catalana, a semblança de l'espanyola. Per mirar de destruir primer la coalició i més tard la federació de CiU, els ambients antinacionalistes o com a mínim anticonvergents han mirat de perjudicar la imatge dels líders –primer la meva, després la d'Artur Mas– contrastant-la, molts cops, amb la dels líders d'UDC. Han magnificat qualsevol diferència entre els dos partits, i gairebé sempre en detriment de CDC, la qual consideren el pilar central i molt principal del conglomerat que, de fet, és CiU. No nego que en algun cas concret les diferències han estat importants, però sempre han pogut ser superades. De fet, la història de CiU, del 1978 fins avui, una història de trenta-tres anys, amb moments prou difícils, amb el vent a favor o en contra, indubtablement ha estat un èxit. Sobretot per al país. És mèrit de tots plegats i cal esperar que duri.

3

Obra de govern

El meu mapa de Catalunya

Som al començament de la tardor del 2003. Les eleccions estan fixades per al 16 de novembre, i jo ja no m'hi presento. Pels volts de Nadal deixaré de ser president de la Generalitat. És evident que s'acaba una etapa per a mi i, en un cert sentit, també per al país. Això m'incita a fer dues conferències. Una a Madrid i una altra a Barcelona. En cada una hi ha la voluntat de balanç, però la de Barcelona vol ser, a més, una invitació a la gent de CiU, i a tots aquells que han seguit la meva actuació amb afecte i complicitat, perquè es mantinguin al servei de Catalunya. Abans de parlar-ne amb més detall, i a fi d'entendre'n el significat, us convido, lectors, a estar amb mi tota una tarda del final del mes de setembre a la meva casa de Premià de Dalt, situada sota el turó del cementiri, el turó que els vells del poble en diuen de Sant Sebastià. Us obro la porta, pugeu les escales darrere meu i us faig entrar al meu despatx de sotateulada, ple de llibres de quan era jove.

Des de la finestra es veu la muntanya de Sant Mateu,

que ha presidit el meu paisatge d'infantesa i de joventut. Aquesta tarda de final d'estiu la muntanya més elevada del baix Maresme té una presència magnífica. Amb molt de bosc, molt més que quan jo era jove. Un bosc d'un verd intens. Sense cases, perquè el Parc Natural ha preservat el paratge.

Venint cap a casa, he deixat el cotxe a la riera i he entrat a can Figueras, la finca on l'avi Soley tenia llogades unes feixes i on vaig aprendre a valorar l'aigua com a factor de riquesa, si s'utilitza bé i es treballa. Va ser aquí on d'infant vaig plantar un petit camp de patates i on, entorn d'un bassal que es va formar després d'una pluja forta, vaig construir un país imaginari amb pedretes que figuraven cases i pobles, amb una pedra més gran que volia ser una fàbrica, amb camins i carreteres, amb un tros de maó que feia de port. Durant tres o quatre dies cada matí anava a veure el camp de patates. Encara que no fos visible, jo sabia que creixia. També, durant tres o quatre dies, vaig anar a contemplar el meu poble, preocupat perquè el bassal, el petit mar entorn del qual l'havia construït, s'anava assecant. Cada matí hi abocava unes quantes galledes d'aigua. Fins que un dia no sé si el meu avi o el meu oncle, que estaven plantant un camp de tomaqueres, hi van passar amb l'arada. Probablement no es van ni adonar que destruïen el poble. De fet, l'arada només va poder destruir una petita fantasia. El somni, no.

Em pregunto si el poble entorn del bassal va arribar a

ser prou consistent, si no l'hauria pogut protegir millor del cavall i de l'arada que el van malmetre. I em pregunto si aquesta paràbola es pot projectar a un altre poble que no és fruit d'una imaginació infantil, sinó que és de carn i ossos, d'ànima i esperit, de fàbriques, cases i ports de debò, de llengua i de cultura, de convivència, i que no és estàtic, sinó dinàmic i amb exigència de futur.

Des del meu despatx, penso que tot això és passat. Ho és per a mi, que me'n vaig, però no ho és per als qui ara són a primera línia, o que hi estan arribant.

Necessito fer balanç i veure si realment tots plegats hem construït un país. Tots plegats, encara que jo necessito preguntar-m'ho també personalment. I necessito també, en aquest moment, qüestionar-me si hi ha risc o no que el petit poble entorn del bassal es decandeixi perquè deixi d'il·lusionar el nen, o els nens, que el van fer, o que vingui una arada, o un tractor potent, i el destrueixi.

És amb aquest estat d'esperit que m'assec a la taula i hi estenc el mapa de Catalunya, amb altres mapes del país més petits i detallats. Els observo com si fossin les feixes de can Figueras, amb els seus solcs, els seus cursos d'aigua.

Mapa de carreteres

Des del començament del meu mandat em va fer molta il·lusió poder culminar la carretera que porta al Pallars, inaugurar un petit túnel a l'entrada del Figueró, fer possible el del Cadí, poder començar el de Bracons o connectar el Maresme i el Vallès Oriental amb el de Parpers. Sempre podré estar orgullós de l'assumpció dels ferrocarrils que en vam dir «de la Generalitat» i que uneixen Barcelona amb el Vallès i el Baix Llobregat. Recordo que, per demostrar l'interès de la Generalitat pel transport a la ciutat de Barcelona, vaig fer passar per davant d'alguna altra actuació fora de la capital l'acabament de la línia 2 del metro, que havia quedat encallada a l'estació d'Universitat. La vam allargar fins on havia d'arribar, al Paral·lel. No era una obra gaire gran, però li vaig voler donar preferència per deixar clar que ens posàvem a favor del transport públic.

L'obra pública és un dels capítols més agraïts per a qualsevol govern. Un conseller d'Obres Públiques pot tenir problemes per culpa d'un traçat, per una obra que no surt bé o pels retards, però té a les seves mans una conselleria que compensa tots els inconvenients perquè fa coses que es veuen i queden i que finalment tothom acaba agraint. L'exemple més extrem n'és l'Eix Transversal, que, com vaig dir en el segon volum, recuperava un projecte de la Generalitat del 1935 fet per Victorià Muñoz Oms. La planificació del territori català realitzada per aquest enginyer em va impressionar i exaltar quan la vaig conèixer pels volts del 1970. L'any 1982 Josep Maria Cullell va publicar una part del projecte quan era conseller d'Obres Públiques, i al 2010 el conseller Joaquim Nadal, que l'ha pogut aplegar complet, l'ha reunit en un llibre. Fa goig comprovar com l'any 1935, amb la Generalitat en situació precària a conseqüència dels fets del 6 d'octubre de 1934, algú havia pensat en el futur i havia fet una planificació tan ben feta.

Una de les peces clau del pla de Muñoz Oms era una carretera que unís les comarques de Lleida amb les de Girona travessant la Catalunya central i evitant el pas per Barcelona o pels dos Vallès. L'Eix Transversal, que és el nom que vam donar a la carretera, va ser un dels primers objectius de gran volum i impacte que el nostre govern es va plantejar. Abans vam fer l'Eix del Llobregat, l'Eix de l'Ebre i la carretera de Barcelona a Ripoll passant per Vic, que eren més urgents, però l'obra magna havia de ser i va ser l'Eix Transversal.

Vam començar a treballar-hi el 1982. Jo comptava que es podria completar cap al 1990, i si no es va poder acabar fins al 1997 va ser perquè, com dic, de vegades hi ha projectes que no es poden realitzar com tu pretens, per molta necessitat que n'hi hagi i per molta il·lusió que et faci. Tres fets expliquen el retard de l'obra. Primer, les inundacions del 1982 que, a banda de provocar catorze morts, van destruir carreteres, ponts, vies ferroviàries, habitatges i terres de conreu. Per refer la destrossa ens vam veure obligats a desviar-hi inversions, algunes de les quals eren destinades a l'Eix. Quan entre el 1985 i el 1986 hi vam tornar a pensar, es va començar a veure amb claredat que Barcelona organitzaria els Jocs Olímpics del 92. La Generalitat s'hi va comprometre a fons amb obres de gran envergadura, i l'Eix Transversal de nou en va sortir perjudicat. Quan jo considerava que ja podríem començar a donar per superada la inversió en els Jocs, des de l'Ajuntament de Barcelona se'ns va demanar una inversió suplementària, no prevista inicialment, per allargar la Ronda de Dalt des del pont d'Esplugues fins a l'autovia de Castelldefels. M'hi vaig resistir perquè pensava en l'Eix i perquè sostenia que la prolongació que se'ns demanava no era necessària o en tot cas no era imprescindible per a la celebració dels Jocs Olímpics. Jo deia que amb la Ronda de Dalt, tal com havia quedat, el problema de la circulació interna de Barcelona ja s'havia resolt. En contra del criteri general, pensava que la celebració dels Jocs no incrementaria extraordinàriament la presència de gent a Barcelona, aquell estiu. Em basava en l'experiència d'altres celebracions olímpiques i en la lògica: els Jocs no són un estímul per al turisme de masses, sinó que, ben al contrari, el retreuen, com així va ser. De tota manera, Joan Antoni Samaranch em va convèncer dient-me: «Tens raó quan dius que el turisme no s'incrementa, però pensa que durant uns Jocs Olímpics hi pot haver un imprevist per un accident, per un mal funcionament dels semàfors o pel que sigui, que no tingui res a veure amb aquest prolongament de les rondes, però si això passa, tota la culpa serà de la Generalitat, responsable d'aquesta via, i teva». Va ser un consell prudent, però l'Eix es va haver de retardar dos anys més.

Finalment, el dia 12 de desembre de 1997 vam poder obrir a la circulació el darrer tram de l'Eix Transversal. El projecte i gran somni del 1935 s'havia fet realitat. Em va fer feliç que pogués assistir a la inauguració el senyor Victorià Muñoz Oms, amb noranta-set anys i bones condicions físiques i mentals. Vaig poder donar-li les gràcies públicament amb un to d'emoció sincera.

El traçat de l'Eix Transversal es dibuixa nítid en el mapa que observo de casa estant, i em porta a un comentari que val també per a altres carreteres. La transformació econòmica i demogràfica del país ha desbordat les previsions. Les infraestructures planejades als anys setanta i construïdes als vuitanta i noranta, al cap de quinze anys ja van resultar insuficients. Se'ns podria acusar de poca previsió, però és que realment el canvi va ser molt i molt gran. M'atreveixo a dir que, en alguns aspectes, un pèl excessiu i més ràpid del compte. Agafem per exemple l'Eix del Llobregat, que vol dir la carretera de Barcelona a Manresa i a tot el Bages, que puja a Berga i que amb el túnel del Cadí connecta amb la Cerdanya. Com que la facilitat de comunicació va fer aflorar activitats i va incentivar el turisme amb un increment considerable de cotxes que anaven i tornaven de la Cerdanya i Andorra els caps de setmana, la carretera va acabar presentant insuficiències per encarrilar el trànsit que ella mateixa afavoria. Al cap de quinze anys vam haver d'iniciar una nova acció de millora que va ser completada pels governs posteriors.

És molt habitual que un president inauguri obres que va iniciar el president anterior o que les que ell comença les inauguri el president que ve després. Jo explico de vegades mig en broma que, com que vaig ser president vint-i-tres anys seguits, al començament vaig rebre les protestes dels que reclamaven l'Eix del Llobregat; després, un cop construït, vaig tenir l'aplaudiment de les comarques que en van sortir beneficiades, i al cap de quinze anys vaig rebre de nou protestes perquè havia quedat estret. De totes maneres, em puc considerar afortunat d'haver viscut tants canvis, d'haver pogut iniciar i acabar tants projectes que veig representats en el mapa que tinc al davant.

Les infraestructures que Catalunya necessita van més enllà de les que tenen els límits en el territori. Perquè l'economia catalana sigui de debò potent, ha de connectar-se i facilitar l'intercanvi de persones, mercaderies i idees amb els llocs on avui es fan els negocis. I no tan sols les capitals europees. També Nova York, Miami, Mèxic, São Paulo, Dubai, el Caire, Johannesburg i Lagos. Si sempre hem de passar per París, Frankfurt o Madrid, la força d'atracció i el protagonisme de Barcelona queden disminuïts. Quan llançàvem la idea que «el nostre món és el Món», volíem dir això.

Recordo que quan l'any 1999 vaig parlar amb l'Andreu Mas-Colell de la seva possible incorporació al govern, em va dir: «Què és el que fa que una ciutat i un territori siguin potents de debò? Un gran aeroport i un alt nivell científic i universitari».

L'ampliació de l'aeroport de Barcelona feia anys que era una preocupació nostra. Francesc Sanuy, pel fet de ser el meu primer conseller de Comerç i Turisme i per haver treballat a la Cambra de Comerç de Barcelona, ja en va valorar molt aviat la importància. Els Jocs Olímpics del 1992 van afavorir la construcció d'un aeroport nou amb molta més capacitat, però, com ens passà amb les carreteres i les autopistes i com va passar a altres aeroports del món, l'evolució econòmica i de mobilitat va superar aviat les previsions. Cal recordar amb quines condicions el govern de Madrid va accedir a donar suport polític i econòmic a la candidatura de Barcelona per als Jocs Olímpics: a canvi, se celebraria una Exposició Universal a Sevilla, i Madrid seria Capital Cultural. Un tren de gran velocitat uniria Madrid amb Sevilla i no amb Barcelona, i es farien tres aeroports: un de bo i molt gran a Madrid, un de bo però més petit a Barcelona, i un altre de bo però més petit que el de Barcelona a Sevilla.

El 1994, dos anys després dels Jocs, el ministre del PSOE Josep Borrell ja presentava un projecte per ampliar l'aeroport de Barcelona. Més tard, amb el pacte del Majestic, vam aconseguir que el govern del PP assumís el compromís de realitzar-lo. El nou aeroport, la T1, que ara ja és una realitat, hauria pogut quedar enllestit dos o tres anys abans, però a Catalunya de vegades les obres no s'endarrereixen per culpa del govern de la Generalitat o del govern de Madrid, sinó pels entrebancs que nosaltres mateixos hi posem per raons de política interna, per protestes del territori o per motius mediambientals.

Hem vist que Mas-Colell deia que un país que vulgui ser de primera ha de disposar d'un bon aeroport i un alt nivell científic. Jo hi afegiria que, a més a més, aquest país ha d'impulsar el desenvolupament industrial i turístic. No em vaig deixar convèncer mai per la idea que la indústria seria suplantada per les noves tecnologies i que el creixement es faria sobretot a través del sector dels serveis. Si no hi hagués indústria i, en general, producció, els serveis tampoc no tindrien mercat. Sempre vaig propugnar, i el conseller Antoni Subirà hi va insistir, que el desenvolupament català s'havia de sustentar sobre dues potes principals: noves tecnologies i producció industrial amb serveis.

I encara afegeixo que un país que vulgui ser de primera, a més de ports, aeroports, universitats, indústria i serveis, ha de tenir marca. És a dir, prestigi, imatge. Hem de reconèixer que ara, al 2010, Catalunya no la té tan bona com fa deu, quinze o vint anys. No la té políticament, no la té econòmicament, no la té com a país. És cert que la «marca Barcelona» resisteix millor, perquè les ciutats tenen més capacitat de visualització. Però Catalunya projecta al món una sensació de desconcert i poca seriositat. Amb totes les excepcions que es vulgui, des del Barça, que ara és un gran actiu, fins al sincrotró acabat d'inaugurar o el festival Sónar, el conjunt dels nostres museus, i moltes empreses exportadores i iniciatives de tota mena que ens permeten seguir tenint confiança en el país. Però, en conjunt, ara no sumen prou.

Vaig defensar amb passió que Catalunya i tot l'Estat se servissin d'un tren de gran velocitat. Jo i el mateix alcalde de Barcelona, Pasqual Maragall, vam ser comprensius amb la decisió del govern del PSOE de dur el primer tren d'aquestes característiques de Madrid a Sevilla, tot i que no responia ni a la lògica econòmica ni a la ràpida connexió amb Europa. El govern ens va prometre que l'alta velocitat de seguida aniria de Madrid a Barcelona i ràpidament cap a França, però el projecte va quedar interromput. Es va reprendre en època d'Aznar, amb la voluntat de connectar el tren amb França, després d'unir totes les capitals de província catalanes: Lleida, Tarragona, Barcelona i Girona.

Llavors, a Catalunya van sorgir algunes oposicions al traçat de l'alta velocitat que no tenien cap sentit. Alguns pretenien que no passés pel terme de Sant Sadurní d'Anoia o bé per la vall de la Tordera i, concretament, per Sant Celoni. Vaig haver de repetir molts cops que la circulació del tren per aquests llocs no era el caprici d'uns enginyers o uns polítics, sinó el camí lògic marcat per l'orografia. Apel·lant a la història explicava que els exèrcits francesos que havien envaït Catalunya, ja fos en època de Pere el Gran o de Napoleó, havien mirat de penetrar-hi per la línia d'Hostalric, Sant Celoni i Martorell. I preguntava: «Per què us penseu que els nostres reis van edificar el castell d'Hostalric?». Seguia amb un argument més pacífic: «Si en el corredor de la Tordera i el Mogent hi ha poblacions amb vitalitat com Cardedeu, Llinars i Sant Celoni, és perquè per imperatiu geogràfic han de passar per aquí els camins dels traginers i dels mercaders, les carreteres, els trens, les autopistes i ara, finalment, el tren de gran velocitat».

Jo tenia pressa perquè el tren arribés com més aviat millor a la frontera. Sabia que els francesos farien el ronsa, però si ens situàvem amb ample europeu a Perpinyà, la connexió amb França i el centre d'Europa ja estaria molt avançada per molt que després haguéssim de fer 200 quilòmetres amb un tren convencional fins a Montpeller. A més, només l'arribada a Perpinyà ja acceleraria la iniciativa dels francesos.

Un petit incís sobre noms. Al principi, quan ens referíem a aquest tren l'anomenàvem TGV (Tren de Gran Velocitat), que és com en deien els francesos, els seus impulsors. La denominació havia estat adoptada amb tota naturalitat pels altres països perquè era entenedora i a ningú no se li havia ocorregut que calgués fer-ne bandera nacional. Fins que un bon dia Madrid va decidir que se'n digués AVE (Alta Velocidad Española). La implantació d'aquest tren a Espanya va coincidir amb un espanyolisme exacerbat que s'havia de manifestar d'una manera molt explícita arreu i en tot. També en els ferrocarrils. El cas és que la denominació que avui compta és

AVE i així anomenarem el tren a partir d'ara, encara que algun cop se'ns escapi de dir-ne TGV.

Des de la Generalitat vam pensar que el més adient seria que l'AVE arribés a Barcelona per l'estació de Sants, que està situada plenament dins de la ciutat i, un cop allí, girés cap al nord en direcció al Vallès i d'aquest punt es dirigís directament a França, sense oblidar un ramal que el connectés amb el port. Com d'aquí a una estona insistiré, donàvem molta importància als beneficis que l'AVE podia reportar als ports de Barcelona i Tarragona i a la seva competitivitat. L'Ajuntament de Barcelona i el PSC, però, van reclamar amb força que el tren, en comptes de desviar-se cap al Vallès, travessés Barcelona per sota i anés a connectar amb la Sagrera, a l'altre extrem de la ciutat, on es construiria una segona estació de nou en nou. A mi em semblava que aquesta opció endarreriria i encariria moltíssim el projecte, però l'Ajuntament perseguia la remodelació del barri on s'havia de situar la nova gran estació. Més d'un cop he pensat que la mentalitat urbanística ens fa fer coses innecessàries i molt sovint cares. Accepto que potser no és així i que simplement les meves prioritats estan menys marcades per l'urbanisme que per la sanitat, la recerca o la competitivitat econòmica. Tinc també una certa malfiança de les operacions de gran abast basades en plusvàlues immobiliàries, com és el cas de la Sagrera. De totes maneres, no hi vaig oposar gaire resistència perquè vaig comprendre que la Generalitat i l'Ajuntament entrarien en una batalla agra i desagradable que ens desgastaria a tots plegats. I que serviria d'excusa a Madrid per anar endarrerint el projecte. Per altra banda, haig de reconèixer que també em fa un goig personal que Barcelona s'embelleixi.

En canvi, vaig oposar-me que el tren passés pel costat mateix dels fonaments de la Sagrada Família. En un primer moment havíem acceptat el traçat per sota del carrer de Mallorca i pel costat del temple, però després, ben estudiat, ens va semblar que realment seria millor que el tren circulés pel carrer de València, un canvi que no oferia cap dificultat i allunyava el túnel i el pas del tren de l'obra de Gaudí. Vam fer canviar el projecte, però després el tripartit va tornar a la idea inicial, que és la que s'ha acabat realitzant.

El túnel ja ha quedat enllestit i de moment a la Sagrada Família no li ha passat res. Vull suposar que quan els trens hi circulin el risc serà també mínim o inexistent. Però deixin-me dir que, si els directors de l'obra no haguessin previst alguna mena de risc, no haurien fet les obres colossals de protecció del temple que s'han acabat fent. I aleshores jo em pregunto per què l'Ajuntament i alguns sectors socials i polítics s'han entossudit tant i tant a fer passar el tren per aquell lloc i no pel carrer de més avall. En els meus anys de president em vaig fer un tip d'acceptar modificacions de projectes que, sense ser necessàries, servien per tranquil·litzar la gent afectada o per no ferir sensibilitats estètiques. Parlo de línies elèctriques, de traçat de carreteres, d'instal·lació de fàbriques...

Amb Felipe González, que sabia que nosaltres érem gent de fiar, vaig pactar al setembre del 1995 el calendari d'allunyament en la relació positiva que teníem els dos governs perquè els escàndols polítics i financers del final del seu mandat feien insostenible aquella situació. Ja fora del govern, tots dos hem continuat mantenint una bona relació com en aquest acte de la càtedra de Lideratge i Governança Democràtica d'ESADE, el 30 de novembre de 2005. (© ESADE)

L'anomenat pacte del Majestic, el 28 d'abril de 1996, va propiciar uns acords que resultarien positius per a Catalunya però hi va sobrar aparatositat mediàtica. A José María Aznar i a mi ens acompanyaven Macià Alavedra, Rodrigo Rato, Josep Antoni Duran i Lleida, Joaquim Molins, Josep Sánchez Llibre i Mariano Rajoy. (© *El Punt - Avui*)

L'ex primer ministre italià Romano Prodi és un dels polítics europeus que vaig visitar l'any 1996 per garantir-los que amb CiU el govern espanyol tenia assegurada la majoria parlamentària. Després, com a president de la Comissió Europea, Prodi va venir a inaugurar l'oficina de representació de la Unió Europea i del Parlament Europeu a Barcelona. (© Jordi Bedmar, AADP, Generalitat de Catalunya)

El canceller Helmut Kohl estava plenament orgullós de com havia liderat la reunificació alemanya. Aquí estem reunits al Palau de la Generalitat amb motiu d'una visita seva a Barcelona el 7 de juny de 2002. (© Miquel González, AADP, Generalitat de Catalunya)

Amb Wim Duisenberg, que seria el primer president del Banc Central Europeu, a la Cimera de Davos del 1999. Jo i molts dels meus consellers hi vam assistir gairebé en cada edició. Hi vam establir contactes i vam poder presentar Catalunya al món econòmic i polític d'una manera positiva. (© Jesús Conte)

La campanya «Catalunya, tierra de acogida», inaugurada pels Reis a Madrid el 10 de maig de 2001, i que es va desplegar per diverses comunitats autònomes, volia ser un exercici d'explicació de la Catalunya oberta a tothom. (© Miquel González, AADP, Generalitat de Catalunya)

A la tardor del 1996 vaig experimentar la capacitat de regeneració del camp andalús depauperat que jo havia vist de jove. Als camps de maduixes de Lepe i Cartaya, a la província de Huelva, el tracte que em van dispensar les autoritats i la gent va ser molt afectuós. (© Miquel González, AADP, Generalitat de Catalunya)

Primera pedra, el 9 d'octubre de 2002, de la depuradora del Besòs, una obra cabdal per assegurar la qualitat de l'abastament d'aigua a la conurbació barcelonina. Com a testimonis, Ramon Espadaler, conseller de Medi Ambient; José María Aznar, president del govern espanyol; Joan Clos, alcalde de Barcelona; Josep Piqué, ministre d'Afers Exteriors; Jaume Matas, ministre de Medi Ambient; i Julia García Valdecasas, delegada del govern central. (© M. Povedano)

El conveni per a la construcció del sincrotró a Bellaterra, al març del 2002, és un exemple de la bona col·laboració amb el Govern central gestada a l'anomenat Pacte del Majestic d'abril del 1996, positiu pel resultat, però amb una escenificació excessiva. (© Jordi Bedmar, AADP, Generalitat de Catalunya)

Treballant al saló de la Mare de Déu de Montserrat, al palau de la Generalitat.
(© Jordi Bedmar, AADP, Generalitat de Catalunya)

El meu últim govern, amb Artur Mas com a conseller en cap des del gener del 2001. A la primera fila: els consellers Andreu Mas-Colell, Carme-Laura Gil, Josep Maria Pelegrí, Núria de Gispert, Artur Mas, Irene Rigau, Felip Puig, Xavier Pomés i Ramon Espadaler. Darrere: Antoni Fernández Teixidó, Francesc Homs. Jordi Vilajoana, Francesc Xavier Grau i el secretari del Govern, Antoni Vives.
(© Rubén Moreno, AADP, Generalitat de Catalunya)

Artur Mas té Catalunya com a prioritat, és competent i rigorós i té exigència moral, amb valors sòlids. Aquí li dono el relleu en l'obertura de campanya al pavelló de les Corts, el 30 d'octubre de 2003. (Arxiu CDC)

Visitant el CEIP Tàber, al barri barceloní de Gràcia. L'escola pública ha millorat ostensiblement en qualitat i quantitat. (© Jordi Bedmar, AADP, Generalitat de Catalunya)

La conferència «Grandesa i misèria de la política», el 4 de juny de 2002 a la Pedrera, era una apel·lació als valors positius de la gestió pública. (© Miquel González, AADP, Generalitat de Catalunya)

Primera pedra de l'Internet Interdisciplinary Institute, un equipament científic de primer ordre per ser competitius em un món global, a Castelldefels. Entre altres, m'acompanyen els professors Jaume Pagès i Gabriel Ferraté. (Arxiu Oficina de Jordi Pujol)

A París, al maig del 2000, vaig lliurar la Medalla d'Or de la Generalitat a Pierre Vilar, historiador eminent, entusiasta de la nostra pàtria i inspirador d'aspectes importants de la meva política. (© Miquel González, AADP, Generalitat de Catalunya)

Llançant un penal a l'Urruti a l'estadi de Santa Coloma de Gramenet durant la campanya electoral del 1999, l'última meva. La pilota va entrar i les eleccions les vam guanyar. L'estirada per aturar el xut va fer que a l'Urruti, que era una bona persona, se li estripessin els pantalons. (© Miquel González, Arxiu CDC)

Amb l'ascensió a l'Aneto, el 23 d'agost de 1999, volia escenificar que jo havia arribat molt amunt però que conquerir el Montblanc els tocaria a uns altres. El mateix dia es va fer públic el decret de convocatòria d'eleccions per al novembre que havia deixat signat abans. Em van acompanyar els meus fills Jordi, Oriol i Pere, en Josep Sicart, en Xavier Nolla, en Jordi Comerma, en Josep Ferrusola i amics i parents de Queralbs. (Arxiu familiar)

El 17 de setembre de 2003, tres mesos abans del final de la meva última Presidència, vaig deixar constància al Col·legi d'Advocats de Madrid que la nostra política d'encaix a Espanya començava a entrar en via morta. (© Jordi Bedmar, AADP, Generalitat de Catalunya)

La meva dona, Marta Ferrusola, m'abraça després de la meva conferència al Palau de Congressos de Catalunya, el 23 d'octubre de 2003, on vaig fer balanç de la meva trajectòria política i on en termes molt emotius m'acomiadava de la primera línia. (© Fermí Esteve, Arxiu CDC)

Atenent els mitjans de comunicació després de votar a les eleccions del 2003, les primeres en què jo no era candidat. (Arxiu CDC)

El lema de la campanya del 2003 era «Sí a Catalunya. Sí a Artur Mas». (Arxiu CDC)

El nostre govern va donar prioritat a les persones i això implicava, entre altres coses, acostar-s'hi i escoltar els seus problemes. (Arxiu CDC)

Saludant els simpatitzants des del balcó de l'hotel Majestic la nit electoral del 2003. Havíem guanyat però no governaríem. (Arxiu CDC)

Acte solemne de presa de possessió del president Pasqual Maragall, al saló de Sant Jordi, amb el president del Parlament, Ernest Benach, el 20 de desembre de 2003. Eren els meus últims minuts a Palau. (© Jordi Bedmar, AADP, Generalitat de Catalunya)

El secretari general de l'ONU, Kofi Annan, em va rebre durant l'últim viatge als Estats Units, l'any 2003. A l'esquerra, Inocencio Arias, l'ambaixador espanyol. (© Jordi Bedmar, AADP, Generalitat de Catalunya)

En cap cas d'una obra de la importància de la Sagrada Família. O ens trobem davant d'un entossudiment polític o personal o és que simplement el temple de la Sagrada Família és un edifici que alguns, pels motius que sigui, no estimen. Em limito a recordar que Antoni Gaudí, l'arquitecte modernista que el va planejar, era alhora un catalanista radical i un home de gran religiositat.

El cert és que la decisió de travessar tota la ciutat amb un túnel ha endarrerit molt la connexió amb Europa, tant de passatgers com –tan o més important– de mercaderies. Una connexió que és una peça clau en la competitivitat internacional de Catalunya. «El nostre món és el Món».

En el mapa, tinc el dit sobre l'estació de Sants, on l'AVE ja arriba mentre es fan les obres d'accés a Girona i a la frontera. Desplaço la mirada cap al port.

En el primer volum vaig explicar que ja el 1972, des de Banca Catalana, em vaig començar a interessar pel port de Barcelona. El projecte era clar ja aleshores: el port s'havia d'engrandir i, per fer-ho possible, calia desviar el curs del Llobregat quatre quilòmetres al sud. L'ampliació s'ha fet més necessària a partir del moment que el continent asiàtic ha agafat protagonisme econòmic i també polític. El centre de gravetat del món es desplaça de l'Atlàntic al Pacífic, i com que, de totes maneres, Europa seguirà sent una economia molt important a escala mundial, la necessitat que Àsia i Europa comerciïn dóna importància al Mediterrani i als seus ports, que és per on es comuniquen els dos continents. A partir d'aquesta constatació s'ha desencadenat una cursa per veure quins ports seran capaços de captar una part important del trànsit euroasiàtic. Hi intervenen ports italians, francesos i espanyols: Gènova, Marsella, Barcelona, Tarragona, València, Algesires i potser Tànger. El projecte portuari català, que és clar com l'aigua, s'ha executat, una vegada més, amb una certa lentitud per l'oposició local contra el desviament del Llobregat, per raons mediambientals i per les reticències del govern central i, de vegades, del mateix Ajuntament de Barcelona i el del Prat. Finalment s'ha aconseguit desviar el riu, però no quatre sinó només dos quilòmetres. Després, una falla greu en la construcció del dic, amb el govern tripartit implicat sense que, sorprenentment, hagi estat objecte d'una més gran denúncia mediàtica i política, ho va tornar a aturar. Però ara feliçment tot està a punt, o quasi, de quedar enllestit.

La importància que donàvem al port ajuda a entendre per què vam tenir tant d'interès que l'AVE hi arribés i per què insistíem que aquest tren no fos només destinat a passatgers sinó també a mercaderies. El temps que guanya un vaixell que entra al Mediterrani per descarregar a Tarragona, València o Barcelona en comptes de fer-ho a Rotterdam per l'Atlàntic es torna a perdre, i amb escreix, si després la mercaderia ha de viatjar a Munic, a Stuttgart o a Lió amb un tren d'ample ibèric i de velocitat convencional, o amb camions.

El professor Pierre Deffontaines, el geògraf que va ser director de l'Institut Francès de Barcelona quan jo era jove, em va fer adonar de la importància de la façana mediterrània. Després me n'he anat convencent més i més. A l'època de Banca Catalana em vaig ocupar bastant d'un banc filial nostre, el d'Alacant, i vaig conèixer el País Valencià des d'un punt de vista econòmic i empresarial. És un país molt potent i molt obert al món. Després m'he fet un tip de mirar estadístiques i estudis econòmics. No me'n calen gaires, de totes maneres, per saber que, de molt, Catalunya i València, amb Múrcia, constitueixen la zona més exportadora d'Espanya, no només de productes agraris sinó també industrials. A part de ser una potència turística. Com és, doncs, que fins als anys setanta no hi va haver una bona carretera entre València i Barcelona i, de fet, entre València i França? O que encara ara hi hagi més d'un centenar de quilòmetres de ferrocarril entre Castelló i Tarragona de via única? O que l'AVE entre València i Catalunya hagi quedat molt a la cua dels projectes ferroviaris espanyols? L'economista Germà Bel ho explica en el seu llibre *Espanya, capital París.* El centralisme espanyol és polític, és administratiu, és econòmic i ho és pel que fa a comunicacions, amb totes les carreteres i les línies ferroviàries principals amb el punt zero a Madrid. És així des del segle XVIII, i ara ho és d'una manera molt accentuada. Es vol evitar la creació d'un conglomerat econòmic, i també polític, potent al Mediterrani. Des del centre es vol impedir que es mantingui viva la relació econòmica i cultural entre València i Catalunya.

Més d'una vegada polítics espanyols, especialment madrilenys, han dit ben clarament que no hi havia pressa per enllaçar bé València i Catalunya. La intenció és que Catalunya quedi arraconada i aïllada en l'extrem nord-oriental de la Península. Amb l'AVE han portat aquesta voluntat a l'extrem. Un tren va de Madrid a València, puja fins a Castelló i allí s'atura. Un altre va de Madrid a Tarragona i en aquest punt no enllaça amb el de Castelló. Seria absurd, si no hi hagués al darrere un projecte polític i d'estructuració de l'Estat ben definit.

Els valencians han de pensar que el perjudici és més greu per a ells que per a Catalunya. La nostra indústria i els ports de Tarragona i Barcelona ja poden disposar d'un AVE que, a partir del 2012, els connectarà amb França i l'Europa Central, també per a les mercaderies. Però tots hi guanyaríem si de la façana mediterrània espanyola se'n tragués tot el suc que se'n pot treure.

Els reguerons de l'aigua

A can Figueras, per on he passat abans de venir a casa, no hi ha camps de conreu ni feixes amb tomaqueres i pataters per on s'escola l'aigua. La mina està tancada i ara no m'hi podria ficar amb el meu oncle i arribar al cor de la muntanya després de caminar uns centenars de metres, com feia quan era nen. En comptes de camps de conreu, a can Figueras hi ha tot un seguit de carrers amb cases unifamiliars, i també unes torres més grans amb una mica de jardí. Tot plegat ben fet, digne i net. S'hi respira un ambient agradable.

M'hi he trobat un grup de cinc o sis nois i noies, d'entre dotze i setze anys. M'han reconegut i s'han sorprès de veure'm. M'han preguntat: «Caram, què hi fa, vostè, aquí?». Podria haver estat jo qui els fes la pregunta, però sé que ells són a casa seva i que l'intrús és el nét de l'avi Soley. Els he preguntat d'on eren i quant feia que vivien aquí. Hi viuen des de fa uns quants anys i hi han vingut amb els seus pares de Barcelona, Badalona, Sant Adrià o del barri Cotet, el sector de Premià de Mar que va acollir la immigració dels anys cinquanta i seixanta. M'interesso pels seus estudis, per si practiquen esport, per la família. Parlen amb naturalitat un bon català, resultat de la immersió escolar. Se'ls veu contents. Ells són ara la gent de can Figueras i m'ho he passat molt bé durant vint minuts, en companyia seva.

Anant cap a casa des de l'antic camp de regadiu, que és a quinze minuts, m'ha vingut a la memòria la conducció de l'aigua de l'Ebre a les conques tarragonines, l'episodi del cànon de l'aigua a Barcelona, el canal Algerri-Balaguer o el conflicte del Pla Hidrològic Nacional, que és un dels més greus que vaig patir com a president.

Sempre s'ha partit del fet que les conques internes de Catalunya que abasteixen la província de Girona, la de Barcelona, la de Tarragona –llevat de les terres de l'Ebre– i la comarca del Solsonès són pobres d'aigua. I més si es té en compte que en alguns d'aquests territoris s'hi concentra molta població, molta indústria, molt turisme i també activitat agrícola. El nostre vell conegut i visionari Victorià Muñoz Oms, en el pla general d'obres públiques de Catalunya de l'any 1935, ja preveia alguns transvasaments de conca a conca. En els anys seixanta s'havia fet el del Ter al Llobregat, que encara opera avui però que vint anys després era insuficient.

Els nostres governs van fer obres per subministrar aigua a molts pobles que en necessitaven amb urgència, però la gran iniciativa es va centrar en l'anomenat minitransvasament de l'Ebre per abastir les comarques de Tarragona, on la falta d'aigua posava en perill el desenvolupament del polígon petroquímic, el turisme i el creixement urbà. El projecte es va poder fer realitat el 1981, amb la intervenció molt positiva del diputat de la UCD de Tortosa, Antoni Faura. L'aigua no havia de provenir pròpiament de l'Ebre, sinó dels canals que hi circulaven a dreta i esquerra, i un cop utilitzada pels regants s'abocava al mar. El pla consistia a pagar als regants l'aigua que després nosaltres depuràvem per fer-la apta per al consum, i ells invertien els diners a cimentar els canals i evitar les filtracions. De fet, l'aigua que vam portar a Tarragona era bastant equivalent a la que fins llavors les filtracions feien perdre.

El pla estava molt ben pensat i ara, al cap de més de vint anys, no hi ha ningú que discuteixi que ha estat molt útil per a les comarques tarragonines i que no ha perjudicat les de l'Ebre, sinó que les ha beneficiat. Al principi, però, va ser rebut amb grans protestes per gent de l'Ebre i també, sorprenentment, per alguns sectors polítics i alguns ajuntaments. Dic «sorprenentment» i potser no ho va ser tant, si es té en compte que el sectarisme està molt arrelat en certs ambients. Que els ajuntaments de les ciutats de Tarragona, Reus, Valls o Montblanc proclamessin que no volien aigua de l'Ebre és un monument a la insensatesa, per molt que fossin governats per partits hostils a la Generalitat. Fins llavors, Tarragona bevia aigua salada; Reus, a l'estiu, només tenia tres hores d'aigua al dia. Es va organitzar la tradicional campanya mediambientalista, amb la propagació de notícies alarmants, que eren falses. Es va fer córrer la brama que com que l'aigua hauria passat per Ascó, on hi ha les centrals nuclears, el seu consum causaria leucèmies i altres danys catastròfics per a la salut. Al final vam superar totes les oposicions i ens en vam sortir. L'aigua del minitransvasament va arribar al conjunt de les comarques tarragonines. El polígon petroquímic de Tarragona que estava en perill d'estrangulació es va poder tornar a expandir i el turisme i tota l'activitat econòmica es van reviscolar. L'aigua va fer possible la creació de Port Aventura i tots els seus hotels.

Però a la política, com a la vida, de vegades un èxit arrossega un gran fracàs. El Pla Hidrològic que va venir després del minitransvasament i que ara explicaré n'és un exemple.

El problema de falta d'aigua que havíem solucionat en algunes comarques tarragonines seguia vigent a la resta de Catalunya, on hi havia molta inquietud per aquest motiu. Una inquietud compartida pel PSC, que, a través de l'empresa pública Aigües Ter Llobregat (ATLL), havia alertat que existia una necessitat extrema d'aigua als llocs de sempre: Girona, Barcelona, el Solsonès, la província de Tarragona, al nord del coll de Balaguer i tot el Priorat.

Per això, el dia de l'any 2000 que em va venir a veure el ministre de Medi Ambient del PP, Jaume Matas, per dir-me que el seu govern estava disposat a tirar endavant un gran transvasament de l'Ebre, vaig veure el cel obert.

El govern que presidia José María Aznar havia pres la decisió de conduir aigua de l'Ebre a Catalunya, València i Múrcia –més tard s'hi afegiria Almeria– i volia tenir la col·laboració de la Generalitat per tirar-la endavant. Encara que jo, que havia estudiat el cas d'Israel, veia possibilitats de resoldre l'escassetat per altres sistemes ni que fos parcialment, i que el meu govern havia considerat fer venir a Catalunya aigua del Roine, una iniciativa titllada de poc patriòtica per Aznar, vaig creure que no podíem renunciar al pla que se'ns oferia.

La idea de transvasar aigua de l'Ebre venia d'antic. En temps de la República, el ministre d'Obres Públiques, Indalecio Prieto, ja havia elaborat un pla per conduir cap a Barcelona aigua del gran riu. El ministre Salvador Sánchez-Terán ho va tornar a valorar durant la Transició i hi va insistir Josep Borrell, ministre de Felipe González. Per cert, que tant el projecte de Sánchez-Terán com el de Borrell preveien un traspàs de cabal molt superior al que el govern de PP considerava, i molt més important que el que nosaltres estàvem disposats a admetre.

Jo havia previst que un dia o altre una part del cabal de l'Ebre seria desviat cap a València i Múrcia, perquè el transvasament que s'havia fet entre el Tajo i el Segura per proveir d'aigua aquelles terres no havia resultat suficient. Jaume Matas confirmava els meus càlculs, i si ens volíem beneficiar del seu pla havíem de posicionar-nos i negociar que les terres de l'Ebre obtinguessin compensacions. Vaig acceptar discutir la proposta. Vam determinar el nombre d'hectòmetres que s'havien de transvasar, que la Generalitat calibrava per sota de la proposta inicial del govern d'Aznar, i vam millorar les compensacions.

He d'insistir a dir que el desenvolupament de les terres de l'Ebre, igual que el de Lleida, ha estat una preocupació meva constant. He explicat que, mentre era a la presó, em vaig fer enviar dues fotografies per penjar-les al despatxet on feia de metge, una de la ciutat de Lleida i l'altra del delta de l'Ebre, i que als anys seixanta vaig encarregar des de Banca Catalana un estudi econòmic del Baix Ebre que va ser la gènesi del primer polígon industrial de Tortosa. S'entén, per tant, que jo cregués que el Pla Hidrològic podria no solament resoldre definitivament el problema de l'aigua a les conques interiors de Catalunya, sinó també donar una empenta al desenvolupament de les terres de l'Ebre, que no avançava amb la rapidesa i intensitat que jo volia.

Però no vam saber calibrar la reacció contrària que el pla provocaria. No va ser un error tècnic. Va ser un error polític i psicològic.

Si quinze anys abans l'opció de portar aigua al Camp de Tarragona havia acabat amb èxit malgrat les protestes inicials, vaig pensar que ara seria el mateix i que l'obra superaria els entrebancs amb resultats satisfactoris per a tothom. Però no va ser així. Recordo que en un sopar amb gent de la comarca del Baix Ebre i de Tarragona, vaig fer un discurs imprudent després que l'alcalde socialista de Tortosa hagués dit que, de l'Ebre, no se'n podia treure ni una gota. «Ni una gota!», havia exclamat amb èmfasi. Jo, en comptes de dir unes paraules per sortir del pas, que és el que hauria estat intel·ligent de fer, vaig intentar convèncer l'audiència que si es negociaven unes contrapartides molt importants es podia treure aigua de l'Ebre amb un gran benefici per a les seves comarques. Vaig recordar que feia anys que batallàvem perquè les comarques de l'Ebre es projectessin amb un gran salt endavant, sense prou resultat. A mi em semblava que ara ens trobàvem davant d'una gran oportunitat, si fèiem les coses amb mesura i fent complir rigorosament els compromisos. La gent no va expressar ni protesta ni desacord, però tot sortint del sopar, en Fèlix Oliva, un bon amic de Reus bon coneixedor del territori, em va dir: «Escolti, president, vostè és massa valent».

Es van desencadenar unes grans protestes, algunes amb un punt de violència, tocades per un sentiment popular molt fort, que van impedir que, al final, el pla anés endavant. Continuo pensant que podia haver estat beneficiós per a tothom, però va quedar molt clar que topava amb la sensibilitat de la gent de l'Ebre i, de retop, amb la de molts sectors de Catalunya que es van posicionar contra el que devien veure com una explotació del riu, de la seva gent i de les seves terres. Hi va haver un reflex important de solidaritat dins de Catalunya, fins i tot entre gent faltada d'aigua.

També l'Aragó va manifestar una oposició molt forta. Per a l'Aragó, l'Ebre s'ha convertit en una mena d'icona de la seva personalitat que fa extensiva a l'aigua que hi va a parar a través de rius ben catalans com el Segre o la Noguera Pallaresa i la que passa per sota els ponts de Tortosa. L'aigua sempre ha estat un objecte de desig, i els rius marquen la vida de la gent. Tothom té llocs sagrats. Els rius potser no arriben a ser sagrats, però són màgics. L'any 1924, quan ja s'havia parlat d'un possible transvasament de l'Ebre, l'arquebisbe de Saragossa havia arribat a manifestar que si Déu hagués volgut que Barcelona tingués aigua del riu, Ell, que és el Creador, ho hauria disposat així des del principi.

El 2004 el Pla Hidrològic va ser retirat després que el PP perdés les eleccions i cedís el govern al PSOE, que duia la seva abolició al programa. Nosaltres ens n'havíem distanciat abans, però el desgast polític i electoral no es va poder evitar. Després l'animadversió es va superar, perquè amb el temps la gent es va adonar que el meu interès personal i el de CiU per les terres de l'Ebre era sincer. Ens podíem haver equivocat, però volíem de debò ajudar a progressar aquelles comarques.

Un cop aconseguit el desgast de CiU i del govern de la Generalitat, els sectors polítics que havien atiat les protestes, que amb intensitat diversa van ser els que van acabar formant el govern tripartit que ens va succeir, no van demostrar especial interès per les comarques de l'Ebre. Les inversions que hi havien promès primer el PP i després el PSOE, en un alt percentatge no s'han materialitzat. He anat a aquelles terres algun cop sense ser president i hi he trobat gent de les plataformes antitransvasament que m'han tractat amb molta correcció i fins i tot afabilitat. Molts m'han dit: «Vostè, quan era president, venia tot sovint i s'interessava per com anaven les coses; ara o no ve ningú o no ens n'assabentem».

He parlat amb tècnics americans que m'han recordat els grans transvasaments que als anys trenta i quaranta es van fer entre els rius Sacramento i Colorado, a Califòrnia, i que són l'origen de la prosperitat d'aquell Estat nord-americà. Em refereixo a l'època del desenvolupament de l'agricultura intensiva al sud de Califòrnia que John Steinbeck va reflectir a *Els raïms de la ira*. Em diuen: «Ara no es podrien fer; la població ho impediria». Jo vaig saber-ho massa tard.

En aquest punt m'he de preguntar si jo serveixo per fer política. Suposo que la interrogació no té gaire sentit després d'unes quantes dècades de dedicar-m'hi, d'haver estat president de Catalunya durant vint-i-tres anys i quan, més enllà dels comentaris partidistes, se'm reconeix un balanç més o menys brillant segons els casos, però en darrer terme positiu. Explicaré, però, les raons del meu dubte. El Pla Hidrològic Nacional que presentava el PP va fer desvetllar en mi el reflex de la solidaritat amb Castelló, València, Alacant, Múrcia i Almeria. Suposant que hi hagi algú que cregui en la solidaritat, de la qual tothom parla a tort i a dret, tenia lògica que jo pensés que, a més a més de resoldre el problema de l'aigua a Catalunya, podríem resoldre el del litoral mediterrani. I és aquí on jo em pregunto, veient com els fets es van acabar descabdellant, si aquesta voluntat meva no és el senyal d'una candidesa que un polític no es pot permetre. Potser serveix més per fer política el tarannà d'aquell important polític espanyol que dóna lliçons a tothom i que un dia em va dir: «*La solidaridad solo hay que practicarla con los bienes ajenos*». Ja he explicat la conversa entre Delors i Mitterrand, que venia a dir que no es pot ser un polític important si no s'és un *killer*, és a dir si no et proposes la destrucció de l'adversari.

Després d'haver pensat que el transvasament podia beneficiar Valèncià, Múrcia i una part d'Andalusia, encara em vaig haver de sentir a dir que si aquestes terres es quedaven sense aigua després que el Pla Hidrològic fracassés era «*por culpa de los catalanes*». Recordo una desagradable discussió, a Granada, amb gent molt formada, entre la qual hi havia alguns catedràtics d'universitat. Parlant de l'aigua de l'Ebre que havia d'haver anat a Almeria, em van increpar dient-me que «*los catalanes niegan el agua a los andaluces*». Als diaris de València, tot sovint he llegit articles en aquest mateix sentit. En un bar de Múrcia, un amic meu va estar a punt d'arribar a les mans amb un home que, després d'afirmar que els catalans els negaven l'aigua, va afegir que podíem estar segurs que ETA no atemptaria contra Catalunya, tot oblidant que el terrorisme etarra ha causat moltes víctimes aquí. En aquests territoris, s'hi han instal·lat mentides de l'alçada d'un campanar, amb la complicitat de molta gent que hauria de ser més responsable. En canvi, ningú no parla de l'oposició dels aragonesos en tot l'episodi, que va ser la més radical. Jo tampoc no hi insistiré, tot i que el president de la Diputació General de l'Aragó, Marcelino Iglesias, un dia em va reconèixer que veia necessari que, almenys a Castelló, s'hi destinessin entre cent i dos-cents hectòmetres cúbics a l'any. Potser algun dia es farà.

A Catalunya, la falta d'aigua s'haurà de resoldre d'altres maneres. Per exemple, amb dessalinitzadores. Només que aquestes instal·lacions consumeixen molta energia. La dessalinitzadora del Prat de Llobregat en consumeix tanta com la ciutat de l'Hospitalet. Però no hi ha problema, diuen alguns: fabricarem energia. Com? Amb les centrals nuclears? No, de cap manera. Amb centrals de cicle combinat? No. Amb parcs eòlics? No: també són rebutjats per sectors polítics i socials que sovint coincideixen amb els que més es van distingir contra el transvasament. Molt bé, doncs portarem l'energia de França. Tampoc: s'hi oposa molta gent, entre la qual els que són contraris als transvasaments, a les centrals nuclears, a les centrals de cicle combinat i als parcs eòlics. Com a resultat de la política d'oposició sistemàtica, de la cultura del no, d'un mediambientalisme exacerbat i d'una actitud antisistema, podem arribar a l'escanyament. El problema de l'aigua no serà principalment un problema de l'aigua, sinó de la manera de fer política.

Energies perdudes i renovades

Miro cap a Sant Mateu, i la visió de les torres elèctriques que fa tants anys que s'hi alcen em fa recordar la gestió que, molt abans de ser president, vaig fer perquè al moment de travessar la carena la línia pogués passar per sota terra. Jo també he mirat de salvar la integritat d'un paisatge. No me'n vaig sortir, però val a dir que ara les torres de la carena no molesten gens, potser per la llunyania i la frondositat del bosc.

A l'inici de la Generalitat restablerta, la inquietud pel medi ambient no es detectava gaire. Fins molt entrats els anys setanta, s'havien fet considerables disbarats urbanístics i paisatgístics amb poques protestes. Bé és veritat que l'època no les afavoria, però tot i així es pot afirmar que l'interès pel medi ambient llavors era escàs. Però, en part per la nova sensibilitat democràtica i, en part, per influència del que s'esdevenia a tot Europa, molt ràpidament es van incrementar la sensibilitat ecològica i també l'organització de protestes, justificades o no, per motius ambientals.

Si en el segon volum he explicat que des de la meva època de jove excursionista arrossegava una sensibilitat mediambiental clara, aviat em va desplaure la radicalització del moviment ecologista.

És segur que hi ha un canvi climàtic. En vaig adquirir la seguretat no per seguir la moda o per acceptació acrítica, sinó perquè tinc un cert coneixement de la història del clima, com a mínim dels últims trenta o quaranta mil anys. Havia llegit, per exemple, que la reculada d'algunes glaceres dels Alps posava al descobert vells camins medievals. Amb aquest i altres exemples es fa evident que, segons les èpoques, el gel ha progressat o reculat, i no per influència humana. Tot indica que, ara, hi ha un cert escalfament. M'inclino a admetre que l'home hi té alguna responsabilitat, encara que no hagi pogut influir en els progressos o retirades del gel a les grans muntanyes o, per exemple, a tota la Gran Bretanya i el nord de França fa milers d'anys. Per això, jo de vegades deia que un dia potser sabríem que, mentre aquí discutíem sobre la influència dels cotxes i les calefaccions en l'escalfament de la Terra, el Sol es feia un tip de riure tot observant com érem d'ignorants i de presumptuosos els terrícoles, que ens pensàvem que podíem alterar el clima. «El clima», deu pensar el Sol, «el puc canviar jo o les variacions de l'òrbita terrestre o els grans volcans, però no aquestes formiguetes, aquests nans amb fums al cap».

Però com que, de totes maneres, no sabem res del cert, i com que, efectivament, alguna cosa passa, val més ser prudents. En la recent conferència de Copenhaguen sobre el clima s'han donat per bones dues asseveracions. Una, que d'aquí al final de segle la temperatura de la Terra pot haver pujat entre 1,1 i 6 graus. Només aquesta oscil·lació tan ampla ja demostra la gran incertesa en què ens movem. Una altra conclusió afirma que ens alliberaríem dels perills d'un escalfament si prenguéssim mesures per limitar-lo a dos graus més de temperatura. Les mesures tindrien un cost que seria assumible per a l'economia mundial a condició que, a gran escala i amb una política d'abast mundial, es fessin les coses bé i amb serenitat, sense maximalismes ni histerismes.

El que més em va preocupar com a governant i em preocupa encara ara no és tant el fenomen de l'escalfament global, sinó que, amb la seva excusa i la sobreexcitació ecologista, hi ha una obstrucció sistemàtica de projectes concrets, petits i grossos, a Catalunya. Això realment ha fet molt de mal.

L'any 1980, la predicció sobre el futur de les comarques dels Pirineus era molt negativa. Es va arribar a propagar una afirmació punyent i provocadora: «Val més tancar-les». Aquelles comarques sense futur que s'havien de tancar, finalment, se n'han sortit amb èxit gràcies a diverses iniciatives, entre les quals cal esmentar-ne una de realment important: el desenvolupament de l'esquí. Em queda, però, l'amarga experiència de com ens va costar obrir pistes i construir instal·lacions per culpa d'una oposició que, quan no deia que calia preservar la molsa d'alguns paratges, assegurava que no valia la pena l'esforç perquè al cap de vint anys, és a dir en l'actualitat, ja no hi hauria neu al Pirineu a causa de l'escalfament del planeta. I ara resulta que Barcelona aspira a organitzar els Jocs Olímpics d'hivern del 2022 precisament al Pirineu, i que alguns dels seus impulsors havien estat contraris al desenvolupament de l'esquí en aquelles muntanyes amb l'argument de la futura falta de neu.

Poso un altre exemple d'obstrucció perquè sóc crític amb mi mateix per la manera com el vaig portar. La Generalitat es proposava dotar Lleida d'un aeroport. El volíem construir a Alfés, aprofitant que n'hi havia hagut un de caràcter militar durant la Guerra Civil, que després havia estat utilitzat amb finalitats esportives. Es podria haver fet una obra ràpida i de baix cost, però va sorgir una oposició ecologista basada en el fet que a prop hi havia uns camps de farigola –de timó, com diuen a Lleida– on habitaven uns ocells anomenats *aloses becudes*. Encara que la farigola fos respectada, la presència de l'aeroport, deien, comportaria la desaparició de les aus. D'aloses becudes se'n troben, en una proporció quinze o vint vegades més gran, a Fraga, que no és gaire lluny d'Alfés, però la plataforma ecologista es va entossudir a dir que desallotjar aquestes aus del lloc on volíem fer l'aeroport seria una gravíssima transgressió de la naturalesa. He de dir que a Lleida tampoc no hi havia una gran pressió per tenir un aeroport, ni per part de les institucions ciutadanes ni especialment de l'Ajuntament. Parlant-ne amb un important dirigent socialista de la zona, em va confessar: «Ja ens aniria bé que ens féssiu un aeroport, que seria molt beneficiós per a Lleida, però també ens afavoreix que els ecologistes us desgastin amb la seva campanya». Finalment, l'aeroport no es va fer i els diners van ser destinats a una altra infraestructura.

Al cap d'uns anys, quan ja no era president de la Generalitat, vaig tenir la curiositat d'anar a veure aquell camp on vivien les aloses becudes. Em vaig adonar de la immensa presa de pèl de què havíem estat objecte, i íntimament em vaig irritar. M'acompanyava la meva dona, i entre ella i jo vam localitzar només dues plantes de farigola, minúscules i raquítiques, i això que vam buscar bé. Hi abundava, això sí, el margall, és a dir, herba dolenta.

Si hagués fet la inspecció abans, l'aeroport s'hauria construït.

Ara, quinze anys més tard, s'ha enllestit l'aeroport d'Alguaire, prop de Lleida. A mi ja m'està bé, perquè m'és igual que sigui aquí o a Alfés, ja que tots dos llocs són adequats, només que s'ha fet amb quinze anys de retard, molt més car i en un moment en què les finances de la Generalitat estan en una situació molt més crítica.

Una política econòmica ha de resoldre les necessitats energètiques d'un país. Catalunya, al final dels anys setanta, tenia el subministrament prou ben orientat. Hi havia una bona producció d'energia hidràulica, funcionaven algunes centrals tèrmiques i quatre de nuclears. El component nuclear era alt, però personalment no em feia por. Val a dir que parlem d'abans de l'accident de Txernòbil, del 1986, a la Unió Soviètica, i del de Three Mile, als Estats Units, el 1979, accidents que, juntament amb el gradual increment de la sensibilització mediambientalista, van alterar radicalment la percepció popular respecte a aquest sistema energètic i van exacerbar l'oposició d'alguns sectors polítics.

A Catalunya hi ha hagut grans iniciatives privades, en el camp de l'energia. Dues, lligades a la figura de Pere Duran Farell, el qual, a part d'haver donat impuls a l'energia hidràulica a través d'Hidroelèctrica de Catalunya, havia promocionat les centrals nuclears de Vandellòs i, a més a més –i això ha estat molt important–, havia introduït el gas natural a Catalunya a través de Catalana de

Gas, després convertida en Gas Natural SA. Vull deixar constància, perquè és just fer-ho, que el principal suport d'en Pere Duran havia estat el Banco Urquijo, del qual ja he parlat elogiosament referint-me a la crisi bancària dels anys vuitanta. Una altra iniciativa important va ser de FECSA, que, presidida per Joan Alegre, va construir les dues centrals d'Ascó.

L'obra de Pere Duran i FECSA havien deixat Catalunya prou ben preparada, però pensant en el futur calia anar més enllà per assegurar la disponibilitat energètica. Aquesta voluntat va topar, entre el 1980 i el 2000, amb les actituds contràries a tota forma de producció d'energia. L'eòlica, que al principi semblava que podia satisfer els partidaris de la producció d'energia neta no contaminant, va ser impugnada per ells mateixos perquè deien que els molins de vent mataven ocells, feien soroll i alteraven el paisatge. Val a dir que tampoc no hi va ajudar ENDESA, que va dificultar molt la connexió dels parcs eòlics a la xarxa general.

Vaig mirar d'enfrontar-me a aquests problemes sense un bri de demagògia ni tampoc de feblesa, i mirant de parlar a la gent amb serenitat, sovint sense gaire èxit. Com a exemple puc explicar que, en plena campanya de les eleccions al Congrés del 1977, i quan a les terres de l'Ebre hi havia una acció popular forta contra les nuclears d'Ascó, vaig fer un míting a Móra d'Ebre amb l'argument següent: «Tots els altres partits us diuen que enderrocaran les dues centrals. Us enganyen. No ho faran. Vosaltres, més que fiar-vos de falses promeses, el que heu de fer és aprofitar el moment per negociar compensacions importants per a la comarca». És un discurs del qual em puc sentir orgullós per la seva honestedat, tot i que va provocar que en aquelles comarques obtinguéssim uns resultats anòmalament baixos. Tal com havia dit, les centrals no es van enderrocar, però també és veritat que d'aleshores ençà ni a Catalunya ni a Espanya s'ha pogut plantejar cap nova instal·lació nuclear. Per tant, com que aquest era un camí barrat per millorar la nostra producció d'energia, ens vam orientar cap a altres sistemes, especialment la cogeneració i el cicle combinat, tot i que aquests últims també van causar rebuig ben aviat.

Explicaré un fet que il·lustra les interioritats de la política. El meu govern va voler construir una central de cicle combinat a Móra la Nova, que va topar amb una forta oposició de plataformes populars i del PSC, ERC i ICV, amb l'argument de sempre: les conseqüències negatives per a la salut. La campanya, molt intensa, al final va aconseguir l'objectiu i l'obra no es va fer. En aquella mateixa època, però, es van construir dues centrals de cicle combinat a Sant Adrià de Besòs i fins i tot es va parlar de situar-ne dues més a la Zona Franca de Barcelona. Parlem de termes municipals governats pel PSC. Un dia que vaig coincidir amb l'alcalde socialista de Barcelona, Joan Clos, li vaig dir: «Escolta, el teu partit fomenta una campanya contra la central de cicle combinat a Móra la Nova, dient a la gent que pot produir efectes cancerígens. Haig d'entendre que si parleu amb tanta convicció és perquè creieu que aquestes centrals suposen un perill real per a aquella gent». I, amb un punt d'humor negre, vaig afegir: «Si és així, no entenc per què no us oposeu a la central de Sant Adrià, que pot produir una més gran mortaldat si es té en compte que el cens de població és molt més alt, ja que inclou tot Barcelona, Sant Adrià, Santa Coloma de Gramenet i Badalona, que sumen més de dos milions de persones». La resposta de Clos a la meva argumentació va ser exactament aquesta: «Escolta, mira, no m'atabalis; ja saps com són les coses». Sí que ho sabem. Sabem el que són la demagògia i les actituds poc responsables d'oposició sistemàtica, i la cultura del no.

La política energètica implica el transport de l'energia. És coneguda l'oposició a la MAT, la línia de molt alta tensió, en el tram que va de Bescanó a Santa Llogaia, prop de Figueres, i sobretot de Santa Llogaia a la frontera francesa. El meu govern només en va poder fer el tram entre Bescanó i Sentmenat. A Bescanó calia la instal·lació d'una central transformadora per poder alimentar la línia fins a França. En vaig cridar l'alcalde, en Xavier Soy, que era de CiU i governava amb majoria absoluta, per dir-li: «La central ocuparà un quilòmetre quadrat, però com que Bescanó té un terme molt gran, es pot instal·lar lluny del centre. El poble no patirà cap dany paisatgístic i, evidentment, es beneficiarà de les compensacions que siguin del cas». Soy ho va trobar bé perquè el que li proposava era racional, perquè va creure que realment no perjudicaria el poble i, sobretot, perquè era i és un home amb sentit del bé comú. Va oferir uns terrenys a quatre quilòmetres del nucli urbà i, tot i l'oposició fortíssima dels grups locals d'ERC i el PSC, la central es va fer. A les eleccions següents, marcades per una campanya molt demagògica de l'oposició, en Soy va renovar la majoria absoluta, però només per tretze vots. Em va venir a veure i em va dir: «President, la central va ser feta tal com vam convenir. Com a alcalde i com a persona que estima el seu poble i vetlla per l'interès general, n'estic satisfet. Ara: sàpigues que les pròximes eleccions les perdré».

En un altre punt de la província de Girona, a les Gavarres, era necessari el pas d'una línia elèctrica de mitja tensió que havia d'assegurar el subministrament a bona part de la Costa Brava i que havia d'anar des de Juià, prop de Girona, fins a Santa Cristina d'Aro. Per falta de reforç energètic, poblacions com Palamós, Platja d'Aro, Palafrugell, Calonge o Sant Feliu, en el rovell de l'ou turístic, tot sovint es quedaven sense llum a l'estiu i, en conseqüència, sense neveres, refrigeració, ni aigua calenta. El projecte de la línia va fer aflorar la protesta d'alguns pobles, molt especialment de Llagostera i Cassà de la Selva, i dels col·lectius ecologistes de la zona, amb l'argument de l'impacte paisatgístic unit, com sempre, al de la salut de les persones. Des del punt de vista de la lògica, i tenint en compte el servei que la línia havia de fer en una de les parts econòmicament més sensibles de les comarques gironines, la protesta havia de ser de poca intensitat i fàcilment reconduïda. Aquí van entrar, però, els partits polítics, especialment, aquest cop, ICV i ERC, amb els socialistes que no deien res però deixaven fer. Quan la línia s'havia començat a construir, van arribar uns grups que van impedir la feina dels operaris. Des del govern, primer vam considerar la possibilitat que els treballs es fessin amb la protecció de la policia, però en una reunió del Consell Executiu les opinions es van dividir entre els consellers partidaris de l'acció policial i els que pensaven que calia seguir negociant amb els ajuntaments i els grups que protestaven. Vam optar per la negociació. Va durar tres anys i va servir per demostrar que la protesta tenia un component polític. Finalment, en una nova reunió del govern vaig dir que s'havia acabat anar donant allargues, que ja n'hi havia prou de presa de pèl i de perjudicar l'economia de la Costa Brava i que, com que legalment podíem tirar pel dret, faríem la línia amb la protecció de la policia. Recordo haver afegit que havíem d'enviar un contingent elevat de mossos a protegir els operaris, perquè si només n'hi destacàvem quatre o cinc, els manifestants s'hi enfrontarien, hi hauria incidents i la línia no tiraria endavant. Vaig afegir: «Si n'hi enviem cinquanta, ens escridassaran, ens diran feixistes, però no passarà res». I així va ser.

Vam perdre l'alcaldia de Llagostera en les següents eleccions municipals, però aquest és un cost que un partit de govern ha de saber assumir.

El fet que acabo d'explicar és demostratiu d'un altre

que sovinteja en política. Mentre la gent que s'oposa a qualsevol cosa, que de fet és minoritària, es mobilitza molt bé i concentra molt les accions, els que hi estan a favor o necessiten l'obra objecte de litigi es mouen molt menys i no surten en general a reclamar-la. Un dia, durant els tres anys de negociació de la línia de les Gavarres, vaig visitar Sant Feliu de Guíxols i em vaig queixar d'aquesta impassibilitat davant d'uns representants del sector turístic. Els vaig preguntar: «Quants talls de llum heu tingut, aquest estiu?». Me'n van donar una xifra molt alta, tot reconeixent que allò els havia causat molts problemes. Els vaig recordar que feia temps que topàvem amb la resistència molt forta d'alguns sectors de les Gavarres, que s'havia estès a altres indrets de Girona, sense que ells haguessin obert la boca, i els vaig dir: «Em pregunto si realment necessiteu aquesta energia elèctrica i si el govern no comet un acte d'ingenuïtat desgastant-se en favor d'una obra que, pel vostre silenci, sembla que no sigui tan important». Com a conseqüència d'aquestes paraules meves, la Cambra de Comerç va emetre un comunicat a favor de la línia de les Gavarres. El va publicar als diaris, i no va fer res més. Els que protesten contra una obra fan soroll. Els que la necessiten no es volen embolicar i callen.

En el transcurs d'un col·loqui a Girona, una persona que, per la pregunta que em va fer, es veia que tenia un gruix de lectures i de cultura polítiques em va interpel·lar d'aquesta manera: «Vostè es defineix com un polític personalista, és a dir com algú que creu que la política s'ha d'exercir al servei de les persones. Per què, doncs, no va fer cas dels centenars de persones contràries a la línia elèctrica que en una ocasió, a Cassà de la Selva, el van escridassar?». Li vaig contestar: «Deixant de banda que no eren gaires centenars, com vostè diu, i que era un grup format per gent vinguda de tot arreu, li vull dir que precisament des d'una mentalitat personalista, és a dir de primacia de les persones, he volgut fer coses com la línia de les Gavarres. Hi ha, no centenars, sinó molts milers de persones que, per a la seva feina, per al seu confort familiar, per al bon funcionament dels seus pobles i ciutats, necessiten la línia. L'interès general estava molt més de la banda dels qui no protestaven gaire o no protestaven gens que dels qui la volien impedir moguts, com després es va veure, per motius polítics».

Tot i la meva fermesa en la línia de les Gavarres, de vegades em pregunto si no vam ser massa condescendents amb aquests moviments de protesta que, per l'acció d'ICV i d'ERC, per l'omissió molts cops del PSC, i pel posicionament d'alguns diaris, van crear un estat d'ànim hostil a qualsevol iniciativa del govern i favorable a tot el que es revestís d'ecologisme, per forassenyat que fos. Posats a repartir responsabilitats, m'he de preguntar si el govern i jo mateix no hauríem d'haver observat una actitud més ferma.

Amb aquestes actituds d'oposició sistemàtica i la nostra incapacitat de superar-les, Catalunya va perdre la possibilitat de crear empreses importants en el camp de l'energia eòlica, i no em refereixo només a la producció d'energia sinó també al material: torres, motors, aspes, informàtica... Tot va ser massa difícil, i aquestes activitats industrials es van desplaçar a altres indrets de l'Estat on no hi havia tants entrebancs. Espanya té una posició important en l'energia eòlica, i Catalunya no. I algunes empreses d'aquest sector que teníem, tipes de trobar obstacles a cada cantonada, durant els últims any s'han venut a empreses de fora. En un moment en què tothom reclama que Catalunya tingui activitats industrials noves, constatar aquest fet resulta bastant depriment.

En perspectiva de futur, jo creia i crec que la producció d'energia s'haurà de resoldre amb un còctel. És a dir, no basant-se en una sola font, sinó en tres, quatre o cinc. És el que fa anys, quan era director general de la UNESCO, Federico Mayor Zaragoza va aconsellar que fessin els xinesos i que, en un àmbit molt menys gegantí, Feliciano Fuster ens ha aconsellat recentment: una part d'energia nuclear, una part d'hidràulica, una part de cicle combinat basat en el gas i una part d'energies renovables.

En el moment de repassar el text definitiu d'aquest tercer volum –maig del 2011–, llegeixo una notícia que m'enerva. Diu que la Generalitat ha concedit el permís per a la construcció d'un parc eòlic a Ascó, a la Ribera d'Ebre, després d'una tramitació que ha durat no un any o dos, sinó deu. En demano informació i em trobo que, efectivament, l'any 2001 el meu últim govern el va començar a planejar i que al 2003, quan estava molt a punt d'aprovar-se, va arribar el govern tripartit i es van iniciar set anys més d'obstacles. Conclusió? Un país en el qual calguin deu anys perquè el govern doni permís per construir un parc eòlic, com tants n'hi ha a tot l'Estat de fets en dos anys, corre el perill de perdre el tren de les energies renovables –el de l'energia eòlica ja l'ha perdut– i de recular seriosament en el camp econòmic i de la creació de llocs de treball.

L'ITER, l'International Thermonuclear Experimental Reactor, no figura en el mapa que tinc sobre la taula, com, en canvi, sí que hi són el sincrotró de Cerdanyola del Vallès o la computadora Marenostrum de la Universitat Politècnica a Pedralbes, a Barcelona. Però hauria pogut ser-hi, i té la seva història.

L'ITER és un gran complex científic que estudia obtenir energia a partir no de la fissió nuclear sinó de la fusió. És important perquè la fusió no produeix residus ni, per tant, la necessitat d'emmagatzemar-los, un dels grans objectius de la ciència actual. Es tracta d'un projecte de gran transcendència científica, política, social i econòmica que ha de ser molt útil per a la humanitat i que, a la vegada, ha de reportar uns beneficis econòmics i científics molt grans al país on s'instal·li el laboratori. Un seguit de països, a escala mundial, la Unió Europea, els Estats Units, Rússia, la Xina, Corea del Sud, l'Índia, el Japó i el Canadà, s'havien posat d'acord per construir-lo. Només faltava saber on s'instal·laria.

Cap al final del seu mandat, el president Aznar va decidir presentar la candidatura perquè Espanya acollís l'ITER, que es disputaven altres països. Va oferir Vandellòs, amb una llarga tradició nuclear, per instal·lar-lo. Va ser, per part seva, un acte de gran audàcia, propi d'un tarannà molt agosarat, que li va fer donar uns passos en fals, però que en algun aspecte li va ser útil.

La veritat és que Espanya no podia guanyar la competició, sobretot perquè hi optava França, un candidat amb molta més força i tradició en el camp de la recerca nuclear. Espanya només podia comptar amb el suport que li pogués donar l'administració Bush en un moment en què les relacions entre Aznar i el president dels Estats Units eren molt bones. Al final les coses van anar com, lògicament, havien d'anar i es van decantar a favor de França. L'ITER es farà a Cadarache, prop de Marsella.

Cal dir, però, un parell de coses. Primera, que realment la proposta va estar molt ben feta, fins al punt que el comitè que havia d'opinar sobre les candidatures presentades, presidit per David King, que era l'assessor de Tony Blair en temes científics, va fer constar que la millor era l'espanyola. Segona, que, com ha quedat dit, Aznar va optar per Vandellòs, a Catalunya, i no per qualsevol altre indret de l'Estat. Malgrat la degradació gradual de la nostra relació amb el PP a partir del 1999, vam tenir alguns punts d'acord amb el govern d'Aznar i el projecte de l'ITER va trobar per part nostra un suport decidit i un compromís econòmic important. El meu govern i jo mateix crèiem fermament en la política científica com a inversió de futur.

Realment hauria estat un contrasentit que un país com Espanya, que ha declarat la moratòria nuclear, endegués un projecte d'aquesta naturalesa. Pensem que si un dia Espanya decideix decantar-se per l'energia nuclear, es trobarà amb un dèficit important d'enginyers d'aquesta especialitat. Les vocacions, en un país antinuclear, han anat minvant. L'ITER ha anat a parar a França, no tant per la qualitat del projecte que havia presentat, sinó perquè França té un gruix humà i tecnològic molt alt en aquest camp.

Malgrat tot, Catalunya va treure profit del procés. Com a premi de consolació, Barcelona és seu del projecte Fusion for Energy, derivat del projecte ITER, que representa uns centenars de llocs de treball d'alt nivell. És just dir que en aquest punt l'actuació del govern del PP va ser positiva envers Catalunya i positiva per la modernitat que representava.

Aquestes pàgines dedicades a qüestions energètiques i mediambientals poden ser el lloc adequat per introduir un comentari punyent i fins i tot amarg, però al meu entendre necessari. Hi ha sectors polítics, intel·lectuals i periodístics catalans que en la història de Catalunya dels últims trenta anys han viscut etapes positives durant les quals han fet bones aportacions. Però han anat condicionant el desenvolupament d'una forma negativa des de diversos punts de vista per la ideologia que han introduït en l'ensenyament; per l'intervencionisme molt intens que procuren implantar en l'activitat econòmica; per actituds mediambientalistes portades a un extrem paralitzant amb greu perjudici de l'economia; per la mentalitat antisistema rarament complementada amb propostes realment serioses, constructives i vàlides. Tot plegat en connexió amb la cultura del no que posa dificultats, entrebancs i frens a tantíssimes iniciatives.

Alguns d'aquests sectors polítics i ideològics han actuat així d'una manera sistemàtica. Sempre. Altres partits s'hi han apuntat quan, per tàctica, els ha convingut amb la intenció d'erosionar l'adversari. Durant els anys de govern de CiU això va ser el nostre pa de cada dia. És a dir, el sentit de país, l'actitud constructiva, el suport a les iniciatives positives, van ser suplantats quan va convenir per raons tàctiques i fins i tot sectàries.

La cultura del no, el sectarisme, el poc sentit del bé comú, tot això recobert de vegades d'una capa d'elitisme i de superioritat moral, han perjudicat greument el nostre país.

Llibre de família

En el segon volum de les *Memòries*, ja vaig explicar la meva reserva inicial a crear un Departament de Justícia i de com Miquel Roca em va fer veure l'error que estava a punt de cometre. Ara puc dir que la tasca d'aquest Departament va ser important. Ho va ser per diversos motius, però sobretot perquè la seva activitat és d'aquelles que donen contingut no només administratiu, sinó realment polític a un govern. I també vaig explicar la manera com va exercir, crec que positivament i amb sentit de la responsabilitat, la competència de les presons que cap altra autonomia d'Espanya no ha volgut mai. En això no practiquen el principi de «*nunca menos que ellos*».

A banda de la compilació del Dret Civil Català, que ja ha quedat explicat en un altre lloc, correspon ara parlar d'algunes altres actuacions molt importants en el terreny de la Justícia.

El Departament va ser especialment actiu en qüestions relacionades amb la família. Hem de tenir present que el dret civil català, tal com ha arribat fins avui, en una part molt important és un codi de família. Per tant, calia donar especial importància a la successió intestada, la mediació familiar, el codi de successions, la legítima, etcètera. Però, a més, havíem d'entrar en un terreny on fins aleshores s'havia legislat poc o gens.

Si jo fos d'aquells a qui agrada presumir de progre, insistiria a remarcar que vam ser dels primers països d'Europa a legislar sobre les unions estables de parella, fossin heterosexuals o homosexuals. Quan vam elaborar la llei que popularment va rebre el nom de Llei de parelles de fet, només Bèlgica i Holanda en tenien de similars, i ens vam avançar a la cèlebre PACCS francesa. La vam fer perquè ens va semblar justa. I vull fer constar que va ser obra de Núria de Gispert, una consellera militant d'Unió Democràtica, és a dir democratacristiana, i d'un president, jo, que passa per ser carca. Malgrat que tots dos érem partidaris dels matrimonis que durant segles han estat els habituals, no podíem ignorar un fenomen social de gran magnitud. Ens feia angúnia la situació poc o gens protegida en què quedaven algunes persones, homosexuals o heterosexuals, quan moria la seva parella de fet. Per cert, que després va resultar que, proporcionalment, els heterosexuals van fer menys ús de la llei que els homosexuals. I s'entén, perquè els heterosexuals ja tenen dispositius legals per formar parella casant-se en un marc legal en el qual el divorci és fàcil i ràpid.

Amb motiu d'aquesta llei, el nostre govern, i més personalment la Núria i jo, vam tenir problemes amb alguns sectors eclesiàstics i amb gent catòlica com nosaltres. La sang no va arribar al riu, però vaig viure un fet curiós que vull explicar. Pels volts de l'aprovació de la llei, casualment jo havia d'anar a Roma, convidat a assistir a una conferència sobre la família organitzada pel cardenal Alfonso López Trujillo. Tot i que els congregats ens trobàvem en una sala on hi devia haver un miler de persones entre cardenals, arquebisbes, bisbes, capellans, monges i seglars, algú em va reconèixer i, davant de tot el plenari, va explicar que Catalunya havia aprovat una llei molt permissiva. Em van preguntar públicament: «Com és que vostè, que passa per ser un home catòlic, l'ha impulsada?». Els vaig dir: «Nosaltres tenim una realitat social que hem d'atendre, i si no prenem segons quines mesures es produeixen situacions de gran injustícia en determinades persones. No hem anat més enllà com alguns ens reclamaven, però considerem que la llei ofereix la seguretat que pretenem». Com que vaig veure que no els acabava de convèncer, vaig afegir: «Escoltin. En aquesta aula hi ha uns quants diputats democratacristians alemanys. Ells mateixos, o altres membres del seu partit, han votat una nova llei d'avortament. Per què l'han votada? Perquè l'Alemanya Occidental tenia una llei d'avortament bastant restrictiva, i amb la reunificació es va veure que la de l'Alemanya Oriental era molt i molt permissiva. Les van fusionar, reduint molt el caràcter permissiu de l'una i alliberant el caràcter restrictiu de l'altra, però l'aprovació de la llei resultant necessitava una majoria dels dos terços i els socialistes i els verds, que formaven coalició de govern i hi estaven a favor, no hi arribaven. Calia, per tant, el vot de trenta o quaranta diputats democratacristians. El grup parlamentari es va reunir i, un cop exposada la situació, el cap va demanar quins diputats estaven en disposició de votar la llei. N'hi va haver prou perquè finalment s'aprovés».

En acabar la sessió, una diputada democratacristiana alemanya que hi havia assistit em va venir a trobar. Em va dir: «Miri, li vull explicar que sóc antiavortista radical, però que no solament vaig votar la llei, sinó que vaig organitzar el vot dels nostres diputats perquè s'aprovés; aquella nit no vaig poder dormir, però el meu partit i jo mateixa havíem d'anteposar el que enteníem que era el bé comú a les nostres conviccions». La dona em va parlar molt afectada, plorosa. No sé què devia passar quan el diumenge següent a la votació va anar a missa a la parròquia i es va trobar amb el rector i tots els seus amics, però algú havia de prendre aquella decisió. Jo no goso dir si la va prendre bé o malament, però és un exemple del que de vegades pot passar.

Per fer entendre les situacions contradictòries en què de vegades es troben els polítics, vaig incloure l'episodi que acabo de relatar en una conferència que el 4 de juny de 2002, quan ja començava a plegar de president, vaig pronunciar a la Pedrera de Barcelona. Es titulava «Defensa i elogi de la política; grandesa i misèria de la política».

Pensem que, durant els últims trenta anys, els canvis que han afectat la família i, en general, les relacions humanes, han estat enormes. En el meu primer discurs d'investidura, el 1980, no vaig parlar ni de les parelles de fet ni de l'homosexualitat ni de les adopcions a l'estranger, tot i haver estat una peça oratòria prolixa i detallista. No se'm podrà objectar que no hi fes referència motivat per les meves opcions polítiques, socials i religioses, perquè la veritat és que ningú no m'ho va reclamar ni abans ni a l'hora de les rèpliques dels altres partits.

Com que Catalunya ha estat un país amb un grau elevat d'adopcions d'infants, calia crear unes normes que en garantissin el procés. Vam ser capdavanters en la reclamació d'una sistemàtica per a les adopcions i d'establir relacions clares i eficaces amb els països als quals algunes parelles catalanes anaven a buscar criatures. Garanties per a les parelles d'aquí i per a les criatures que portaven.

Sempre hi ha hagut parelles que han practicat les adopcions, només que abans les criatures eren del país. Personalment ho veia amb simpatia, perquè ho considerava un acte de generositat. Però, durant els vint o trenta anys últims, la falta de criatures disponibles a Catalunya i els entrebancs legals que hi havia per adoptar-les van fer que les parelles anessin a fora a buscar-ne. Crec que ho feien, també, amb la intenció de treure uns éssers humans d'ambients difícils i donar-los la possibilitat d'una vida millor. Més o menys explícita o conscient, hi ha hagut una motivació molt humana, sovint fins i tot amb un component d'obra de misericòrdia. Un dia parlava amb una col·laboradora meva que tenia tres criatures. Em va anunciar que aviat en tindria una altra. Li vaig dir que devia estar molt al començament, perquè no se li notava res. Em va respondre: «No, és que l'anirem a buscar a Rússia». Jo, sorprès, li vaig dir: «Escolta; tens tres criatures i és evident que en podries tenir una altra; per què has d'anar a fora?». «Al meu marit i a mi ens fa illusió anar-la a buscar a un país on la vida és difícil», em va contestar.

Lògicament, el nostre interès per la família hauria d'haver comportat una política que incentivés la natalitat. Confesso que en aquest camp vam quedar curts respecte als nostres desitjos i propòsits i respecte a les necessitats socials, però és que l'Estatut no ens donava prou competències, teníem pocs recursos econòmics i ens vam trobar amb la resistència de determinats sectors polítics i d'opinió. En els ambients intel·lectuals, socials i periodístics de Catalunya hi havia, i encara en part hi ha, una mentalitat que frenava una política favorable a la família, i no cal dir a favor de la natalitat. Alguns d'aquests sectors reclamaven la prioritat de moltes diverses classes de família, a més de la diguem-ne tradicional de pare, mare i fill: la monoparental d'home o de dona, la de les parelles de fet, i les unions entre persones del mateix sexe. En aquest ambient, ha costat que la família tradicional fos considerada seriosament per amplis sectors. La influència del Maig del 68 va ser especialment acusada a Catalunya, i crec que no ha estat bo.

Tothom sap que, de vegades, recorro a argumentacions de personatges polítics i socials que l'esquerra d'aquest país no pot desautoritzar, per dir coses que si fossin de la meva collita serien conceptuades com el súmmum del conservadorisme i l'anacronisme. Ja he explicat que vaig haver de citar Mitterrand per poder afirmar que una natalitat molt baixa era una desgràcia per a un país. Ara hauré de fer una cosa semblant per referir-me a la família.

Alemanya ha tingut i té encara una natalitat excessivament escassa i una política de família que, almenys fins fa poc, no ha estat prou positiva. Fa uns quants anys, els socialistes alemanys es van començar a espantar per les conseqüències que la falta de rejoveniment començava a tenir i tindria en el futur. Otto Schily, un dels ministres més importants del govern socialdemòcrata del canceller Schröder, que provenia de l'ala més esquerrana, primer de les Joventuts Socialistes i després del mateix partit socialdemòcrata, un bon dia va fer aquestes declaracions: «Sense un urgent i ofensiu debat sobre els valors correm el perill que es reforcin les tendències egoistes, enemigues de la vida i negadores del futur». Vaig recollir la citació i en una ocasió la vaig utilitzar per fer caure a la trampa alguns progres. La vaig pronunciar aclarint que no eren paraules meves i deixant escapar algun mot en alemany amb tota la intenció. Em van dir: «Això és de Ratzinger». Els deia que no era de Ratzinger, i ho provaven d'endevinar de nou: «Deu ser d'algú de l'Opus». Al final els vaig revelar que era d'un ministre alemany de l'ala esquerra del partit socialista que fins i tot de jove havia defensat davant dels tribunals, com a advocat, els activistes de l'esquerra més extrema. I vaig afegir: «Es tracta d'un home seriós que se sent responsable del futur d'Alemanya. No és un frívol». No els ho deia, però s'entenia que els meus interlocutors sí que eren frívols.

Helmut Schmidt, canceller i icona del socialisme alemany, havia dit ja al 1992: «Cal donar molta importància a la política de família, i en el marc de la política social ha de ser la primera anella de la cadena de normes politicosocials que s'han de fer». I el mateix Gerhard Schröder, també canceller socialista, parlava de «la família, factor d'èxit per a l'economia, perquè l'èxit econòmic es basa en uns tipus de valors que la família ajuda a adquirir».

No seguiré amb citacions que ens portarien de José Saramago als socialdemòcrates suecs. De fet, haver de recórrer a aquestes persones que els progres consideren lliures de sospita és una demostració de feblesa. Però el pensament hegemònic català, durant molts anys, ha estat fortament i sovint sarcàsticament contrari a la família. Cosa que no m'eximeix de la responsabilitat de no haver fet més en aquest terreny.

Un últim comentari sobre el Departament de Justícia. A Espanya, tradicionalment, la Justícia no ha anat bé. A Catalunya, tampoc. No perquè no hi hagi hagut bons professionals, sinó per una organització deficient que a hores d'ara ho és de manera molt acusada. Quan jo era diputat a Madrid, abans de ser president de la Generalitat, recordo haver visitat el ministre de Justícia Íñigo Cavero, de la UCD, per queixar-me de l'estat de deixadesa en què es trobaven alguns jutjats catalans. Cavero, de qui tenia i tinc una bona opinió, em va dir: «Té raó, Pujol, però trigarem a millorar substancialment els problemes que vostè m'exposa, perquè de sempre la Justícia espanyola ha viscut en la indigència». Em va preguntar: «*¿Conoce usted el "caso del inglés"?*». Me'l va explicar. Un súbdit anglès resident a Espanya havia estat acusat i jutjat per homicidi feia uns quants anys. Després d'haver estat absolt i quedar lliure, l'home es va establir al seu país. Fins que un dia la justícia anglesa li va demanar còpia de la documentació del procés. Al jutjat de Madrid no trobaven l'expedient enlloc. Van passar dies i setmanes, amb greu perjudici per a l'anglès. Finalment, un vell funcionari que feia molts anys que remenava papers i expedients va exclamar tot fent memòria: «*¡El armario!*». Els qui el van escoltar es van pensar que l'expedient es trobava dins l'armari que el funcionari assenyalava. En realitat, el moble havia perdut un pota i, sense diners ni esma per reparar-lo, havien fet servir els documents de l'anglès, juntament amb altres «*legajos*», per mantenir-lo en equilibri. Íñigo Cavero m'ho explicava amb un posat de gran desolació i com si, efectivament, no hi hagués res a fer.

Ja he referit que a l'any 1980 vam proveir alguns jutjats de material tan elemental com arxivadors, màquines d'escriure i servei de telefax, i com els jutges i funcionaris del de Terrassa es van arribar a emocionar quan vaig anar-hi personalment a fer-ne entrega simbòlica.

Avui no estem prou bé, tampoc, però durant un parell de dècades vam fer un esforç molt important per construir jutjats de nova planta. I com que sóc a Premià de Dalt, recordo la inauguració del de Mataró, que és el que em cau més a prop i el que presideix el partit judicial d'aquesta part del Maresme. Però en podria recordar d'altres, com els de Tremp, Viella, la Bisbal, Blanes... I si sense moure'm de casa miro cap al Tibidabo, haig de recordar el dia de l'any 1997 que hi vam poder instal·lar l'Escola Judicial on estudien durant dos anys tots els jutges i fiscals d'Espanya abans d'obtenir plaça definitiva. Va ser un gran èxit de la consellera De Gispert, negociat quan l'encaix de Catalunya i Espanya vivia un moment esperançat. A part del valor polític que una institució tan important i significativa de l'Estat vingués a Catalunya, també va influir en nosaltres la idea que si els jutges i fiscals passaven de joves una bona temporada a Catalunya, tindrien una millor comprensió de la nostra societat, la nostra cultura i la nostra llengua. No estic gaire segur d'haver reeixit en aquest aspecte. En tot cas, no ho hem fet gaire pel que fa a l'ús del català en la pràctica judicial. És un punt molt feble de la nostra política lingüística.

El mapa industrial

Des de Premià de Dalt i amb els mapes de Catalunya i de l'àrea de Barcelona al davant, tinc una sensació agredolça en recordar tantes i tantes empreses i sectors sencers desapareguts o molt escapçats, i a la vegada comprovar com, malgrat tot i gràcies a l'esforç col·lectiu que des de la Generalitat vam mirar d'impulsar tant com vam poder, Catalunya segueix sent un país industrial que basa bona part de la seva prosperitat en les exportacions.

Pel cantó amarg, ressegueixo les conques del Ter, del Llobregat, del Cardener o les ciutats de Sabadell i Terrassa, que havien estat una de les concentracions tèxtils més importants d'Europa. O els vells i desapareguts barris industrials de Barcelona: Sants, Sant Martí, el Poblenou... O Igualada i Vic, amb la seva indústria de la pell, ara molt tocada. O Mollet, Palau-solità i Plegamans i Esplugues, és a dir: Derbi, Ossa, Bultaco, Montesa, Yamaha, que em fan recordar amb malenconia que Catalunya havia estat un dels dos o tres països més importants del món en el sector de la moto. O em ve a la memòria el conflicte de la multinacional nord-americana LEAR a Cervera, molt significatiu perquè va indicar que havíem deixat de ser un país de mà d'obra barata i que, per aquest motiu, se n'anirien les indústries que trenta o quaranta anys enrere s'havien establert aquí. O les crisis del tèxtil i el carbó al Berguedà. O la del Ripollès, especialment crítica a la Farga Casanova de Campdevànol. Als anys seixanta, des de Banca Catalana i el Banc Industrial de Catalunya, i després des del govern de la Generalitat, havia procurat ajudar la Farga, que ara va bé. I la mirada també se'm posa a Cardona, on dues crisis molt greus, la del tèxtil i sobretot la de la mina de sal, van provocar una situació que ha costat superar.

Però al capdavall hi ha un fet positiu, com dic, i és que Catalunya ha conservat o ha recuperat la seva base industrial i ha incrementat, i això és molt important, la capacitat exportadora. Som, de molt, l'economia més exportadora de tot l'Estat. El que passa és que tenim una altra mena d'economia.

Els anys vuitanta, els de l'inici dels nostres governs, havien estat de gran crisi econòmica i industrial. La vam superar raonablement disposant de les competències que ens donava l'Estatut. Vam dur a terme una tasca de reconversió, vam crear centres d'innovació tecnològica o organismes dedicats a la millora de la qualitat, els anomenats *trampolins tecnològics*, que van resultar molt útils per a les mitjanes i petites empreses. O bé vam crear centres d'homologació i d'especial atenció a la qualitat, des de l'Ascamm, dedicat a motlles i matrius, a l'Institut del Suro de Palafrugell, o la IDIADA per a la indústria automobilística al Vendrell... O vam col·laborar amb iniciatives ja engegades, com el Centre d'Investigació Tèxtil de Terrassa. D'una especial importància va ser l'impuls donat a LGAI, el Laboratori General d'Assaigs i Investigacions, al costat de la Universitat Autònoma.

També van ajudar altres iniciatives com l'ARC, l'Assessorament per a la Recerca de Capital. Tot plegat va funcionar bé i va ser útil, encara que insuficient. A més a més d'això, va ser determinant la mentalització a favor de la productivitat i l'excel·lència, a través de les polítiques de certificacions –les ISO 9000 i les ISO 14000–, les homologacions, el disseny i el Centre Català de Qualitat.

Vam facilitar que les empreses tinguessin més possibilitats de finançar-se, tot i que ja he dit i repetit que aquest va ser sempre el punt feble de la Generalitat, pel seu propi mal finançament. Vam ajudar les empreses no solament a exportar sinó a invertir a fora. Del meu lema «el nostre món és el Món» en vaig fer la cançó de l'enfadós. A partir dels anys vuitanta, hi va haver cada cop més empreses catalanes que no solament van exportar, sinó que van crear centres de producció a fora. No eren grans multinacionals, però responien al model que altres països van anomenar *multinacionals de butxaca*. Tot plegat, sumat al que tot seguit diré sobre la recerca i l'adaptació a les noves tecnologies, ha fet que en la molt greu crisi econòmica del 2010, la indústria catalana manifesti una notable capacitat de resistència i, sobretot, d'exportació, malgrat l'ofec bancari. Ser capaç d'exportar i d'instal·lar-se a l'estranger és garantia de futur.

A partir més o menys del 1990, vam poder començar a fer progressos en el camp de la recerca i el desenvolupament, l'R+D, al qual vam afegir dues is, la innovació i la internacionalització: R+D+I+I. Em causa alegria trobar sovint, aquí o a l'estranger, gent relativament jove, entre els trenta i els cinquanta anys, i amb bona posició professional, il·lusionats perquè les empreses on treballen es dediquen a la projecció exterior. Em diuen: «Jo vaig ser becari del COPCA». Realment, el COPCA, el Consorci de Promoció Comercial de Catalunya, va ser una bona escola de comerç internacional i una iniciativa que em va deixar especialment satisfet. Ara el COPCA ha canviat de nom i s'anomena ACC1Ó.

Quan parlava amb empresaris estrangers, als quals no podia oferir tantes facilitats com els donaven altres llocs d'Europa o d'Espanya, jo els deia: «Nosaltres som un govern *business minded*», és a dir, 'amb mentalitat de negoci'. Em va preocupar que el govern tripartit no tingués aquesta mateixa mentalitat i estic content que ara el president Mas es declari *business friendly*, és a dir 'amistós envers el negoci', en el sentit d'empresa i activitat econòmica. I és que no n'hi ha prou d'estar tècnicament preparat i gestionar més o menys. Cal que hi hagi una certa passió, un cert enamorament del que és l'activitat econòmica, i la convicció forta que, sense la creació de riquesa, ni l'autonomia funcionarà, ni Catalunya progressarà, ni la societat serà més justa.

En aquestes memòries, ha quedat clar que jo, sempre, des de molt jove, he estat un productivista. Sóc un interessat per la creació de riquesa. Un convençut que la base econòmica de la Catalunya moderna se sustenta en la indústria i que ho ha de seguir fent. Per tant, la competència industrial havia de ser forçosament un capítol important de la meva acció de govern. És en aquesta línia que, en més d'una ocasió, vam haver de mirar d'influir en la política espanyola en favor de l'economia productiva i en contra de la que era estrictament financera. No ha d'estranyar que no m'hagi fet particularment feliç el model econòmic que s'ha desenvolupat a Espanya des de fa deu o dotze anys, molt fortament financer i amb un pes molt gran del sector immobiliari. La construcció desenfrenada, el gran desequilibri entre consum i estalvi, i una immigració descontrolada no podien donar un bon resultat.

S'ha de reconèixer que tot és més complex del que pot semblar a primera vista. La construcció arrossega moltes indústries: la de la fusta, els sanitaris, els electrodomèstics, els ascensors, la tèxtil... El que passa és que en la construcció pròpiament dita, tal com s'ha practicat els darrers anys, pesa poc l'exigència competitiva. Les economies que resistiran i creixeran seran les que posin en joc la productivitat, les que busquin l'excel·lència i siguin capaces de guanyar quota als mercats externs. «El nostre món és el Món», repeteixo i hauré d'anar repetint. El creixement econòmic i industrial massa depenent de la construcció acabarà perdent la batalla de la competitivitat i se situarà en un nivell que, anant bé, serà mitjà.

Com a industrialista, ara sóc partidari de la indústria amb molta tecnologia nova, amb molta informàtica, amb molta versatilitat. He de recordar que, acabada la carrera de medicina, havia passat uns anys en un laboratori de farmacologia i que havia dirigit una indústria farmacèutica. Després vaig anar per altres camins, però des d'aquells temps he llegit amb constància i interès tot el que fa referència als avenços científics. De vegades, fent-ho, se m'ha desvetllat el cuc i he envejat alguns amics meus del ram farmacèutic que han seguit investigant, tot i que em sembla que jo no hauria estat prou bo, si hagués continuat. Els recordo amb admiració: l'Esteve, l'Uriach, en Vila Casas, en Gallardo, en Mussons, en Carles Ferrer, i en Puig Muset –aquests dos morts. Però no es pot fer tot, ni tot alhora. D'aquella experiència juvenil, enriquida per reflexions posteriors, em va quedar molt clar que un país, i sobretot si és un país petit però amb prou poder polític, recursos adequats i objectius clars, pot aconseguir uns nivells molt alts en recerca i formació que li confereixin prestigi i respecte. En països independents com Dinamarca, això és molt clar, però alguns *länder* alemanys o Flandes també en són exemple. Catalunya ha d'anar per aquí, pel camí de l'excel·lència.

En els meus últims deu anys de govern, teníem més diners, i com que havíem resolt les principals urgències, vaig considerar que les nostres prioritats eren la investigació i les universitats. Si no hi incidíem, se'ns escapava la possibilitat de consolidar-nos com a país. Se'ns començaven a tancar algunes portes d'increment de l'autonomia, però podíem compensar-ho amb una activitat que ens donés força i prestigi al món.

Anys enrere havia conegut Andreu Mas-Colell, catedràtic de microeconomia de prestigi internacional, a la Universitat de Harvard, on feia de professor. Li vaig escoltar una conferència i en acabat em vaig reunir a sopar amb ell i altres catalans que ensenyaven en aquell centre. Tots em van causar molt bona impressió i em van alegrar el cor: aquella era la mena de gent que podia transformar el país. Si venien, si tornaven. Enmig de tots, destacava en Mas-Colell. Per això em va fer tanta il·lusió que al cap d'uns anys tornés a Catalunya amb voluntat de quedar-s'hi. Em vaig animar a parlar-li de si estaria disposat a entrar en el nostre govern. Em va dir que sí, i vaig tenir una gran alegria.

No sortíem de zero, perquè Josep Laporte i Joan Albaigés havien abonat bé el nostre camp científic i de coneixement des de temps enrere, però ara Mas-Colell podia donar-hi un impuls definitiu com a conseller d'Universitats i Recerca.

Això comportava una política pressupostària favorable per al Departament del nou conseller. Recordo haver discutit amb alguns membres del meu govern que, amb justícia i lògica, reclamaven més diners per a les seves conselleries. Algun d'ells va suggerir que amb una retallada a la d'Universitats i Recerca es podria satisfer una necessitat urgent. La meva resposta va ser un pèl cantelluda: «Tens raó, això que em dius és molt urgent, però ara, si volem evitar caure en l'estancament i la mediocritat, el que realment és urgent és la recerca». El mateix to amb què vint anys abans, quan les urgències eren unes altres, havia hagut de dir: «No, ara la prioritat no és la recerca; ara és que el malestar social no faci fracassar la transició democràtica».

Realment Mas-Colell va donar un tomb a la situació

científica a Catalunya. La paraula és aquesta, *tomb*. Si ja feia anys que la situació en aquesta matèria millorava, ell va aconseguir que no hi pogués haver marxa enrere i que tothom es convencés que la investigació i la recerca havien de ser les opcions clares del nostre govern i de qualsevol govern.

Cal tenir present que, durant els anys de la meva presidència, del 1980 al 2003, en el camp de la tecnologia hi va haver uns canvis molt grans, difícils d'entendre per a la gent jove. Fins al 1997 no es va començar a introduir Internet a les cases i els despatxos. Els mòbils són del 1994 i al principi eren grans com unes motxilles. Fa un temps, un jove periodista es va tornar a interessar per la trucada que vaig fer al rei la tarda del cop d'estat del 23 de febrer de 1981. Em va dir: «Així, vostè tenia el mòbil del rei?». Amb un punt de suficiència li vaig contestar: «Jove, al 1981 no hi havia telèfons mòbils». Per cert, que si n'hi haguessin hagut i els diputats segrestats al Congrés n'haguessin dut, potser tot hauria anat diferent.

El govern es va haver d'anar adaptant i aplicar les noves tecnologies a l'ensenyament, a les infraestructures, a la manera de comunicar-se amb el país. Vam haver de crear acadèmies gratuïtes perquè ensenyessin com fer funcionar un ordinador, vam desenvolupar la xarxa d'ADSL per tot el territori, i vam canviar el sistema d'ensenyament a la Universitat Oberta de Catalunya.

A final dels anys noranta és el moment de la introducció de les TIC, és a dir de les tecnologies de la informació i la comunicació. Crec que el país ha estat sensible a aquest repte i que hi ha donat resposta.

Jo sóc d'una altra època i em costa d'entendre totes aquestes coses. Miro de fer-ho, llegeixo i assisteixo a reunions que en parlen, però no acabo de treure'n l'entrellat. Un dia, en el govern de la Generalitat hi va haver un debat sobre si la irrupció de les noves tecnologies comportaria o no la decadència definitiva de la indústria en favor del sector dels serveis. És una eventualitat que també ha estat plantejada per alguns altres països. Especialment a la Gran Bretanya, on, a l'època de Margaret Thatcher, es va renunciar a sectors industrials sencers i es va concentrar l'atenció en els serveis i l'activitat financera. A mi, productivista i industrialista declarat, mentalment i sentimentalment em costa acceptar el final de la indústria i crec que és un error. És bo que el sector dels serveis sigui molt potent i que a la Gran Bretanya ho siguin les finances. És evident que la City de Londres contribueix molt al PIB britànic i obre bones perspectives a l'economia del país. Però penso que la renúncia a l'activitat industrial es paga i que la Gran Bretanya en part l'ha pagada i la continua pagant.

De la lectura corrent del que representen la indústria i els serveis en el percentatge del PIB, es pot deduir que la indústria ha perdut molt pes i els serveis n'han guanyat en la mateixa proporció. Cal, de totes maneres, anar amb compte a l'hora de llegir gràfics i estadístiques. És cert que cada cop hi ha més camions a les carreteres, més correus electrònics, més disseny, més activitats que enquadrem en el sector dels serveis. Però jo em pregunto: tots aquests camions, què transporten? Aire? Van buits? Si n'hi ha tants i cada cop més, i es reclama que s'eixamplin les carreteres per donar-los cabuda, és perquè transporten calderes, torns, ciment, fusta, ordinadors, cotxes, taronges, bestiar i carn i peix. És a dir, transporten el resultat de l'economia productiva, que cada cop té els clients més lluny dels centres de producció. Per altra banda, hi ha moltes empreses que han fet un procés molt fort d'externalització. Abans, una empresa tèxtil o de maquinària tenia els seus propis camions, els seus dissenyadors, els seus comptables, el seu personal de la neteja, la seva secció de màrqueting... Tot això ara es fa des de fora i entra en la categoria de serveis. Però, de fet, si existeixen és perquè hi ha indústria. Per tant, la nostra acció de govern va procurar evitar la desindustrialització del país. I si algun sector va desaparèixer va ser perquè no el vam poder salvar.

Un dia, anant de Barcelona a París, vaig coincidir a l'avió amb un pare i un fill que tenien una empresa d'ara no recordo què. Em van dir que a París agafarien un avió que els duria a l'illa de la Reunion, on les seves exportacions tenien bons clients. Exportaven també a països d'Europa i al Brasil, i la Reunion venia a ser la cirereta del seu pastís. Si exportaven tant, significava que anaven bé, i els vaig preguntar quants treballadors tenien. «Set», em van dir. Tot ho feien fora de l'empresa: la facturació, el disseny, la comptabilitat... És un cas una mica extrem que dibuixa el que dic.

El mapa de Barcelona em diu que si al Poblenou o a Sant Martí no hi queda ni una fàbrica de les d'abans, el 22@ del capdavall de la Diagonal és un símbol engrescador de la nova economia, juntament amb el superordinador Marenostrum, situat a Pedralbes. I en el mapa general de Catalunya trobo multitud de polígons amb indústries petites, moltes de mitjanes i també de grans. Des d'Amposta i Tortosa a Torrefarrera i Alcoletge, tocant a Lleida. Des de Girona a Vilanova i la Geltrú. Des de l'Hospitalet i Cornellà a Manresa i Sant Fruitós de Bages. I, sobretot, a la B-30, entre Sant Cugat i Cerdanyola del Vallès, on s'acumulen el Parc Tecnològic, el sincrotró, la Hewlett-Packard. Arreu hi ha hagut una florida de polígons industrials. I també de CIM (Centres Integrals de Mercaderies), a Lleida, Tarragona, Santa Perpètua de Mogoda i a molts altres llocs. Què vol dir això? Vol dir que tenim indústria i que l'activitat del transport s'ha incrementat molt i molt en els darrers anys. Transport dintre de Catalunya, transport amb la resta de l'Estat i, sobretot, transport internacional. És la prova del nou de la nova economia, que pot viure moments difícils però està ben orientada: cap a l'exterior. «El nostre món és el Món», dic, però això només és possible treballant bé. «La feina ben feta no té fronteres», dèiem també.

El bassal mediterrani

Sempre he tingut la pretensió, en part inspirada per Raimon Galí, que Catalunya fos capaç d'elaborar un missatge que tingués validesa més enllà de nosaltres: a Espanya, a Europa i al Món. Sóc conscient de les nostres limitacions i, per tant, de les que tindria un missatge d'aquesta mena, però també sempre he cregut que, per petit que sigui un país, si troba una idea d'interès universal, pot exportar-la, pot propagar-la per sobre de les seves fronteres. En aquesta línia vam llançar la iniciativa del regionalisme europeu i vam ser difusors del paper que podien representar les regions dels diferents estats de la Unió Europea. Vam explicar que el nostre objectiu era la coexistència dintre d'un mateix Estat de llengües i cultures diferents, és a dir, la unitat en la diversitat. També vam intentar fer entendre que el sentiment nacional d'un país petit o, més encara, la reivindicació nacional d'un país petit, podia ser compatible amb un gran projecte europeu i universal. Amb aquest discurs vam anar a Europa, al Japó o als països que estaven sortint del comunisme, com ha quedat explicat en el segon volum d'aquestes *Memòries*.

En el debat polític català, espanyol i, poc o molt, europeu, vaig introduir el que en vam dir la Mediterrània nord-occidental, és a dir, l'arc marítim que va de Roma a Múrcia i que engloba regions i ciutats importants com la Ligúria, amb Gènova; en un cert sentit, el Piemont i la

Llombardia; Marsella; Catalunya, amb Barcelona; el País Valencià amb València, i Múrcia. D'entrada no vaig anar més avall. La meva idea encaixava amb una política que a partir del 1986 i el 1987 també va impulsar Felipe González, consistent a donar més relleu al Mediterrani i situar una mica més al sud el pes de la Unió Europea, que llavors gravitava entre França i Alemanya, com, de fet, gravita sempre.

A partir del 1987 vaig fer entre vint i vint-i-cinc conferències a diverses capitals europees i del nord d'Àfrica, i una també a Washington, per reclamar més atenció al Mediterrani. Hi explicava que la frontera més problemàtica d'Europa no era la de Rússia –i menys després del desmembrament de l'URSS–, sinó la del sud, la mediterrània, més enllà de la qual se situava el subdesenvolupament, l'explosió demogràfica, la immigració i també unes ideologies que eventualment podien representar una amenaça terrorista. És una frontera molt i molt delicada que no es pot controlar només amb policia, sinó amb polítiques de desenvolupament econòmic i tracte just per part d'Europa.

Recordo haver pronunciat la primera d'aquestes conferències a Estocolm el 5 de novembre de 1987. Em va anar bé que, per començar, fos en un lloc ben poc mediterrani. Hi va venir molta gent, perquè la va organitzar el principal diari d'Estocolm, l'*Svenska Dagbladet*. Jo intentava fer veure als nòrdics, com després als centreeuropeus i als britànics, que el Mediterrani també era un mar seu. Confesso que les meves paraules no van trobar gaire recepció en cap d'aquests llocs. Una vegada que vaig portar la dissertació a París, entre el públic internacional distingit que em va venir a escoltar, hi havia l'exprimer ministre britànic, Edward Heath, per cert, molt europeista. En acabar, Heath em va dir: «Escolti, Pujol, vol dir que això del Mediterrani és tan important?». Aquestes paraules, dites per un expremier britànic, em van deixar estupefacte, perquè demostraven la indiferència de l'opinió pública del seu país pel nostre mar i reflectien fins a quin punt queda lluny l'antic Imperi Britànic, per al qual Gibraltar, Malta, Xipre i el canal de Suez havien estat sempre peces bàsiques, posicions irrenunciables.

Confesso també que em va sorprendre el poc interès que França hi va mostrar, perquè, a part de tenir costa al Mediterrani, és un país amb molts interessos al nord d'Àfrica i sempre ha volgut ostentar una certa presència al que ells en diuen *le Lévant*, és a dir el Pròxim Orient, Síria i el Líban.

Quan donàvem suport al govern minoritari del PSOE, vaig suggerir a Felipe González que Espanya prengués la iniciativa de la política mediterrània. La passivitat francesa i el desinterès d'Itàlia, submergida llavors en problemes molt difícils de política interior, podien afavorir el lideratge polític i econòmic espanyol al sud d'Europa. La meva idea era limitar les aspiracions a la Mediterrània occidental, la que inclou el Marroc, Algèria, Tunísia, Itàlia, França, Portugal i Espanya, perquè, si bé Espanya no tenia prou potència per encapçalar un projecte per a tota la Mediterrània, podia, en canvi, fer un paper important en la més propera: de Malta ençà, com jo deia. Felipe González va prendre la iniciativa i va convocar la Conferència de Barcelona, amb la intenció que es desencadenés un procés de col·laboració nord-sud que abastés tota la Mediterrània i no només la zona limitada que jo proposava.

La Conferència de Barcelona, que es va celebrar el 1995 i fou presidida per Felipe González, amb una col·laboració molt entusiasta i efectiva de la Generalitat, va ser un èxit. Uns quants dies més tard, la vam completar amb una trobada amb representants de la societat civil dels països mediterranis del nord i del sud. L'escriptor Baltasar Porcel n'havia tingut la idea. Porcel fou poc després l'impulsor i primer director de l'Institut Català d'Estudis Mediterranis, que, amb bon directors com Andreu Claret i Senén Florensa, ha actuat fins avui amb eficàcia i amb unes idees molt més clares que les que han tingut la política mediterrània espanyola i europea.

Si els països nord-africans no s'han esforçat prou per adaptar-se a les condicions de la Unió Europea des del punt de vista polític, econòmic i social, Europa tampoc no ho ha fet per entendre-s'hi. Començant per França, que segueix tancada en els seus interessos particulars, i acabant perquè el president Aznar, després de substituir González, es va desinteressar visiblement de la iniciativa. Amb Aznar van empitjorar les relacions amb el Marroc i l'accent de la política exterior espanyola es va desplaçar totalment a l'Atlàntic i a la relació amb els Estats Units.

Així, doncs, l'anomenat procés de Barcelona sorgit de la Conferència va anar fent la viu-viu amb tendència a estancar-se cada cop més, fins que el president francès Sarkozy, en una decisió improvisada i per sorpresa, va proposar la creació de la Unió Mediterrània. Era un disbarat d'entrada, perquè, tal com la va presentar, no es podia fer. La senyora Merkel molt ràpidament li va fer notar que el plantejament col·lidia de ple amb els tractats europeus. Sarkozy va rectificar i després d'uns quants actes amb molta parafernàlia es va crear una Unió Mediterrània molt híbrida, amb un secretariat permanent a Barcelona com a concessió. La combinació de la mentalitat egocèntrica de Sarkozy amb la poca simpatia que França havia manifestat pel procés de Barcelona, pel simple fet que era una iniciativa espanyola i no francesa que tenia la seu a Barcelona en comptes de tenir-la a Marsella, va fer fracassar el projecte.

Encara és l'hora que aquesta Unió Mediterrània hagi fet res en favor de l'entesa entre els països que teòricament la componen.

Mapa escolar

El conseller Laporte tenia raó quan l'any 1992 deia: «No hi ha cap dubte que tenim una bona escola, i molt especialment l'escola pública, incomparablement millor en quantitat i qualitat que la d'ara fa deu anys». En bona part així va continuar els anys posteriors. Vam incrementar el nombre de mestres i d'escoles, els edificis van tenir una qualitat arquitectònica molt bona, les noves tecnologies van ser introduïdes a l'ensenyament i la immersió lingüística va funcionar. Tot això ja ha quedat dit en el volum anterior, com ha quedat dit també que els resultats de la nostra política educativa no em deixen prou satisfet. Dos fets, al meu entendre, expliquen la meva valoració negativa: la implantació de la LOGSE, és a dir la Ley orgánica general de secundaria, i la persistència i fins i tot el reforçament d'una mentalitat inadequada en amplis sectors relacionats amb l'escola.

La LOGSE va ser una llei poc realista i molt experimental, que va crear molta insatisfacció i que ens va obligar a fer un esforç econòmic excessiu per als resultats que al capdavall se n'han tret. Des de Catalunya i des de la Generalitat vam contribuir a la implantació de la llei més ràpidament i més a fons que enlloc, en part perquè molta gent la veia com una eina que afavoria la creativitat i la participació. Però molt aviat va aflorar la frustració. En els mestres i en general. Anys més tard, l'aleshores rector de la Universitat de Vic, el pedagog Ricard Torrents, ho va sentenciar de manera lúcida: «Al meu entendre, la reforma educativa ha estat un mal negoci per a Catalunya. Han arribat aparences de reforma que han causat una gran agitació a la superfície, sense crear reformes educatives de fons».

Ben mirat era difícil que la LOGSE sortís bé, perquè era en bona part el resultat d'una mentalitat i una ideologia inadequades. S'ha dit, crec que encertadament, que el mal de la pedagogia actual és el resultat fracassat de tres grans il·lusions. La primera il·lusió consisteix a creure que en l'ensenyament han de tenir una prioritat, si no absoluta molt acusada, la creativitat i l'espontaneïtat de l'alumne per sobre de l'aprenentatge i la humilitat. La segona il·lusió ha consistit a substituir el treball pel joc. La tercera, a donar més importància a la motivació que a l'esforç i el treball. És veritat que si hi ha motivació l'alumne treballa millor i aprèn més, però també ho és que sovint només s'arriba a la motivació després d'una etapa d'esforç i d'exercici de la voluntat. Això lliga amb aquelles paraules de José Antonio Marina, probablement l'especialista espanyol més equilibrat i incisiu, que lamenten que «*desde hace más de treinta años, en la literatura pedagógica española no se habla de* voluntad».

Cada cop que visitava una escola, em reunia amb el director i, després d'interessar-me pels alumnes que hi havia, el nombre de docents i de mestres de reforç, la implantació d'ordinadors i si existia algun problema especial, arribava a una darrera pregunta, per a mi decisiva: «En aquesta escola, des del moment en què el professor entra a l'aula i comença la classe, quants minuts passen?». Si la resposta era dos o tres minuts, podia pensar que l'escola anava bé o podia anar-hi. Si eren més, i de vegades em parlaven de set o vuit minuts, segur que anava malament perquè en aquell lapse de desordre, desatenció i desconsideració, el mestre perdia autoritat i respecte. Tot podia semblar molt espontani, fresc i juvenil, però era poc seriós i esterilitzant, tant per al mestre com per als alumnes.

Aquests dies, per televisió, he vist un documental sobre l'educació a Finlàndia. De Finlàndia, tothom parla bé de gairebé tot i, en especial, del seu ensenyament, fins i tot gent que aquí no aplica res del que allí es fa. Espigolo tres dades concretes del documental. La primera, que el director pot triar els mestres de la seva escola. No sé si aquí això es podria aplicar del tot per raons legals, però el cas és que a Finlàndia un director és realment una persona que exerceix de director i que l'escola té projecte i té autonomia. La segona és que, quan el mestre entra a classe, els nois i les noies estan drets al costat de les taules corresponents. El mestre diu «bon dia», i ells s'asseuen i la classe comença, sempre després d'haver contestat «bon dia, senyor mestre». Res a veure amb el xivarri que hi ha a massa escoles del nostre país. La tercera: a les escoles finlandeses els ordinadors no són a la classe, sinó en una aula gran dedicada a l'ensenyament del seu ús per a determinats exercicis. Els pedagogs d'aquell país no veuen clar que els alumnes els hagin de fer servir per a tot i en tot moment. Potser algun dia en generalitzaran l'ús, però de moment mantenen una reserva. Aquesta prudència contrasta amb la lleugeresa amb què, de cop i volta, el govern espanyol va decretar que tots els alumnes havien de tenir el seu ordinador a la classe i fer-ne l'eina habitual de treball. No dic que amb el temps no arribi a ser així, però la manera improvisada i propagandista de les autoritats espanyoles ni és seriosa ni és cap garantia.

El conseller d'Educació del segon govern tripartit, el socialista Ernest Maragall, va visitar Finlàndia per veure com funcionava el seu sistema educatiu, tan ben valorat per l'informe PISA (Programa per a l'avaluació internacional d'alumnes). Hi va anar ben acompanyat: amb el professor Xavier Melgarejo, director de l'Escola Claret de Barcelona, i que s'havia doctorat amb una tesi sobre l'ensenyament a Finlàndia. Una persona entesa i amb molta vocació.

El cas és que un bon dia de l'any 2008, l'Ernest Maragall va demanar per veure'm. Abans, quan s'havia format el segon tripartit, jo havia tingut l'esperança que fessin conseller d'Educació Joan Manuel del Pozo, a qui tinc en bona consideració personal i professional, i dins el PSC és un home equànime. Per tant, el nomenament d'Ernest Maragall m'havia causat, d'entrada, una impressió poc favorable. Però el dia que em va venir a veure a la meva oficina d'expresident, vaig concloure que m'havia equivocat i vaig tenir una agradable sorpresa. Maragall em va dir que volia fer una nova Llei d'educació. Me'n va exposar l'orientació i els punts principals, i em va semblar positiu. Vaig observar que coneixia els meus escrits dels darrers quatre anys sobre ensenyament. Em va preguntar: «Tu creus que podria haver-hi un acord amb CiU per aprovar la Llei?». A ell li constava que no intervenia en les decisions polítiques de CiU, però li era més fàcil parlar-ne primer amb mi. Li vaig dir que no podia donar una resposta segura a la seva pregunta, però, tenint en compte el que m'acabava d'exposar, creia que en bona part el suport era possible. Vaig afegir: «Sigui com vulgui, una llei com la que m'acabes de dibuixar només la podràs tirar endavant amb CiU». Ell i jo sabíem que hi tindria en contra ICV i ERC i, per unes altres raons, el PP. Pel que fa als sindicats, s'hi oposaria la USTEC (Sindicat de Treballadors de l'Ensenyament), poc o molt vinculada a ERC i amb les idees radicals que abans he descrit. Potser tindria a favor la USO, però era una incògnita com reaccionarien les CCOO o la UGT, que es podrien deixar arrossegar en contra. «A més, com que tindràs l'oposició de Rosa Sensat i els Moviments de Renovació Pedagògica, també tindràs en contra la meitat del teu partit, la més influïda per aquests col·lectius de mestres». O sigui, que només podia comptar amb mig PSC i amb CiU. Li vaig indicar que en parlés amb l'Artur Mas i la Irene Rigau, la nostra diputada especialista en ensenyament: «Crec que estaran oberts al diàleg». Vaig poder-ho constatar pocs dies després, quan els en vaig parlar. La llei va ser finalment aprovada amb el vot favorable del PSC i CiU.

L'escola és un factor clau per integrar la immigració massiva que ha rebut Catalunya els últims anys. Si més no, fins on l'escola pot arribar. El carrer i les famílies cauen fora del seu àmbit.

Convivència, cohesió, integració. Tres grans objectius nacionals i socials de Catalunya sobre els quals l'escola ha actuat eficaçment, en gran part. Estudis d'àmbit europeu situen Catalunya en bona posició pel que fa a la igualtat, encara que no tan bona pel que fa a l'excel·lència. Això segon s'hauria pogut evitar si no haguéssim caigut en les falles que ja he denunciat i que, tot i que molts en som conscients, no hem estat capaços de reconduir.

Els partits d'esquerra, bona part del món sindical i sectors considerables dels mitjans de comunicació i de la intel·lectualitat, han convertit l'ensenyament en el camp d'una batalla ideològica molt exacerbada, en arma de confrontació política sense gaire respecte pel mateix ensenyament. Qui més ho ha patit i qui més ha lluitat, malgrat tot, per assegurar un bon ensenyament, han estat els mestres. O molts mestres. I sento haver de dir que els sindicats en conjunt, amb els alts i baixos i les excepcions que siguin del cas, no els han ajudat prou.

Sovint, en les meves visites a les escoles, molts mestres es queixaven del mal funcionament del sistema. De vegades ho feien obertament, però molts cops d'amagat. Per facilitar l'expressió de les queixes i fer possible una discussió franca i oberta dels seus problemes i inquietuds sobre l'ensenyament, vaig convocar una gran convenció d'ensenyants. Una convocatòria dirigida als mestres en general. Directament als mestres. Vaig presidir-ne la inauguració al Teatre Nacional de Catalunya, amb una invitació als centenars de reunits a intervenir lliurement. La convenció, que va durar uns quants dies, va tenir un to conformista que no m'esperava. Totes aquelles queixes que privadament, o en reunions petites, els mestres m'havien expressat tantes vegades no van sortir. Com si tinguessin por. Potser des de la Generalitat no ho vam organitzar prou bé, però vaig refermar la sensació que els mestres se sentien desemparats.

En tot cas, no vull acabar aquest capítol dedicat a l'ensenyament sense deixar clar que, en conjunt, si algú hi ha dedicat esforç, competència i abnegació, han estat els mestres. Els en vull donar les gràcies públicament.

Geografia humana

En el mapa es veuen els mars, les muntanyes, les valls, els rius, el nuclis urbans. Els d'escala urbana permeten l'observació dels carrers i les cases que formen les ciutats i els pobles. I les persones? No hi figuren, però hi són, i com a deixeble d'Emmanuel Mounier, la filosofia del qual va rebre el nom de *personalista*, proclamo la seva primacia. La persona, les persones, tu, jo i l'altre, som el valor primer d'una societat. Amb el benentès que la persona, per desenvolupar-se, necessita formar part d'una comunitat. Una de les obres principals de Mounier es titulava així: *Revolució personalista i comunitària.*

Un projecte col·lectiu que no aspiri a la millora de la persona no serveix, i així va definir Convergència des del primer moment el seu nacionalisme.

Un govern, doncs, ha de centrar l'atenció en les persones i, especialment, en les que tenen problemes. Tots, en un moment o altre de la vida, tenim problemes i necessitem ajuda, però és evident que cal atendre especialment els sectors que, tenint-ne més, són més dèbils: la gent amb pocs recursos, la que no té casa, les famílies desestructurades, les persones amb handicaps mentals, sensorials o físics, la gent gran, cada cop més nombrosa, que arriba a situacions desesperades... De vegades, en els meus discursos, m'hi referia anomenant-los *els que no poden seguir* o *els que els costa seguir*. Deia: «És com aquella colla que va caminant amb pas alegre i ràpid, sense parar atenció al fet que n'hi ha un parell o tres que són coixos o grans i no poden mantenir el pas. Malden per no quedar-se enrere, però no poden evitar-ho i, de vegades, volent forçar la marxa, s'entrebanquen i cauen». Cal ocupar-se, deia, d'aquests, dels que no poden seguir.

L'Estat del Benestar que garanteix l'educació, l'atenció sanitària, la protecció en cas d'atur, les pensions o els serveis socials, té marca europea i n'hem d'estar orgullosos perquè sens dubte és el model que millor combina la capacitat de generar riquesa amb la voluntat de repartirla i donar seguretat a les persones. (Una altra cosa és si el sabrem i podrem mantenir, sigui dit de passada.) Però un sistema tan ideal no evita que hi hagi gent necessitada, desgraciada, marginats, drogoaddictes, famílies desestructurades, vells amb demència o barris abandonats.

Els governs presidits per mi van mirar de mantenir l'Estat del Benestar, potenciar el servei als que no podien seguir i donar suport a les entitats que, sensibles als problemes de tanta gent, se n'ocupen. Em refereixo a l'anomenat Tercer Sector, format per persones que entenen que, a més a més de justícia, que és la primera exigència social, de vegades cal que hi hagi compassió.

Cal afegir que en una societat com la catalana, receptora de tanta immigració, els serveis socials tenen un paper més important que en d'altres per garantir la integració, la cohesió i fins i tot el progrés social.

Entre la gent realment amenaçada de frustració, d'arraconament social o simplement de pobresa, sovint de pobresa crònica, hi ha els aturats de llarga durada. És una amenaça que planeja per damunt de milers i milers de famílies. Conscients d'això, el nostre govern, i més específicament el Departament de Treball, amb l'Ignasi Farreres de conseller, i el de Benestar Social, amb Antoni Comas, va instituir el PIRMI, el Pla Interdepartamental de Renda Mínima d'Inserció, pioner a tot l'Estat. Encara és vigent i comporta una subvenció per a aquesta classe d'aturats. És modesta, però ha salvat moltes famílies de la indigència total.

Ja que he esmentat el Departament de Treball, és oportú recordar que, si bé les seves competències han estat sempre limitades, els diversos titulars que va tenir les van utilitzar bé i d'una manera equànime. Una cosa són les competències en el sentit estricte i una altra la capacitat de diàleg, d'intermediació i de creació d'un clima positiu. De totes maneres, sempre em va doldre no tenir més competències i possibilitats en Treball, perquè les relacions laborals són, sens dubte, un element bàsic del component social que un país necessita per al seu bon funcionament.

En el segon volum vaig explicar com vam assumir les competències d'habitatge social a través d'ADIGSA, l'Agència de l'Habitatge de Catalunya. M'hi torno a referir perquè hi ha un fet que ajuda a il·lustrar les prioritats de tot govern que tingui un projecte de país. Si assumir ADIGSA va tenir un punt de temeritat, perquè, amb pocs recursos i en un ambient molt conflictiu, havíem de reparar o construir de nou en nou milers d'habitatges en mal estat, tot es va complicar encara més quan es va saber que molts pisos fets als anys cinquanta i seixanta estaven afectats per aluminosi. En aquells anys de gran ritme constructiu, s'havia emprat un ciment que quallava molt ràpidament i que s'havia considerat de bona qualitat. Trenta anys més tard, el ciment s'havia començat a descompondre i posava en perill molts blocs de pisos. En vam haver de reparar molts i enderrocar-ne uns quants milers. Es tractava d'operacions complicades, perquè havíem de trobar un habitatge provisional per als propietaris o llogaters mentre aixecàvem els pisos nous.

No és veritat, com s'ha dit, que s'hagués fet servir aquell ciment en edificis de protecció oficial perquè era més barat que els altres. Molts edificis particulars també es van veure afectats per l'aluminosi, com, precisament, el que el pare m'havia comprat l'any 1956, quan em vaig casar, a la ronda del General Mitre, a Sant Gervasi. La Marta i jo, que hi vivíem com encara ara, el vam haver de deixar durant sis mesos, el temps que va durar la reparació. És l'únic moment que vaig utilitzar la residència de la Casa dels Canonges.

L'aluminosi va obligar el govern a rebaixar les assignacions pressupostàries d'alguns departaments. Vam haver d'ajornar projectes ambiciosos i il·lusionants en el camp de les infraestructures, la construcció d'hospitals, la recerca... Em va costar convèncer els consellers perjudicats que era prioritari posar fi a l'aluminosi i que no podíem recórrer a més endeutament.

I és que ens trobàvem en un moment que jo considerava que la Generalitat s'estava endeutant massa, cosa que, com ja he explicat en un altre lloc, em feia por. Sempre he estat conscient de la fragilitat de la Generalitat, mentre no s'aconsegueixi un canvi radical de finançament, i sempre m'ha fet por que un dia un excessiu endeutament donés a l'Estat la possibilitat de pressionar-nos. Amb una certa subtilesa, aquesta situació s'ha produït algun cop, però no amb la brutalitat d'ara, al principi del 2011. Jo era un gat escaldat i per això vaig actuar amb prudència. El tractament de l'aluminosi era prioritari perquè havia causat tanta inquietud que en depenia la cohesió social. Hi ha infraestructures que, tot i ser molt necessàries, poden esperar dos anys. L'estat d'ànim i la sensació de discriminació que hi hauria pogut haver en un ampli sector social, si el govern de Catalunya no hagués actuat ràpidament, podria haver tingut conseqüències de més durada i haurien afectat la sensibilitat individual i col·lectiva d'un ampli sector social. Amb això jo no hi volia jugar.

Fa poc, al mes de febrer del 2011, vaig tornar als barris de Sant Cosme, al Prat de Llobregat, i de Sant Roc, a Badalona. Tots els tinc presents en el mapa i en la memòria. Recordi el lector una de les primeres preguntes que vaig fer sent president: «Quins són els barris de Catalunya que estan pitjor?». Sant Cosme i Sant Roc figuraven a la llista, i hi vaig anar de seguida.

La visita d'ara a Sant Cosme m'ha satisfet. No tant la de Sant Roc, un barri que havia millorat sensiblement gràcies a les polítiques practicades per l'Ajuntament, la Generalitat, l'Associació de Veïns i, en general, la gent del barri, però que darrerament ha tornat a tenir conflictes. Sant Roc s'enfronta amb el problema nou i seriós de la gran immigració que ha rebut. És conflictiva i dóna mal viure al barri. Té mala fama. Tant, que el Partit Popular, que mira d'explotar electoralment la immigració, utilitza Sant Roc pel seu caràcter problemàtic. De fet, un dels motius pels quals hi vaig anar va ser per contribuir a donar-ne una imatge més positiva de la que es pot desprendre pels mitjans de comunicació i la política del PP. Però de problemes n'hi ha i vaig comprendre que l'Associació de Veïns que durant anys i panys havia lluitat per dignificar el barri ara se sentís desanimada. Em vaig reunir amb més de cent veïns que van reconèixer els problemes. Ho van fer d'una manera constructiva, però en vaig sortir amb la impressió que hi havia un problema humà i social molt gran.

Cultura

Resseguint el mapa se m'ajunten Olot i Reus, Berga i Figueres, Torelló i Falset, Esparreguera, Sant Cugat i Santa Coloma de Gramenet... Què tenen en comú aquestes poblacions tan diverses i situades en llocs tan distants? Un teatre. Un teatre nou –o un de vell restaurat– fet pel govern de la Generalitat, molt sovint en col·laboració amb altres institucions i els seus ajuntaments. Aquí a prop d'on em trobo, al poble veí de Vilassar de Dalt, vam contribuir a restaurar l'històric teatre La Massa. És un edifici modest, però arquitectònicament important, perquè és obra de Rafael Guastavino, l'arquitecte d'origen valencià que va dur la volta catalana a Nova York i altres ciutats dels Estats Units, i que dóna nom a una fundació dedicada a aquesta tècnica a la Universitat de Colúmbia. Que una societat recreativa i cultural de Vilassar de Dalt encarregués, fa més de cent anys, a un arquitecte com Guastavino, la construcció del seu teatre és una mostra de l'esperit creatiu, il·lusionat i ambiciós que hi havia a Catalunya pels volts del 1900.

La Massa de Guastavino em porta a una obra de molta més envergadura i a un altre arquitecte, el Teatre Nacional de Catalunya de Barcelona encarregat a Ricard Bofill pel nostre govern.

I és que el projecte cultural de Max Cahner, que en bona part jo havia assumit, incloïa, a més d'un teatre nacional, la reconstrucció dels teatres de poble i de ciutats mitjanes, molts dels quals amb el temps s'havien convertit en cinemes.

Vull esmentar la Fira de Teatre al Carrer de Tàrrega, i no només perquè l'aportació i la intervenció de la Generalitat fossin decisives, sinó perquè és l'exemple brillant de la capacitat d'iniciativa d'un ajuntament i d'un alcalde, l'Eugeni Nadal. La Fira ha assolit una gran projecció internacional i ara és un punt de contractació d'espectacles que atrau representants de tot Europa.

No podíem calcular que el Liceu es cremaria i s'hauria de reconstruir. Recordo que els responsables de La Fenice, el gran teatre operístic de Venècia que també va patir un incendi devastador per aquelles dates, van observar amb enveja i admiració l'eficàcia i la rapidesa amb què el Liceu va ser construït de nou, gràcies a la molt bona col·laboració entre la Generalitat, l'Ajuntament de Barcelona i el govern de l'Estat.

Els sectors intel·lectuals i polítics d'esquerra, sobretot de l'esquerra anomenada progressista, que m'han acusat d'haver centrat massa en la llengua la nostra política cultural, no han fet o no han volgut fer recompte de les grans infraestructures que vam construir, restaurar o revitalitzar, a més dels teatres: el Museu Nacional d'Art de Catalunya (MNAC), el Museu d'Art Contemporani de Barcelona (MACBA), els Museus Episcopals de Girona, Solsona, Vic i Lleida, fets amb la contribució decisiva de l'Església, l'Arxiu Nacional del qual depenen els arxius comarcals... Com l'aigua de la mina de can Figueras, que arribava a totes les feixes, fins i tot a les més llunyanes, gràcies a la feina de canalització del meu avi, preteníem que el progrés, la cultura i l'atenció a la gent abastessin tot el país.

Recordo una conversa amb un parent de la meva dona que és de la Vall Farrera, al Pallars Sobirà. Li vaig comentar que faríem una xarxa d'arxius comarcals i que un el situaríem a Esterri d'Àneu. Em va dir, escèptic: «Però si del Pirineu no us en recordeu...». El vaig contradir explicant-li tot el que la Generalitat havia fet per les comarques pirinenques, els hospitals de Viella i Puigcerdà, el túnel del Cadí, la millora de les carreteres de Tremp i la construcció del polígon industrial de Berga, i vaig acabar assegurant-li que l'arxiu d'Esterri es faria. I es va fer. Com es van fer tants museus comarcals especialitzats en les indústries de cada lloc i que el Museu de la Ciència i la Tècnica de Terrassa coordina: el del paper a Capellades, el del suro a Palafrugell, el de la producció rural d'electricitat d'Àreu o el de l'estampació tèxtil de Premià de Mar.

L'any 1981 vaig visitar la Sénia, un poble que sempre he admirat pel seu esperit d'iniciativa industrial. Passejant amb l'alcalde pels carrers, vaig veure una porta petita amb aquest rètol: «Escola Municipal de Música». Me'n vaig alegrar. Aleshores, fa més de trenta anys, a Catalunya hi havia poquíssimes escoles de disciplina musical, i menys en pobles tan petits com la Sénia. Ara, i el mapa estès sobre la taula del meu despatx m'ho indica, el país n'és ple. I principalment hi ha l'ESMUC, l'Escola Superior de Música de Catalunya, que acull l'Auditori de Barcelona. Juntament amb el Conservatori del Liceu, podem dir que el país disposa de dos centres d'ensenyament molt remarcables en l'àmbit musical.

Jo no sóc melòman. Em sap greu, i envejo els que ho són, però valoro molt que un país tingui cultura i sensibilitat musicals. La meva mica de cultura en aquest camp gira entorn dels clàssics, amb preferència per Mozart i Verdi, i de la música arrelada a Catalunya: des de la sardana a la cançó catalana moderna, des de Raimon als grups de rock sorgits als anys noranta o els Amics de les Arts o els Manel d'ara mateix. Tinc en molta consideració algunes persones i alguns grups que a Catalunya treballen en una música que, si no és d'origen català en determinades versions, l'hem de considerar pròpia. Penso per exemple en Lluís Cabrera i el seu Taller de Músics del Raval de Barcelona. Ell i altres com ell han fet bona feina. Han enriquit el nostre país. Han ajudat a fer un país per a tothom.

Cada cop més, la cultura té una dimensió industrial que nosaltres vam mirar de potenciar amb la creació de l'Institut Català d'Indústries Culturals (l'ICIC) i que es va activar molt gràcies a TV3 i a la Corporació Catalana de Ràdio i Televisió. Ja fa anys que molts milers de persones d'aquest país viuen, directament o indirectament, d'activitats relacionades amb la cultura fetes en català, i que per qualitat i quantitat han trobat un lloc en un mercat on hi ha la pressió molt forta de les indústries en castellà o anglosaxones.

En canvi, durant els anys de la meva presidència, no vam tenir èxit amb el cinema. Ni en el camp de la producció, que de totes maneres els últims anys repunta, ni en el de la llengua. El doblatge al català de les pel·lícules estrangeres va ser sempre residual davant la potència del castellà. Potser ara, amb la llei que va impulsar el conseller Joan Manuel Tresserras en el segon govern del tripartit, i amb una bona negociació amb les grans companyies cinematogràfiques i les distribuïdores, hi podrem donar un tomb important.

La cultura no és només un aspecte molt principal d'identitat d'un país de cara endins, sinó que ha de servir també perquè aquest país es faci present al Món. Catalunya no pot tenir la política exterior com la tenen els estats independents, però, en canvi, pot fer servir la cultura com a gran ambaixadora. La presència catalana a la Fira del Llibre de Guadalajara, a Mèxic, i sobretot a la de Frankfurt, en són bon exemple.

El catalanisme s'ha fonamentat, d'una manera no exclusiva però sí molt destacada i intensa, en la cultura i la llengua. Jo havia dit molts cops, i ho continuo dient, que la llengua és el nervi de la nació i la cultura el seu eix vertebrador. Sense oblidar, evidentment, altres components molt principals, econòmics i socials, que des dels meus escrits dels anys cinquanta m'han fet dir, per exemple, que «Catalunya serà social o no serà».

Ara que el Tribunal Constitucional ha dictat la sentència del nou Estatut amb continguts molt lesius per a la normalització lingüística, vull recular al moment en què discutíem l'Estatut del 1979. He explicat que CDC va plantejar un sistema de finançament en una línia similar al concert basc, i que la pretensió va ser rebutjada per tota la resta de partits polítics catalans, des del PSUC a la UCD. Només ERC va votar la nostra proposta. Aquesta situació es va reproduir dos anys més tard, quan a Madrid es va votar la LOFCA (Ley orgánica de financiación de las comunidades autónomas), que ens perjudicava. La

UCD i el PSC, amb el PSOE, hi van votar a favor, i només CiU i ERC en contra.

En canvi, en l'apartat de la llengua, va passar un fet ben diferent. Durant la discussió del redactat final de la proposta d'Estatut, va sortir aprovat, amb els vots només en contra de CDC i ERC, un text realment molt restrictiu per al català. CDC va quedar tan afectada que, aprofitant un recés de la reunió, va decidir que quan es reprengués la sessió demanaria la paraula, ni que només fos per deixar constància de l'error històric i l'acte d'infidelitat a un tret essencial de Catalunya que s'acabava de cometre. Ramon Trias Fargas va ser l'encarregat de parlar. Va pronunciar un discurs realment molt bo. Bo pel contingut i bo pel sentit de transcendència que hi va donar. I es va produir un fet insòlit que honora Trias Fargas i CDC, però també tots els altres partits catalans presents al saló de la Reina Regent de l'Ajuntament de Barcelona, on celebràvem la sessió: es va acceptar anul·lar la votació anterior i tornar-la a repetir amb un text millor.

Més tard, quan l'Estatut redactat a Catalunya es va discutir a Madrid, i la UCD i el PSOE posaven inconvenients a algun article referit a la llengua, jo mateix em recordo dient més d'un cop i més de dos que si ells reconeixien que per raons històriques l'Estatut basc havia d'incloure el finançament particular que nosaltres no havíem pogut aconseguir, a Catalunya també hi havia un punt particular, i aquest punt, irrenunciable, era el lingüístic.

D'acord amb aquests principis, vam donar molta importància a la política lingüística, molt connectada amb l'escola i la immersió lingüística en l'ensenyament. Els resultats han estat bons, almenys fins a l'arribada de la nova immigració, que ha tornat a fer baixar l'índex de coneixement del català.

La filiació intel·lectual d'alguns de nosaltres, entre ells jo, i més encara en Max Cahner, el meu primer conseller de Cultura, era el resultat d'un trànsit entre el modernisme i el noucentisme, amb especial incidència d'aquest darrer i la idea d'ordre, equilibri i civisme que comportava. Prat de la Riba i Eugeni d'Ors, tot i ser personatges molt diferents, podien considerar-se exemples clars d'aquest plantejament posat al servei d'un projecte catalanista molt ambiciós.

L'any 1980, la tradició de la qual Cahner i jo partíem no era gaire ben considerada pels sectors que donaven el to de la cultura catalana del moment, molt influïts pel marxisme, radicalitzats en més d'un aspecte, també en el polític, i marcats pel Maig del 68. Aquest pensament hegemònic no era el nostre. Per tant, molt ràpidament es va fer visible un divorci entre l'esquerra intel·lectual i la nostra política en cultura.

L'intent perquè els dos sectors encaixessin va rebre el nom de Pacte Cultural i va ser plantejat per en Joan Rigol, el conseller que va substituir en Cahner a Cultura en la segona legislatura, la primera que era nostra amb majoria absoluta. La relació de Cahner amb la intel·lectualitat havia empitjorat molt, i el seu recanvi va ser una concessió meva a l'esquerra intel·lectual i política del país, amb la finalitat que l'enfrontament quedés molt rebaixat.

Primer va semblar que el Pacte Cultural podia ser un èxit. Però les negociacions d'en Rigol van anar molt de pressa i un dia vaig saber per sorpresa que l'acord estava a punt, sense que jo l'hagués seguit de prop. Hi va haver molta precipitació. Me'l vaig mirar i no em va agradar. La Generalitat hi quedava molt disminuïda. Aquesta impressió meva va ser corroborada per una informació confidencial, segons la qual l'anomenat sector progressista celebrava amb gran alegria el gol que amb el Pacte marcaven al govern. Tenien raó de celebrar-ho perquè, efectivament, era «un gol com una catedral», com ells mateixos deien. La Generalitat perdia *de facto* molta capacitat en política cultural, i per aquest motiu vaig fer conduir el Pacte cap a una via morta.

En canvi, un pacte semblant amb Sanitat va ser possible. Amb minoria o amb majoria absoluta, el nostre govern tenia la voluntat d'escoltar tothom per fer coses. En Sanitat vam aconseguir que, entre el govern de la Generalitat per una banda i el PSC i certs sectors del PSUC per l'altra, hi hagués un acord perquè un sector tan vital no es veiés obstaculitzat pels enfrontaments polítics, ideològics i de vegades corporatius. Per iniciativa d'en Xavier Trias, que llavors era secretari general del Departament de Sanitat, el Consorci Hospitalari que vam crear va ser presidit per en Josep Abelló, l'alcalde socialista de Reus d'aleshores, que encara ocupa el càrrec al Consorci. El nomenament va suscitar crítiques en el nostre propi partit, però va evitar una resistència dura dels socialistes al nostre sistema sanitari, que, d'altra banda, es va demostrar eficient i modern. Per desgràcia, l'exemple no es va poder repetir en cultura i tampoc en ensenyament, on l'excitació, la irritació i la utilització política i ideològica eren molt acusades.

Pel que fa a cultura, crec sincerament que la falta del pacte no ha afectat les iniciatives positives de caràcter cultural a Catalunya. Unes vegades impulsada per la Generalitat, d'altres pels ajuntaments –en particular el de Barcelona– i d'altres per entitats públiques o mixtes, la política cultural de tots aquells anys va ser quantitativament important i qualitativament remarcable. La Generalitat, a més de crear el Teatre Nacional de Catalunya, va col·laborar amb el Teatre Lliure subvencionant-lo més que ningú, va participar en la fundació de l'ESMUC i va donar suport als programes culturals dels ajuntaments i de les diputacions, fossin del color que fossin.

Vam voler que la cultura fos molt present arreu del territori i que en la seva producció hi tingués molta importància la iniciativa de la gent.

Tots els moviments nacionals donen importància a la cultura pròpia. El català n'hi ha donat especialment, fins al punt que de vegades, en termes negatius, s'ha retret al catalanisme el fet de ser massa culturalista, o se l'ha volgut ridiculitzar parlant de la *cultureta*, acusació injusta perquè des del primer moment el moviment nacional català ha actuat, en cultura, en termes d'exigència. Tota la cultura catalana del primer terç del segle XX respon a l'esforç de lligar tradició, modernitat i obertura al món. I quan, encara sota el franquisme, es va recuperar la possibilitat de començar a sortir de la marginalitat més absoluta, la vocació internacional es va manifestar novament amb força.

En Max Cahner era un noucentista, deia fa una estona. Jo també, encara que sense tanta intensitat perquè en la meva persona hi ha una barreja de modernista i noucentista, a més d'un fort interès per les tendències culturals europees dels anys seixanta i setanta. En això jo era més modern que en Cahner. De tota manera, per a mi el noucentisme tenia un significat molt positiu no solament per la seva profunda catalanitat, sinó pel que significava de caràcter constructor i ordenat. Suposo que a Prat de la Riba li devia haver passat una cosa semblant: per generació i formació era modernista, però com a home de govern en bona part va seguir criteris noucentistes i va donar via lliure a Eugeni d'Ors perquè introduís en la mentalitat catalana les idees i les normes de l'ordre, el seny, l'esperit de construcció, la urbanitat, el diàleg, l'exigència, la disciplina, l'elegància. Ho subscric, només que tinc també un component romàntic i modernista.

El romanticisme, la idea de *Volksgeist* ('l'esperit del poble') i el pensament de Herder, suposo que van penetrar en mi a través de les lectures. L'Escola Alemanya podria haver-hi influït una mica, encara que jo era petit quan hi vaig estudiar. Va ser més important la lectura dels autors catalans del XIX i el XX, sobretot Jacint Verdaguer, amb *Canigó*, que és una obra romàntica, i alguns textos de Joan Maragall. En els seus escrits en castellà al *Brusi*, Maragall, a cada cantonada, fa sortir els autors alemanys del XIX: Johann Christian Friedrich Hölderlin, Heinrich Heine..., quan no hi fan presència els nòrdics, com Knut Hamsun o Henrik Johan Ibsen, que són diferents però també presenten components comuns amb aquells. El catalanisme, en una part important, però només en part, ve del romanticisme.

Aquests dies del 2010 recordem els cent anys del naixement de Jaume Vicens Vives i els cinquanta de la seva mort. A les conferències i els col·loquis que es fan per aquest motiu, se celebra sovint la crítica de Vicens als historiadors catalans anteriors a ell, que de vegades, en to pejoratiu, són titllats de *romàntics*. L'exemple més clar en seria Ferran Soldevila. Com a deixeble admirador de

Vicens Vives, he participat en algunes d'aquestes conferències i col·loquis, i m'he vist obligat a defensar la figura i l'obra de Soldevila i a dir que els seus estudis històrics, com els d'Antoni Rovira i Virgili i tots els historiadors poc o molt brillants qualificats de romàntics, a mi i a molts com jo ens van descobrir el país i ens van ensenyar a estimar-lo.

I és que el pensament catalanista no exclou cap tendència de la historiografia. Ni la romàntica, que es basa en la tradició, ni la que podríem anomenar moderna. La coexistència de la línia historiogràfica amb la més moderna personificada en bona part per Vicens Vives ens ajuda a superar dos perills seriosos que ens amenaçaven: el victimisme i el pessimisme. Ens fa entendre o almenys, si se'm permet la personalització, a mi em fa entendre, que no tots els nostres fracassos històrics eren culpa dels altres. Alguns eren responsabilitat nostra i uns altres deguts a fets objectius que calia conèixer bé per poder-los superar. Per exemple, és una dada objectiva la feblesa demogràfica que sempre ha tingut Catalunya. Sempre hem estat pocs. O bé, en alguns casos, la no adaptació al moment històric.

A superar el victimisme i el pessimisme m'hi va ajudar Vicens Vives, però també autors com Joaquim de Camps i Arboix i el seu llibre *Verntallat, cabdill dels remences*, que valoro molt perquè em va fer entendre què passava a Catalunya al segle xv, o bé mossèn Josep Sanabre i el seu llibre sobre la Guerra dels Segadors. Són estudis que presenten les constants de la nostra història, condicionades per la geografia i la demografia, i m'ajuden a entendre culpes nostres, però també les possibilitats que se'ns obren. Vicens fa una intensa presentació optimista i vital de la nostra història. No és un optimisme basat en quimeres, sinó en quelcom profund i positiu que hi ha en el país.

Posats a parlar de la influència rebuda dels historiadors, he de citar també Pierre Vilar i el seu llibre *Catalunya dins l'Espanya moderna,* en quatre volums. És una aportació molt important sobre la Catalunya del segle XVIII. És a dir, la Catalunya derrotada després del 1714, però amb prou energia per iniciar un lent i humil però finalment molt productiu renaixement. Hi retrobem la Catalunya de l'«eina i feina», de Vicens. Si Soldevila deia que la Catalunya del XVIII s'esforça per esdevenir província, és a dir per renunciar a la seva personalitat i ambició, Vicens i Vilar, en canvi, consideren que aquella Catalunya comença a tirar amunt. Això també és veritat i és el que finalment compta.

Es podria dir que el meu eslògan de «fer país», que és dels anys seixanta, s'inspira en les setanta pàgines del pròleg de Pierre Vilar al seu llibre. Després de llegir-les, en aquell moment a mi se'm va obrir, en ple franquisme, una porta d'esperança, se'm va engegar un motor de dinamisme que es va resumir així: ara no és hora de fer política, com no la podien fer els catalans del segle XVIII, però podem reconstruir el país des de dintre, amb els nostres propis recursos. Podem fer país.

Fer política comporta tres requisits: saber història, saber geografia i saber demografia. Primer, la història: hem de descobrir d'on venim per conèixer qui som. Després la geografia, que està molt connectada amb la història, ens situa: Catalunya és una llenca, una androna, un lloc de pas, amb tots els avantatges i tots els inconvenients que comporta. Som un país obert, i això li fa més difícil la consolidació.

El casament de Ramon Berenguer IV amb Peronella d'Aragó respon al mutu interès de dos països històricament amb problemes i en un cert sentit encaixonats: el comtat de Barcelona, que llavors no anava més enllà de la Panadella, de la fortalesa de Cardona i del Llobregat, i que corria el perill de ser llençat a mar, i el Regne d'Aragó, que tenia problemes molt seriosos amb els navarresos i els castellans. El perill de ser llançats a mar no va quedar de totes maneres conjurat, i per això hem d'estar atents i enfortir-nos com a poble. Pel que fa a la demografia, és evident que no era el mateix una Catalunya de 400.000 habitants –o a tot estirar d'un milió, si es compta el Regne d'Aragó– que una Castella amb quatre milions, que era el cens del segle XV.

Més geografia humana

Ja he explicat que des que tenia divuit o dinou anys, havent llegit els llibres de Josep A. Vandellòs que alertaven de la decadència de Catalunya per falta d'efectius humans, m'havia interessat per la immigració. Per aquest motiu, i motivat per la sensibilitat altruista i religiosa de les quals ja he parlat, als anys cinquanta vaig mantenir contacte amb la gent que venia de la resta de l'Estat: vaig visitar els barris on s'instal·laven i vaig viatjar a algunes de les zones d'on provenien, sobretot Andalusia i Extremadura. Amb aquestes experiències vaig elaborar un pensament polític i social que podríem sintetitzar en la definició que diu que «és català tota persona que viu i treballa a Catalunya» a condició, naturalment, que no rebutgi formar-ne part ni li sigui hostil.

Vaig bandejar el concepte d'*assimilació* que aleshores era habitual per contraposar-hi el d'*integració* i vaig situar l'accent en el futur dels nouvinguts, és a dir en els seus fills i els néts: en la terra que els acull més que en la sang. Finalment, vaig introduir el concepte de *promoció social*, això que ara, per dir el mateix, s'anomena *ascensor social*, expressió que he acabat adoptant perquè és més precisa i suggerent. Ascensió social individual i familiar i, finalment, col·lectiva.

Entre els anys cinquanta i setanta, Catalunya no va disposar dels instruments necessaris per rebre i acomodar una immigració realment massiva i no va poder evitar la creació de barris a part, separats dels centres dels nuclis urbans. Aquells anys el fenomen migratori va ser comú també a Espanya i a tot Europa, però a nosaltres ens preocupava especialment perquè, a més del problema social i humà d'aquelles persones, ens jugàvem la cohesió com a societat i la identitat com a poble. Malgrat el dèficit d'instruments adequats hi va haver un grau important d'integració, amb matisos diversos: des de la simple bona convivència a l'ús habitual del català. També hi va haver una quantitat important de matrimonis mixtos, cosa sempre positiva.

A la segona meitat del segle XX, la societat catalana tenia, per la seva composició demogràfica i per la força de la seva societat, una notable capacitat integradora, superior a la d'ara. Hi van tenir un paper de primer ordre les parròquies, la vida social dels barris, els centres culturals i esportius, algunes escoles i moltes empreses, especialment mitjanes i petites. Ara tenim molts més mitjans, tenim l'escola amb immersió lingüística, tenim televisió i ràdio en català, tenim fins i tot l'oficialitat de la llengua, però, en canvi, la nostra societat és en aquest sentit menys eficaç perquè el component català, en general i especialment el lingüístic, proporcionalment ha baixat. En la societat hi ha una impregnació no anticatalana, però sí de acatalanitat. Tot això fa que existeixi el perill no pas petit que la identitat catalana quedi molt malmesa.

En la projecció que el 1992 vam fer de Catalunya, vam preveure que al 2010 hi hauria un notable increment de la població, tot indicant que convenia que no se situés per sobre dels set milions. Arrencàvem dels 6.300.000 habitants del 1992, que ja era molt. Les previsions es van quedar curtes i ara, arribats a aquell 2010, som set milions i mig. Se'ns planteja, doncs, un gran problema. Que pot tenir aspectes positius si el sabem enfocar correctament per resoldre'l de la manera oberta i de convivència que sempre hem demostrat i sense renunciar al fet que la identitat catalana continuï sent l'eix central del país. Però, de tota manera, és un gran repte.

Al final dels anys noranta, uns quants anys més tard d'aquell discurs meu al Parlament que afirmava: «a Catalunya ja no hi ha immigració, a Catalunya ja no hi ha immigrants, a Catalunya ja només hi ha catalans, siguin de primera o de vintena generació», em vaig adonar que venia una nova onada immigratòria. No l'havíem de rebutjar ni ho podíem fer, però era necessari regular-la i acollir-la. Vaig emprendre, doncs, dos tipus d'iniciatives. La primera, mirar de sensibilitzar la gent. La segona, donar-hi una resposta política i legislativa que, en part, només era possible des de Madrid.

En la línia de la sensibilització, el 4 de juliol de 2000 vaig pronunciar la conferència «Ante el gran reto de la immigración», al Casino de Madrid, amb una audiència molt important. Recordo que a primera fila seia Santiago Carrillo. Vaig fer més conferències, sobretot a Catalunya. Vaig publicar alguns articles, com el de *La Vanguardia* del 19 de gener de 2001, titulat «Leyes, mentalidad y actitud», que esmento perquè crec que exposava bé el problema i explicava el que calia fer. Vaig mirar de mobilitzar els mitjans de comunicació perquè en parlessin a fons, seriosament i sense amagar ni els avantatges ni els riscos. No vaig tenir gaire èxit. Realment parlar de la immigració era difícil i compromès. Quan vaig dir que s'havien de contemplar els drets però també els deures dels nouvinguts respecte a la societat receptora, vaig ser titllat de xenòfob, i no pas per gent poc important o poc representativa. I és que, a Catalunya, parlar de la immigració sempre ha estat difícil. Hem estat dominats per un «bonisme», en part d'origen difús, marcat pel progressisme polític i ideològic, molt relacionat amb allò que és considerat políticament correcte. Aquest pensament hegemònic ha frenat la reflexió serena i ha ofegat iniciatives que haurien pogut ser positives, sense que, a la vegada, hagi impedit la reacció de rebuig que hi ha davant de la immigració. Quan es tracta d'immigració, s'han d'evitar tant el rebuig, la discriminació i el mal tracte social i humà, com l'actitud d'obertura incontrolada i gens exigent envers els nouvinguts. Rebuig significa no complir amb els deures que la societat receptora té envers els nouvinguts i no atendre els drets que tenen en tant que persones. «Bonisme» consisteix a obrir totes les portes i no demanar res a canvi, és a dir, no demanar que els drets socials i identitaris de la societat receptora siguin respectats.

Ja he explicat en un altre lloc la discussió que vaig tenir amb sectors polítics i eclesiàstics amb motiu del tancament d'uns immigrants sense papers a l'església del Pi de Barcelona. Jo deia i continuo dient que aquell acte va ser una operació interessada, dirigida per uns determinats sectors de pakistanesos, aprofitant la bona fe del rector de la parròquia. Val a dir que aquests conflictes eren sistemàticament aprofitats per sectors diguem-ne d'esquerres per atacar el Govern, començant pel mateix Pasqual Maragall quan era el cap de l'oposició al Parlament. Quan uns quants anys més tard es va organitzar una ocupació semblant a la catedral de Barcelona, el govern presidit llavors per Maragall va fer avortar l'intent enviant-hi la policia sense cap mena de complex. La seva posició quan hi va haver el tancament del Pi, ¿havia estat fruit d'una ingenuïtat «bonista» o d'un càlcul polític de desgast al govern? Sectors del món eclesiàstic també s'havien adonat que eren objecte de manipulació.

L'altre front que vaig mirar d'activar va ser polític i legislatiu. En aquell moment era vigent a Espanya la Llei d'estrangeria del 1983, que havia quedat superada. Vaig parlar-ne amb el president Aznar, que també va veure la necessitat de fer una nova llei que, sense tancar portes, regulés el flux migratori i evités un desbordament. La llei no va sortir bé perquè Aznar, jo mateix i alguns polítics socialistes igualment preocupats pel problema, com Manuel Chaves, no la vam seguir prou de prop mentre era elaborada per una comissió de diputats caracteritzada per un «bonisme» molt acusat.

Manuel Chaves, president d'Andalusia del PSOE, m'havia dit, quan el seu partit era a l'oposició i governava el PP: «Jo ara no puc incidir en immigració, però tu sí; procura que els permisos de residència no es concedeixin per cinc anys sinó per dos». «*De lo contrario*», va afegir, «*no podremos controlar la avalancha que se nos viene encima*». Naturalment, el discurs públic era en general un altre, en el món socialista. He de fer dues excepcions. Dos notables polítics socialistes catalans, Celestino Corbacho i José Montilla, futur president de la Generalitat, van alertar de la magnitud i els problemes que la immigració comportava. Corbacho i Montilla: dos alcaldes, un de l'Hospitalet i l'altre de Cornellà, que la política no la contemplaven de lluny sinó que se la trobaven a peu de carrer.

La Llei del 2000, doncs, no va sortir bé i Aznar va anunciar que la canviaria per una de nova si tornava a guanyar les eleccions. Així ho va fer, però entre l'una i l'altra es van anar produint canvis legals. Un d'aquests canvis, especialment important, contemplava el reagrupament familiar. Per raons de justícia i humanitat, jo havia insistit perquè fos possible que els immigrants instal·lats legalment, tant a Catalunya com a Espanya, poguessin cridar la família que havien deixat al país d'origen. Una vegada més, però, el «bonisme» i una certa inconsciència van predominar d'una manera exagerada, i el dret al reagrupament es va establir en termes de gran laxitud. No tan sols es podia cridar la família directa, sinó també els ancestres i els parents de segon grau. Aquests, un cop situats a Espanya, adquirien a la vegada el dret de reclamar ells també els propis reagrupaments familiars. Una història que no s'acabava mai.

A part del «bonisme», va actuar també l'interès de poder disposar de mà d'obra jove i barata. Al Govern ja li anava bé perquè d'aquesta manera no havia d'aprofundir en el problema de l'envelliment i la baixa natalitat de la població autòctona i ajornava el de les pensions. No cal dir com va anar igualment bé per a alguns empresaris, encara que la mà d'obra barata que els era tan atractiva orientés l'economia cap al model de baixa productivitat i poca innovació que ara paguem.

Alguna vegada que vaig arribar a dir que la immigració massiva podia acabar plantejant un problema de cohesió i d'identitat a Catalunya, vaig notar que a algunes autoritats de Madrid ja els anava bé. Com que per a una bona integració és important l'aprenentatge de la llengua del país receptor, l'existència de dues llengües a Catalunya complica les coses. Pot passar que la immigració opti per la llengua de més projecció, tret que es practiqui una política lingüística ferma, tot evitant que provoqui un rebuig. Un sud-americà situat a Madrid, a Sevilla o a Saragossa, ràpidament es fon en el paisatge. Per diversos motius, però sobretot per la llengua. En canvi, situat a Catalunya, tot és més difícil i la reserva a aprendre el català més fàcil. No és un problema específic de Catalunya, sinó de tots els països amb una llengua minoritària i una forta presència d'immigració. El Quebec, per exemple, ha vist com la immigració aprenia més fàcilment l'anglès que el francès, encara que la seva pròpia legislació dintre del Canadà li permet contrarestar-ho. És un dels aspectes positius del seu autogovern.

Per això va ser tan capital que Catalunya aconseguís implantar la immersió lingüística a l'escola i ho és tant que es mantingui. Sense la immersió, i amb el volum, l'heterogeneïtat i el caràcter sobtat de la immigració, la situació del català i finalment de la identitat catalana seria molt i molt crítica.

El quadre que m'agrada més

Miro el mapa i m'adono que jo tinc una geografia pròpia marcada per les vivències que he acumulat durant tota la vida, i de manera especial en la meva època de president. És una geografia que en part he recorregut amb cotxe, en part en helicòpter, una mica amb tren, i també, en part, a peu.

Montblanc. Sempre que hi retorno, recordo la primera vegada que hi vaig ser. Devia tenir vint o vint-i-un anys. La ciutat em va agradar i em va recordar els temps gloriosos de Pere el Gran. Però em va causar tristesa que l'església de Sant Francesc estigués abandonada i al seu lloc s'hi hagués instal·lat una destil·leria d'alcohol. Una imatge de decadència al cor de la història medieval de Catalunya que, per sort, ara ja ha estat reparada. Montblanc em porta a Poblet, el santuari nacional de Catalunya. Pel voltants m'aturo a observar les vinyes, despullades i seques a l'hivern, ubèrrimes a l'estiu. Recordo aquella reunió en una masia del coll de l'Illa per convèncer uns joves a fer-se de Convergència. Valoro l'esforç dels meus governs per ajudar a instal·lar més indústries a la Conca de Barberà, de la mateixa manera que se'm fa present el conflicte que vam tenir per l'abocador de Forés.

L'Hospitalet de Llobregat. Quan m'hi passejo, penso en la conducció del metro fins a Bellvitge, la inauguració de pisos socials, d'escoles i centres per a la gent gran... M'aturo a la biblioteca de Can Sumarro, la primera que vaig voler que es construís a Catalunya, juntament amb la de Badia. Recordo la represa de l'hospital Duran i Reynals, que havia quedat sense acabar, les instruccions que vaig donar als consellers Pere Macias i Felip Puig perquè fessin possible la urbanització de la zona que després ha estat la plaça d'Europa... Al començament dels anys vuitanta, quan se'ls preguntava d'on eren molts habitants de l'Hospitalet, contestaven: «De Barcelona». El treball que hi han fet l'Ajuntament, la Diputació, el govern central i la Generalitat, ha donat autoestima a la gent. Ara són «de l'Hospitalet». O de «l'Hospi», com diuen alguns.

Si del Baix Llobregat passo a les comarques del Pirineu, també tinc motius de satisfacció. Als anys setanta s'havia arribat a afirmar, com he recordat unes pàgines enrere, que comarques com els dos Pallars, l'Alta Ribagorça i, segons com, l'Alt Urgell, s'haurien de tancar perquè no tenien solució ni futur i perdien població de manera molt accelerada. El foment de producció de llet, mantega i formatge, en el qual jo havia participat abans de ser president, no es pot dir que hagués fracassat, però no tenia prou força per fer remuntar aquestes comarques, i no hi havia perspectives d'industrialitzar-les. Per tant, sense perdre l'activitat ramadera, calia incentivar l'activitat turística. La d'estiu i, especialment, la d'hivern. D'aquí ve el suport donat des de la Generalitat a les pistes d'esquí de Boí, de Rialb, algunes de Baqueira, de Tavascan, de Llessui –aquestes últimes, desgraciadament, sense èxit... Les iniciatives van rebre l'oposició inicial dels ecologistes, però també la dels pagesos i els ramaders. Una vegada que la Marta va haver d'anar a Rialb per a un acte oficial, va ser rebuda amb crits de «menys turistes i més vaques». La veritat és que alguns d'aquells manifestants, i no cal dir alguns dels seus fills, s'han pogut quedar a la muntanya justament gràcies als esports de neu i d'aventura.

Ja que sóc al Pallars, podria saltar a la Vall d'Aran,

comarca per la qual em vaig interessar especialment no tan sols a l'hora de construir un hospital o millorar l'oferta turística, sinó també pensant en la seva identitat. D'aquí el meu interès per la normalització ortogràfica de l'aranès o per la creació del Museu de Viella. Vaig acceptar sense cap reserva que els aranesos definissin el seu país com a nació en un document que vam signar el síndic de la Vall d'Aran i jo com a president de Catalunya. Només em va desagradar que ho fessin per sorpresa, sense advertir-me abans del contingut de l'escrit. Es devien pensar que m'hi oposaria. Desconeixien que, per a mi, l'existència d'una llengua pròpia, d'una història i d'unes institucions tradicionals, confereixen caràcter nacional a una col·lectivitat. Massa sovint he trobat a la Vall d'Aran un punt de resistència cap a Catalunya, que no he observat respecte a Espanya. No fa gaire, quan ja no era president de la Generalitat, en un acte de continguts aranesos que vaig presidir, vaig haver d'ajudar el síndic a fer memòria: «A vostès la identitat aranesa, començant per la llengua i l'organització interna del seu territori, no els ha estat mai reconeguda per Espanya, sinó per Catalunya i per voluntat expressa de la Generalitat».

Si de la Vall d'Aran retorno a Barcelona i, per entrar-hi, passo per la carretera que deixa Montcada a mà esquerra, sóc a tocar del barri de la Trinitat Vella. Entro a l'entitat Trinijove, dedicada a l'acció social i formativa del barri amb esperit integrador, i saludo una monja mallorquina, ja gran, que fa la feina de deu persones.

També el seu director, en Parody, un home de primera. Aquesta gent fa país, fa gent. Amb més persones així, els problemes socials i d'identitat de Catalunya es resoldrien molt millor.

Sento una satisfacció personal cada cop que passo pel túnel de Vallvidrera. Ja he explicat que la història del projecte del túnel arrenca de la voluntat de l'alcalde de Barcelona, Josep Maria de Porcioles, i com des de Banca Catalana i el Banc Industrial de Catalunya vam ajudar que se n'iniciés la construcció. La crisi política, econòmica i finalment bancària dels anys vuitanta, va fer que hagués de quedar interrompuda. Haver-la pogut reprendre i culminar-la durant els anys de la meva presidència em va produir el goig de qui satisfà un deute i supera un fracàs. El director de l'obra va ser l'Albert Vilalta, que, a més de fer el túnel, va resoldre molt bé la conservació del paisatge per la banda del Vallès. Vilalta va ser més tard conseller de Medi Ambient del meu govern, la primera Conselleria de Medi Ambient de qualsevol govern a Espanya.

Molt sovint, com en aquest cas del túnel de Vallvidrera i l'Albert Vilalta, una iniciativa legislativa, una obra d'infraestructura o una decisió pública, va lligada a un nom. Quan ara fa poc vaig anar de Tortosa a Lleida, passant per l'Eix de l'Ebre, em va venir a la memòria un meu amic i un dels primers militants de CDC a Tortosa, en Joan Martí, que ja des d'abans de la fundació del partit m'insistia en la necessitat de millorar les comunicacions entre les dues ciutats. No tenia sentit que s'hagués d'anar de Tortosa a Lleida i, més enllà, a Saragossa i, de fet, a l'Aragó, a través d'una carretera estreta, tortuosa i al capdavall perillosa.

Els regadius de la Terra Alta també tenen per a mi un nom de persona, en Pere Bové de Gandesa, que me'n va parlar amb insistència i capacitat de convicció.

L'embassament del Montsant. Alguna vegada que l'he sobrevolat amb helicòpter he pensat en les visites que m'havien fet alguns alcaldes del Priorat, encapçalats pel de Margalef, en Joan Vila, més conegut com *El Lechero*. Em deien que, si tinguessin aigua, els pobles de Margalef, el Priorat de la Bisbal, la Vilella Alta, Cabassers i potser fins tot una part del municipi de la Figuera, podrien treure molt més rendiment de les seves terres. Amb l'embassament van plantar presseguers i van poder regar de manera regular unes oliveres que ara donen un oli de gran qualitat. Fa poc vaig assistir a l'acte de presentació de l'oli a Barcelona, juntament amb els seus productors i amb *El Lechero*, tot satisfet, al capdavant.

Sovint indicava a l'helicòpter que em portés a veure les obres hidràuliques. Veure que l'aigua dels canals de l'Ebre arribava al Camp de Tarragona, a Montblanc o al Vendrell per garantir el subministrament a les persones, fer funcionar la indústria petroquímica de Tarragona o permetre la construcció de Port Aventura, havia de satisfer l'home que de petit havia ajudat l'avi Soley a regar les feixes de can Figueras.

He parlat del Pallars Jussà, el Pallars Sobirà, l'Alta Ribagorça, el Priorat i la Terra Alta... Em preocupen les comarques en perill de regressió. Per això vaig decidir que almenys un cop a l'any les visitaria totes cinc. No amb motiu d'un problema concret, d'una inauguració o d'una festa, sinó amb la intenció d'interessar-m'hi i de parlar amb la seva gent. Crec que les aproximacions van ser útils. Van ser també agraïdes. Ara, de vegades, gent d'aquelles comarques em diuen: «Trobem a faltar les reunions de cada any».

Si torno al Baix Llobregat, on ja m'he aturat fa una estona, puc explicar que cada cop que sobrevolo la zona de Castelldefels on hi ha el Canal Olímpic, però sobretot on se situa el Campus de la Universitat Politècnica de Catalunya, recordo els temps en què pretenia que alguna universitat catalana tingués seu en aquella comarca. Val a dir que la meva intenció era que la universitat s'instal·lés a Cornellà, perquè Castelldefels, amb les platges i els hotels, no respon ben bé a la imatge socioeconòmica i industrial pròpia del Baix Llobregat, però Joan Antoni Solans, el director general d'Urbanisme, em va fer entendre que entre Castelldefels i Gavà hi havia un paratge buit que es podia urbanitzar molt bé i amb qualitat. Em va convèncer de fer-hi el canal de rem per als Jocs Olímpics, però sobretot de posar-hi el campus de la UPC, una instal·lació amb un alt nivell.

M'eixampla el cor veure les universitats que hem escampat per tot el país, perquè són el senyal de com hem aixecat el sostre de l'educació i de com hem equilibrat el territori. Entorn d'algunes seus universitàries s'han creat parcs tecnològics i científics importants. En posaré només un d'exemple, que és molt poc conegut i que en la seva modèstia fa una feina important en la seva especialitat: el centre que la Universitat de Lleida ha instaurat lluny, a Solsona, per investigar les aplicacions i el potencial econòmic de les plantes aromàtiques. Quan fa poc el vaig visitar, vaig evocar aquells temps, molt al principi del meu mandat, en què jo convidava els pagesos a treure profit econòmic d'aquesta vegetació. Potser m'havia inspirat en el meu amic Jaume Riera, de can Riera de Premià de Dalt, una masia esmentada només començar el primer volum d'aquestes *Memòries*, que havia sabut treure rendiment de les plantes aromàtiques. Però, evidentment, el Parc Tecnològic de la Universitat de Lleida fa moltes altres activitats, a part d'aquesta, i és un bon exemple del canvi que hi ha hagut al país.

Barcelona, Girona, Vic, Granollers, Mataró, Sabadell, Terrassa, Reus, Tarragona, Berga, Sant Cugat, Puigcerdà, Camprodon, Balaguer, Roses, Lleida, Tortosa, Vilanova i la Geltrú, el Vendrell, Santa Coloma de Gramenet, Martorell... La transformació de les ciutats catalanes ha estat un mèrit molt i molt important dels seus alcaldes. El fet que molts fossin del PSC o d'ICV no em fa escatimar l'elogi. També n'hi ha hagut de CiU. Va ser norma meva evitar que ni jo ni el meu govern caiguéssim en el sectarisme polític en la relació amb els ajuntaments. La Generalitat sempre va ajudar. La millora general urbana ha estat molt positiva, encara que de vegades ha resultat un punt excessiva o massa ràpida perquè s'han fet obres arquitectòniques o urbanístiques molt difícils de mantenir. Vull subratllar l'especial importància del districte 22@ impulsat per l'Ajuntament de Barcelona a l'entorn de la plaça de les Glòries. Cada cop que hi vaig estic content, perquè en aquell punt es manifesta l'orientació renovadora de la nostra economia.

Podria anar a passejar pels polígons industrials. Si ara tothom en vol, als anys vuitanta va costar que alguns ajuntaments, i concretament alguns diguem-ne d'esquerres, els admetessin en el seu terme urbà. Però no hi havia dubte que ja aleshores calia orientar el país cap a la creació de polígons. Va arribar un moment que, volant amb helicòpter pel país, em feia goig anar-me dient: mira, aquí n'hi ha un; aquí n'hi ha un altre: el de Terrassa, el d'Amposta, el de Riudellots tocant a Girona... Alguns van ser obra de la Generalitat, d'altres fruit de l'acord amb entitats privades, d'altres en col·laboració amb els ajuntaments, i tots aquests amb el suport entusiasta del govern de Catalunya.

Hi ha moltes coses que des de l'aire no es veuen i cal arribar-hi a peu. S'ha d'anar a peu al metro de Nou Barris, a Barcelona, o al de Sant Ildefons, a Cornellà. Portar el metro a Nou Barris va ser un motiu de discussió entre la Generalitat i l'Ajuntament de Barcelona. Mentre l'Ajuntament creia que era prioritari fer-lo arribar a Montjuïc, on viu poca gent, la nostra opinió era que el principal mitjà de transport d'una gran ciutat ha d'anar on hi ha més gent que el necessita. El metro a Nou Barris va ser fet des de la Generalitat per una força política que té poca implantació i poc suport electoral en aquella zona, al contrari del PSC, que n'hi té molta i governava l'Ajuntament. Hi insisteixo: la filiació política i els resultats electorals no van condicionar les actuacions de la Generalitat.

Cal anar a peu també pel Raval o la Guineueta de Barcelona, per la Font de la Pólvora de Girona o pel darrere de la catedral de Tortosa, tant per comprovar les transformacions que s'hi han operat com per prendre nota de les insuficiències. Alguns d'aquests barris són objecte d'una gran pressió pel creixement de la immigració i ens avisen sobre els reptes de la cohesió social i la identitat de Catalunya. Els havia visitat molts cops sent president i hi constatava l'esforç que s'hi feia, la bona voluntat de molta gent i també, molt sovint, la insuficiència de tot plegat.

Podria acabar aquest petit periple pel país entrant al Parlament de Catalunya i fixant l'objectiu en l'acció legislativa. Crec que pel desig de demostrar que tenim una Cambra molt activa i fer com si tinguéssim més competències de les que en certs aspectes tenim, en vint-i-tres anys vam legislar en excés. De vegades hem fet les coses més difícils del compte. Però no hem vingut fins al Parlament per fer retrets, sinó per valorar les lleis tan importants que s'hi han discutit i aprovat en favor del Dret Civil Català, de la sanitat, de l'ensenyament, de les obres públiques, de l'economia, de l'ordenació territorial... De la construcció de Catalunya.

Petit periple, acabo de dir. És clar que podria haver estat més llarg. M'he de doldre de no haver escrit un diari o un dietari durant l'etapa del que en podríem dir home polític o públic, que és gairebé tota la meva vida. Avui tindria una idea molt més completa del que he fet, sigui bo o dolent, sigui amb èxit o amb fracàs. Ara que escric les *Memòries* ho trobo a faltar molt, encara que potser en sortirien unes *Memòries* que no s'acabarien mai. Tampoc no he fet un resum verbal de les visites que he rebut, però penso que la presència d'un secretari que n'hagués pres notes hauria tret espontaneïtat a les converses.

En Joan M. Pujals, que va ser conseller de Cultura, té un escrit molt emotiu que es titula «El mapa de la pàtria». També a mi el mapa de Catalunya, com aquest que tinc estès a la taula del meu despatx de Premià de Dalt, m'atrau i em commou.

Hi ha altres mapes. Recordo que, un cop, un bon amic col·leccionista em va ensenyar els quadres que tenia a casa seva, amb altres persones que aquell vespre havia convidat a sopar. No sóc expert en pintura, però la collecció em va agradar. Un moment que el grupet es va aturar davant un quadre concret per comentar-lo, jo me'n vaig separar per anar a mirar un mapa de Catalunya en relleu, que era molt detallista. Durant uns minuts em vaig entretenir resseguint les planes i els engorjats, les ciutats i els pobles, les carreteres i els embassaments. Hi vaig trobar a faltar l'estany d'Ivars, prop de Mollerussa. Era lògic. El mapa no era recent i vint anys enrere l'estany no existia. Un que hi havia hagut al mateix lloc l'havien dessecat per guanyar terres de conreu en època de gana i demanda de productes del camp. Cinquanta anys més tard, tot havia canviat. No hi havia gana, els productes del camp no es venien tan bé i alguns pagesos estaven disposats a ser expropiats. El conseller de Medi Ambient, Albert Vilalta, em va parlar de la idea de recuperar l'estany i jo la vaig acceptar. Els ecologistes de la zona van celebrar-ho molt. Si cinquanta anys enrere no havien protestat pel dessecament era perquè llavors no hi havia ecologistes actius i perquè la gana i la penúria passava per davant de tot. Explico aquestes coses perquè es vegi com, amb el temps, van canviant les preferències i les urgències de la gent i les prioritats polítiques. Ara l'estany d'Ivars fa goig. Hi ha barquetes, bancs per dedicar-se a la contemplació paisatgística, camins i llocs d'esplai, s'hi ha desenvolupat una activitat econòmica de caràcter recreatiu.

«President, hem d'anar a sopar». L'amfitrió em cridava tot disculpant-se perquè no s'havia adonat que jo m'havia separat del grup. «És culpa meva», li vaig dir. Mentre m'acompanyava al menjador, vaig afegir: «Vostè té una molt bona col·lecció de pintura. M'ha agradat molt. Resulta, però, que a mi el quadre que m'apassiona més és aquest que m'ha vist contemplant: el mapa de Catalunya. Reconec que sóc una mica estrany, dispensi».

4

Final

Des de l'Aneto

Són les onze del matí del dilluns 23 d'agost de 1999 i acabo d'arribar al cim de l'Aneto.

La tarda abans havia sortit de Vallibierna amb uns quants amics i familiars vinguts de Barcelona i Queralbs. Anàvem a acampar prop del llac de Corones per començar l'ascensió l'endemà de matinada. Josep Sicart, un reputat excursionista militant de CDC de primera hora, caminava al davant, fent de guia. Just quan sortíem havia començat a ploure. Algú de la colla va dir: «Potser no podrem pujar, demà». Vaig respondre: «Haurà de ploure molt perquè jo no pugi a l'Aneto». La pluja va parar i va fer una nit serena. Situat al campament, vaig contemplar la silueta imponent de la Maladeta, retallada en la llum d'una lluna que era a dos nits de fer el ple.

Jo havia pujat a la majoria de cims dels Pirineus orientals, des del Canigó a la Pica d'Estats o el Monteixo. Per què ara, a seixanta-nou anys i quan en feia dinou que presidia la Generalitat de Catalunya, sentia la necessitat de coronar la muntanya que, tot i estar situada en terres aragoneses, ha mantingut sempre un valor de símbol per a l'excursionisme català?

La cinquena legislatura s'acabava. Per diversos motius, les eleccions es presentaven difícils per a CiU. La nostra gent no estava mobilitzada. En part, per cansament; en part, perquè s'havia pres malament el nostre suport al govern espanyol del PP. L'any anterior, Unió Democràtica de Catalunya, el nostre soci, havia actuat d'una manera que havia causat malestar, recels i ferides en molta gent de CDC. El contrincant socialista era Pasqual Maragall, que oferia un canvi atractiu en el lideratge que el PSC havia presentat fins aleshores. Maragall era un candidat perillós per la seva actuació com a alcalde de Barcelona i la gestió dels Jocs Olímpics, de la qual ja he parlat abans en termes positius, i per la manera de fer i expressar-se, que introduïa una novetat en el gest i el llenguatge polítics. La seva personalitat s'obria pas entre una opinió pública que podia considerar que dinou anys de governs ininterromputs de CiU ja eren prou. El PSC i ICV planejaven presentar-se amb una llista única que els podia permetre aprofitar millor els vots. El pacte entre les dues forces anunciava l'acord a què arribarien més tard amb ERC per desbancar-nos i formar el que quatre anys més tard seria el tripartit.

Calia afegir-hi la possibilitat que el PP tragués majoria absoluta a les eleccions generals de l'any següent. Si fos així, qui sap si, segur de la seva força, podria fer una política de més comprensió envers Catalunya o bé s'inclinaria cap a la mentalitat centralista i uniformadora que sovint ha tingut la dreta espanyola.

Hi havia més motius de preocupació. La nostra obra de govern topava amb dificultats creixents, en part perquè la societat era cada cop més difícil. L'anomenada «cultura del no» s'anava imposant. L'oposició era més dura i poc constructiva. Sectors importants de la societat estaven cada cop més adormits i eren poc conscients dels problemes reals de Catalunya i, no cal dir, dels problemes de la Generalitat. Si sempre havíem tingut els mitjans de comunicació en contra, ara els hi teníem molt més.

Enmig d'un panorama tan poc engrescador, m'havia plantejat aquesta pregunta. «Què he de fer? Què he de fer per remuntar la moral de la nostra gent?». Havíem de fer moltes coses, evidentment. El partit, i jo mateix. Algunes es van fer bé i d'altres no tant. Pel que feia al que jo podia aportar, vaig pensar que seria bo un gest que colpís la imaginació. I em vaig preguntar: «Quina és la muntanya més alta que tenim per aquí?». Per sort, no era l'Everest.

La intenció era clarament simbòlica. He estat prou excursionista per saber que pujar a l'Aneto no és cap heroïcitat. És l'objectiu acomplert de molts centenars de persones cada any. De tota manera, fer-ho per primera vegada a seixanta-nou anys segur que causaria un cert impacte com l'havia causat, sigui dit de passada, que la meva dona, amb més de seixanta, s'hagués llançat un dia amb paracaigudes o que ella mateixa, per homenatjar el seu pare, hagués pujat al Mont Blanc. D'aquí una estona en parlaré, del Mont Blanc. El missatge era clar, sobretot per a la gent de CDC: volia dir que estàvem en condicions de seguir fent coses, de tenir iniciatives, de guanyar per sisena vegada les eleccions catalanes i durant quatre anys més servir Catalunya des del govern. I també es podia interpretar en el sentit que, si ara jo pujava a l'Aneto, algú, després de mi, hauria de conquerir una muntanya més alta.

Per tot això, en el moment de sortir de Vallibierna, havia dit: «Haurà de ploure molt perquè jo no pugi a l'Aneto».

El divendres abans, a Barcelona, havia comunicat les meves intencions expedicionàries a Xavier Trias, el conseller de Presidència: «De moment, no les sap ningú, tret de la meva dona i en Sicart. Demà, quan arribi a Queralbs, ho diré als meus fills i als amics i familiars del poble. Suposo que alguns em voldran acompanyar». Llavors mateix vaig signar la convocatòria de les eleccions per al dia 17 d'octubre, i vaig dir a en Trias: «Dilluns a mig matí, quan calculo que hauré arribat a l'Aneto, organitza una roda de premsa i fes saber la data. Et preguntaran per quin motiu no sóc jo qui fa l'anunci. Els dius que sóc fora».

Em van acompanyar els meus fills Jordi, Pere i Oriol, i en Josep Sicart amb el seus dos fills. També alguns parents i amics de Queralbs: el meu cunyat Josep Ferrusola, en Jordi Comerma i en Xavier Nolla. El dia que l'havia anat a veure a casa seva, al barri de Sants de Barcelona, perquè em fes de guia, havia dit a en Sicart: «Fa temps que no m'enfilo més amunt del Torraneules, el Puigmal o el Pic d'Eina. Sé que l'Aneto és més alt, de pujada més llarga i costeruda, i no sé si hi trobarem glaç. M'hauries d'acompanyar a comprar grampons, que no n'he calçat mai».

Són les onze del matí de dilluns i acabo d'arribar a l'Aneto. Vull estar sol vint minuts. Transportar el meu cos carregat amb la motxilla m'ha valgut un esforç que no m'impedeix la reflexió.

Mirant enrere, em vaig dir que durant dinou anys els meus governs, CiU i jo mateix, havíem fet una bona feina. En els altres volums d'aquestes *Memòries* em sembla que ha quedat clar que sóc autocrític. Gent que els han llegit m'han comentat que contenen prou dubtes i reconeixements d'errors. Des d'aquesta autoritat, crec que puc dir que el balanç d'aquells anys de govern és bo i que, en tot cas, me'n sento orgullós. Ni els meus adversaris més sistemàtics no podien llavors, ni poden ara, negar la contribució positiva al progrés de Catalunya, al progrés general espanyol, en l'àmbit econòmic i polític, i a la integració plena d'Espanya a Europa.

Era evident que aquell havia de ser l'últim cop que em

presentés a unes eleccions. Hi havia el perill que es produís a CDC i en bona part del país un efecte de tap i que la generació que ens venia al darrere i que ja no era tan jove es cremés. Aquesta nova generació podia encarar molt millor determinats problemes i calia que entrés en joc. En aquella trobada a Los Montes de Toledo, Aznar m'havia preguntat per quin motiu no em presentava de nou, i si era perquè estava cansat. Li vaig donar dues raons. Primera, que la meva dilatada presidència de la Generalitat, i també la direcció del partit, havia impedit que almenys una generació de polítics entre deu i quinze anys més joves que jo hagués pogut donar tot el que altrament hauria pogut aportar. I, en segon lloc, que el que no hagués fet en vint-i-tres anys de govern ja no ho faria. L'Aznar va observar: «*Llevas razón*».

L'entrada en política no és fàcil. Helmut Schmidt ha dit que per fer-ho s'ha d'estar molt format. Però ell mateix ha de saber que, com que la formació vol temps, els joves poden trobar els llocs ocupats, si tant es preparen. Fa poc em va venir un noi i em va preguntar què havia de fer per arribar a president de la Generalitat. Em vaig posar a riure. Quines preguntes. La primera condició és no proposar-s'ho. Es tracta de treballar bé, amb molta intensitat i molta convicció. No preparar-se per ser president de la Generalitat, sinó per fer un bon servei a la societat. Aquesta és la primera condició. Després, saber posar les bases de la teva pròpia carrera. Fer moviments d'alfil o de cavall a condició de tenir les peces ordenades. Jo diria que cal una gran convicció i un esperit de compromís molt fort. És veritat que en tot aquest camí moltes vegades cal introduir-hi elements de càlcul, de maniobra, per no quedar arraconat. Ara: només amb càlcul i maniobra no es pot ser president de la Generalitat, o convé que no se'n sigui. I que consti que hi ha personatges que per ambició personal, per ànsia de poder, per vanitat i sense principis ni ideals de cap mena, han arribat molt lluny, de vegades a dalt de tot. I també cal dir que aquests personatges de vegades han exercit bé la seva responsabilitat perquè sovint el càrrec fa la persona i un cop a dalt es transformen, i es transformen en bé.

En els quatre anys que venien havíem de fer coses importants i necessitàvem la força d'una victòria clara per dur-les a terme: un nou intent d'acord amb el govern central per aconseguir una interpretació generosa de la Constitució; negociar el nou sistema de finançament, previst per al 2001, i, si el milloràvem, dedicar l'increment d'ingressos molt especialment a Ensenyament i Sanitat; posar més l'accent en les indústries culturals; estimular l'orientació exportadora i inversora de la nostra indústria, i el que en aquell moment em causava una particular il·lusió: fer una política important en el camp de la recerca i la innovació per ser competitius. Catalunya només podia anar endavant si aixecàvem la nostra economia i fèiem que s'obrís molt més a tot el Món, i això només era possible amb un reforç de la recerca i de la capacitat d'innovació. Les noves tecnologies reclamaven una resposta adequada. La globalització, que no em feia gaire por a condició que el país tibés fort, començava a ser un fet real.

El fenomen nou que em preocupava més era el de l'onada immigratòria que ja donava senyals, que preveia que seria difícil de canalitzar i a la qual bona part de l'opinió política o el carrer no hi donava importància o hi tenia una actitud molt passiva.

Vaig valorar la possibilitat que, després de les eleccions, la gent cregués que la feina i els reptes que es presentaven havien de ser assumits no per CiU com fins ara, sinó per un govern majoritàriament o totalment socialista. O bé per una coalició de CiU amb els socialistes o de CiU amb alguna altra força. El més convenient per al país, vaig pensar, podria ser l'anomenada, per alguns, *sociovergència*, el govern de socialistes i CiU. Amb el PSC al govern podríem vèncer o almenys neutralitzar la mentalitat de resistència sistemàtica que s'anava implantant al país, la «cultura del no» sostinguda per l'esquerra, la utilització de tota mena d'administracions com a contrapoder de la Generalitat. La *sociovergència* podia significar l'aliança dels dos sectors més representatius de Catalunya: el catalanisme més constructiu i de centre i el socialisme més vinculat al món de la immigració. El socialisme que el PSC en aquell moment representava no era ja el de sempre, el de Joan Reventós, Narcís Serra, o Raimon Obiols, sinó el d'alguns alcaldes de poblacions de l'entorn de Barcelona, El que passa és que la *sociovergèn-*

cia, tot i aquests avantatges, no era en aquell moment possible. El PSC s'havia decantat per presentar Maragall com a candidat, i jo no me'n refiava, no m'inspirava confiança. Era un home imprevisible i amb tendència a tirar pel dret, sense comptar massa amb els seus aliats. Per altra banda, el pacte amb els socialistes podia dificultar la negociació amb el govern espanyol del PP, que probablement seria inevitable. De totes maneres, es podia intentar. Però, per fer-ho, per poder negociar amb els socialistes un govern de coalició, necessitàvem obtenir un gran resultat.

I no el vam tenir. Vam guanyar per poc i vam perdre vots.

Aquestes coses les vaig pensar dalt de l'Aneto. I, si no les vaig pensar totes perquè tampoc no vaig tenir tant de temps, que el lector s'ho prengui com un recurs literari.

A Barcelona faltava poc perquè Xavier Trias anunciés als periodistes la convocatòria electoral. Havia promès a Joan Reventós, president del Parlament en aquella legislatura, que abans que es fes pública, ell ho sabria per mi. Havia d'haver-li trucat abans, des del campament, i me n'havia oblidat. Vaig agafar el telèfon mòbil per comunicar-m'hi, però va resultar que allí dalt no hi havia cobertura. Vaig haver de baixar cinc-cents metres perquè el telèfon donés senyal. Se m'hi va posar el secretari de Reventós. Li vaig dir que, sobretot, es posés en contacte de seguida amb el president perquè al cap de mitja hora Trias anunciaria la convocatòria d'eleccions i ell ho havia de saber abans. No volia quedar malament amb Reventós ni com a persona, perquè era amic meu, ni com a president de la cambra catalana.

El Mont Blanc

Cinc dies més tard de la meva excursió, el dissabte 28 d'agost, CDC va organitzar a Ripoll el sopar de fi d'estiu que cada any celebra al Ripollès. Com és tradicional, vaig dirigir un discurs als militants. No va ser un discurs de comiat perquè aspirava a quatre anys més de president, però vaig voler marcar el sostre de la nova generació. L'ascensió a l'Aneto em va servir de línia argumental. «He pujat a l'Aneto», vaig començar dient-los, abans d'explicar-los el sentit d'haver-ho fet, i vaig acabar així: «Escolteu. Us vull dir una cosa. Hi ha muntanyes més altes que l'Aneto. Hi ha, per exemple, el Mont Blanc». I vaig afegir, amb èmfasi: «Jo ja no pujaré al Mont Blanc. Al Mont Blanc hi heu de pujar vosaltres. Sobretot els més joves de vosaltres».

Molta gent es va preguntar llavors i es pregunta encara: «Què és el Mont Blanc? El Mont Blanc de què Pujol parla és la independència de Catalunya?». És conegut, i al primer volum d'aquestes *Memòries* ho vaig deixar clar, que jo no he estat mai independentista. Sobre aquest punt mai no he enganyat ningú, ni a Catalunya ni a fora de Catalunya. El que he dit és que jo abans que res i per sobre de tot, sóc català i em sento català. Vull viure plenament com a català, i només en el grau en què això sigui possible, també sóc espanyol i puc sentir-me còmode a Espanya i contribuir al seu progrés. Aquesta ha estat sempre la meva posició.

Per què no he fet un plantejament independentista? En primer lloc perquè veig les coses d'aquesta manera i no d'una altra. Perquè no, senzillament. Si ho haig d'argumentar, puc afegir algun altre raonament. Un, de caràcter històric. La unitat espanyola té molt pes. Admeto, com deia Raimon Galí, que els condicionants històrics es poden trencar. Però la història compta molt. I també la geografia. No parlo del fet de formar part de la Península Ibèrica, sinó d'una unitat de fa segles en el marc geogràfic de l'Europa occidental, que dóna molta estabilitat a les construccions polítiques que són els estats. Si Catalunya estigués situada als Balcans o hagués format part de l'Imperi Austrohongarès, molt probablement ara seria independent.

Per als estonians, la independència era un somni quimèric que es va fer realitat el 1989, evidentment amb el suport d'ells mateixos, però en el marc d'un trasbals, la caiguda de l'URSS, que no havien provocat i que va fer que es trobessin independents gairebé sense adonar-se'n.

Hi ha també un raonament social. S'ha fet realitat allò que «és català tothom qui vingui a treballar a Catalunya i s'hi senti a gust», és general el rebuig al tracte injust que Catalunya rep d'Espanya, i els matrimonis mixtos han fet un paper molt positiu de cohesió, però a l'hora de parlar de la independència no s'han d'oblidar els lligams familiars que molta gent té amb la resta d'Espanya.

El projecte que jo he defensat suposa el reconeixement de la personalitat diferenciada de Catalunya dins de l'Estat. Suposa la consolidació i la garantia de la identitat, de la catalanitat. Suposa que Catalunya pugui tenir un projecte propi de país en el marc espanyol i europeu. Un projecte que tingui en compte la globalitat del nostre país: els aspectes identitaris, econòmics i socials. En un article meu clandestí dels anys seixanta, titulat «Els tres catalanismes», ja m'havia expressat en aquest sentit. Sempre he volgut deixar clar que el catalanisme no podia ser només ni una empresa culturalista ni un *lobby* econòmic. Tot plegat suposa una acció lleial i exigent amb l'Estat. Nosaltres hem de complir amb Espanya, i Espanya ens ha de donar allò a què tenim dret en tots els terrenys.

Jo repeteixo sovint aquell vers de Màrius Torres:

> «...la ciutat d'ideals que volíem bastir...».

No volíem bastir un Estat independent, sinó una ciutat d'ideals. Tan idealista, doncs, com es vulgui, però és com és. Catalunya és un país de marca, com ens va recordar Vicens Vives, però també és el país de pas que

Miquel Coll i Alentorn va estudiar. Mentre Portugal, durant segles, es va coure en la seva pròpia salsa en un racó de món, en un *finis terrae* per on no passava ningú, Catalunya va néixer i va créixer abocada a un mar per on passava tothom. I on tothom tenia una cosa a dir i alguna ambició per portar a terme. Catalunya ha estat un país per on han passat homes, comerç, idees. I el resultat és que, malgrat tot, encara hi som. I amb més pes econòmic, cultural i lingüístic que molts estats europeus.

Ho repeteixo perquè quedi clar: un pensament així exigeix un projecte polític fonamentat en Catalunya, però també amb projecció constructiva i lleial a tot l'Estat. I exigeix que Espanya tingui una actitud positiva vers Catalunya.

Em limito a exposar el que he pensat i he dit durant seixanta anys de la meva vida. Ho he explicat unes quantes vegades. Una de les darreres, en una conferència que porta el títol d'«El procés d'independència dels nous estats europeus». La vaig pronunciar el mes de maig del 2004, a l'inici del govern tripartit, quan es començava a elaborar el nou Estatut al qual el president socialista espanyol, José Luis Rodríguez Zapatero, s'havia compromès a donar suport. Mirava d'orientar el nacionalisme català no cap a l'independentisme, sinó cap a una interpretació de la Constitució que assegurés l'autogovern, la identitat i la suficiència de recursos a Catalunya, com el tripartit des d'aquí i el PSOE i el mateix Rodríguez Zapatero des de Madrid donaven a entendre que era possible. Amb un punt d'escepticisme meu, val a dir-ho, però veient bé que s'intentés amb el nou Estatut.

Ara bé, la redacció allargassada en el temps d'aquestes *Memòries* ha fet que, des de la publicació del primer volum l'any 2007, fins al febrer del 2011, que és quan escric aquestes ratlles, s'hagin produït fets que obliguen a una reflexió a fons del catalanisme, l'autonomisme i l'independentisme. En l'epíleg d'aquest tercer i últim volum en tornaré a parlar. D'aquí a aleshores poden haver passat coses no poc importants.

La legislatura crepuscular

La nit electoral del 17 de novembre de 1999 va anar bé. Tornàvem a tenir assegurat el govern de la Generalitat. Però, per primera vegada des del 1984, vam quedar per sota del 40% dels vots i amb menys de 60 diputats: 56. Perdíem velocitat, però el PSC, ERC i ICV encara no sumaven majoria, com farien el 2003. L'acord d'anar tots junts contra CiU es congrià en la legislatura que llavors començava.

Podríem governar amb més o menys comoditat o dificultat segons quin fos el resultat de les pròximes eleccions generals espanyoles l'any següent. Si el PP, llavors en minoria, treia majoria absoluta, veuríem si la col·laboració en alguns aspectes positiva que havíem tingut del 1996 al 1999 era fruit de l'acceptació del doble compromís –nosaltres amb el progrés general espanyol i ells amb el reconeixement del fet identitari català– o si havia obeït a la necessitat i, per tant, era reversible. El doble compromís al qual volíem seguir fidels en els quatre anys següents tindria resposta: negativa. Vaig tenir clar que només una bona actuació de CiU i del govern durant els propers quatre anys, en tots els ordres, podria salvar el lideratge del nacionalisme i del nostre projecte de Catalunya.

La sisena i última legislatura, al meu entendre, va ser fructífera. Ja he explicat algunes de les realitzacions importants d'aquest període. Però, evidentment, va tenir un to una mica crepuscular. Manifestament érem en un final d'etapa que jo pretenia que només m'afectés a mi i que CiU pogués superar. Es notava en l'ambient un cert canvi, no solament de conjuntura sinó d'època. S'acabava el meu temps. Des d'un punt de vista col·lectiu no m'entristia, perquè tenia molta fe en el meu partit i en la gent nova, començant per l'Artur Mas, que passava a primeríssima fila. La meva confiança en el futur de CiU era plena.

L'oposició, molt frenètica per la continuada decepció de no ocupar el poder, va exercir una molt especial agressivitat que la portava a obstaculitzar tots els projectes de govern. De vegades podia comptar amb l'ajut del PP, que també aspirava a desgastar-nos, tot i que en algunes coses, com en l'aprovació dels pressupostos, ens donava suport. Mentre, el PSC, ERC i ICV es dedicaven a dissenyar el pacte tripartit que quatre anys més tard, en les eleccions següents, els permetria accedir al govern de la Generalitat.

És en aquest context que, cap al final, vaig decidir fer les dues conferències de què he parlat al començament de l'anterior capítol. Dues conferències que venien a ser dos balanços i dos comiats. Una, dirigida al conjunt d'Espanya, la vaig pronunciar a la seu del Colegio de Abogados de Madrid, lloc rellevant, el 17 de setembre de 2003. La segona la vaig fer a Barcelona, al Palau de Congressos de Catalunya, el 27 d'octubre, quan faltaven només vint dies perquè se celebressin les primeres eleccions a les quals jo no em presentaria.

Un nombre important de membres de la Junta del Colegio de Abogados madrileny m'havien dit al començament d'aquell estiu: «Qui el segueixi, encara que sigui de CiU, no representarà el mateix que vostè en aquests vint-i-tres anys. Tampoc per a Espanya. Abans d'anar-se'n ha de recordar a la gent de Madrid i de tot Espanya allò que vostè ha fet». Em van convèncer, i em van oferir la seva sala d'actes.

La conferència, seguida per molta gent, tenia un títol orientador: «De la Constitución hasta hoy». Es tractava d'explicar què havia fet Catalunya en general i més particularment el nacionalisme català representat per CiU durant aquest període en favor de Catalunya i Espanya. Vaig exposar tot allò que ja he dit altres cops: que ens havíem proposat contribuir a l'estabilitat, la continuïtat i la governabilitat d'Espanya, sense les quals la consolidació democràtica, el progrés econòmic i social i la integració europea no haurien estat possibles. Vaig expressar amb èmfasi que el projecte catalanista no solament reclamava autonomia política i administrativa, sinó també garantia de respecte per a la nostra identitat diferenciada dintre del conjunt espanyol. També em vaig referir al nostre compromís amb la solidaritat: «*No hubo necesidad de que nos reclamaran solidaridad para que nosotros mismos, desde Cataluña, la planteáramos como algo acuciante*». En tots aquests punts, vaig dir, havíem actuat amb coherència i lleialtat. I assumint riscos importants, perquè la nostra actitud, de vegades, no havia estat compresa pel catalanisme i els nostres electors i, altres vegades, perquè havíem estat víctimes de les lluites entre el PP i el PSOE a escala estatal o de l'agressivitat del PSC a Catalunya. Vaig recordar el procés involutiu de l'autonomia que es va començar a manifestar primer amb la LOFCA, i, més tard, immediatament després de l'intent de cop d'Estat del 23 de febrer, amb la LOAPA, a la vegada que vaig subratllar la importància que havia tingut el nostre suport a la UCD, el PSOE i el PP en moments políticament o econòmicament crítics.

Vaig evocar les conferències fetes a Sevilla, Lepe i Madrid l'any 1996 i la seva intenció, quan semblava que Espanya acceptava la necessitat d'anar millorant l'autonomia de Catalunya, i que Catalunya, amb la seva personalitat reconeguda i garantida, podria tenir un paper importANT i amb capacitat d'iniciativa en la configuració de l'Espanya del segle XXI. En contrast, aquell 17 de setembre de 2003 al Colegio de Abogados de Madrid, vaig dir: «*Hoy podemos pensar que aquello fue un espejismo, hoy hemos vuelto a las viejas actitudes homogenizadoras*».

Al final del discurs vaig dir: «*En Cataluña flota un aire de decepción; hay la percepción de que en España, una vez superados los riesgos de la Transición, existe la idea de siempre de lo que debe ser España, con una visión excluyente de lo catalán*». «I una creixent voluntat de rebaixar el sostre autonòmic i de no acceptar el fet diferencial català», vaig afegir. Acabava avisant que la conseqüència de tot això seria un creixement inevitable de l'esperit reivindicatiu: «*Inevitable y necesario*». Vaig acabar expressant, malgrat tot, la meva confiança en Catalunya, perquè «*Cataluña, como país y sociedad, está funcionando bien, francamente bien*». I finalment, i parlant específicament de CiU, vaig dir que «*la gente llamada a dar continuidad a nuestro proyecto, con Artur Mas al frente, merece gran confianza, cosa que espero será reconocida por el pueblo de Cataluña*».

El poble de Catalunya, dos mesos després, ens va fer mereixedors de la confiança, perquè CiU i Artur Mas van guanyar les eleccions, encara que el tripartit acabà imposant la seva majoria i governant. També es va confirmar que la política espanyola cap a Catalunya aniria agafant aires cada cop més negatius.

Anant amb cotxe cap al Palau de Congressos de Catalunya, un mes més tard de la conferència de Madrid, el 23 d'octubre, vaig dir a la meva dona: «Marta, avui estic tocat; no sé si podré acabar».

Va ser un discurs important per a mi, políticament i emocionalment. Vaig utilitzar els records del passat i l'orgull de la feina feta per potenciar el futur. Vaig explicar d'on veníem políticament, històricament i espiritualment, tot reiterant i martellejant els punts bàsics de CiU: el concepte comunitari de país, el nacionalisme personalista, el compromís envers una societat justa, la mentalitat integradora, amb especial referència a la immigració, però de fet aplicable al conjunt de la societat: «Catalunya, un sol poble». Vaig parlar de la nostra mentalitat de construir, no de destruir. De sumar en comptes de restar. De fer i no de desfer.

Vaig dir: «Convergència i Unió és la força més important del segle XX a Catalunya. Cap força política no ha aconseguit, de lluny, el que hem aconseguit nosaltres. Ho repeteixo: cap altra força política no ha aconseguit, de lluny, el que hem aconseguit nosaltres. Nosaltres coneixem més que ningú, perquè ho vivim de més a prop, les limitacions del que s'ha guanyat i també els frens que ara hi ha posats, i fins i tot els perills que ho amenacen. Amb tot, segueix essent cert que ningú en tot el segle XX no havia aconseguit tant, no havia assegurat tanta estabilitat ni tanta continuïtat d'una acció de govern constructiva». Vaig afegir: «I el que acaba de fer bo el nostre model és que tot això s'ha aconseguit amb pau, convicció i enfortint la nostra cohesió». «El nostre model és bo», vaig repetir tres vegades amb energia i amb emoció. Després vaig expressar la meva confiança en el nou equip de CiU i d'una manera particular en Artur Mas, candidat a la presidència de la Generalitat.

Va ser un discurs potent. Llegit es nota que ho va ser, però pronunciat ho va ser encara més, com passa sempre amb els discursos. Un discurs basat en fets i en arguments, però també amb molta lírica i un punt de misticisme: «Hi deu haver alguna força secreta en aquest poble nostre que ha sofert derrotes, que més d'un cop els savis i els polítics i les grans potències mundials han donat per mort, i que ha estat sempre demogràficament feble i sovint políticament inerme; hi deu haver una força amagada que ha fet no només que sobrevisqui, sinó que tingui capacitat d'ambició i creativitat». Aquest va ser el to.

Com ja havia advertit a la Marta, em va costar acabar. Per l'emoció. Vaig estar a punt de plorar.

Cap al tripartit

Els signes crepusculars de la legislatura s'alternaven amb fets i resultats prou positius per creure que, amb el balanç de tants anys i amb la capacitat de renovació i regeneració que tenia el partit, el 2003 podíem tornar a guanyar les eleccions, amb Mas de candidat. Veia l'oposició molt cridanera i exaltada, però poc consistent, tot i que calibrava que podia ser capaç de fer un salt endavant important. Pasqual Maragall tenia en aquell moment una aura atractiva. ERC també, entre els joves i els impacients. En alguns sectors catalanistes hi havia una excitació molt gran.

Vaig intuir que els socialistes duien menys empenta de la que jo en principi havia previst o temut, i així va ser. Traurien només 42 diputats. En canvi, no vaig saber detectar el fort increment del vot d'ERC. Comptava que podien tenir 18 o com a màxim 19 diputats, i en van treure 23.

La nit de les eleccions, el 16 de novembre, va ser d'alegria. Novament, i per setena vegada, CiU guanyava i existia la possibilitat de formar un govern nacionalista. CiU amb 46 i ERC amb 23, sumàvem 69 diputats, un més de la majoria absoluta. Molt aviat, però, vaig tenir la sensació que això no aniria per aquí. El PSC i ERC, i més concretament en Maragall i en Carod, els caps de llista dels dos partits, havien estat posant les bases d'una aliança de la qual nosaltres, per un excés de confiança, no ens havíem adonat. Tampoc no ens havíem adonat que tots els anys a l'oposició havien deixat un pòsit de sentiments negatius envers nosaltres. El PSC, ERC i ICV van acabar formant el tripartit que ens va desbancar. La seva idea d'elaborar un nou Estatut que superés el del 1979 tenia la intenció de deixar CiU fora de joc. Calculaven que, col·locant-nos a l'oposició i en una situació difícil, ens podrien conduir a la disgregació. No oblidem que el gran obstacle amb què han topat a Catalunya els partits d'esquerres i de dretes, no sempre prou catalanistes, ha estat CiU, la força que ha aconseguit que el fet nacional català gravités en el centre de la vida política de Catalunya.

És cert que al començament de la dècada, és a dir, entre el 2000 i el 2001, surava en l'ambient la idea que l'afirmació catalana es trobava frenada per l'intervencionisme espanyol. A Catalunya hi havia un increment de la impaciència, que en Maragall va recollir amb la iniciativa d'elaborar un nou Estatut, unida a la predicació d'una Espanya plural, federal o fraternal.

En Carod el va acompanyar en la idea. Probablement en l'actitud de l'un i l'altre va influir també un factor d'afirmació personal que és molt humà i que explica moltes decisions polítiques. Fins aquí es podria dir que en Carod i en Maragall –aquest sense el PSC al darrere o amb només una part minoritària– simplement van cometre un error de lleugeresa consistent a llançar una iniciativa molt difícil sense calibrar-ne ni les perspectives ni les possibles incidències negatives. Però hi va haver una altra raó, molt més criticable. Tots dos sortien de la base que l'any 2004 el PP tornaria a guanyar les eleccions per majoria absoluta. Si era així, al nou Estatut se li podia pronosticar el recorregut següent: s'aprovaria a Catalunya un Estatut molt ambiciós proposat pel govern tripartit; després es presentaria a Madrid, on el PP tindria majoria absoluta, i seria rebutjat d'una manera radical i contundent. L'Estatut tornaria a Catalunya i s'hi quedaria quatre anys durant els quals el PSC –amb un cert acompanyament del PSOE fora de Catalunya–, ERC i ICV podrien atrinxerar-se en un discurs contra el PP que a tots aniria bé i tindria una gran acceptació al país. Mentre, ERC radicalitzaria la reivindicació catalanista i faria créixer l'independentisme. Seria una situació políticament còmoda i rendible que tindria el valor afegit d'utilitzar-se en contra de CiU fins i tot en el cas que CiU s'afegís a la proposta. Els tres socis recordarien constantment que CiU havia donat suport al PP durant alguns anys, naturalment silenciant les contrapartides i el fet que havia donat suports essencials al PSOE en altres moments.

CiU, un cop a l'oposició, només va poder actuar de la forma que ho va fer: sumant-se a la reclamació d'un nou Estatut. Primer, perquè era conscient, més que ningú, de les creixents dificultats de seguir consolidant l'autonomia amb l'Estatut vigent del 1979, i en segon lloc, perquè ni jo mateix ni la federació no havíem acceptat mai com a definitiu el sostre autonòmic que havíem assolit. Hi hauria un altre motiu per afegir-nos a la iniciativa del tripartit, tot i veure'n la precipitació i ser conscients que es feia molt malament perquè ni es preparava el terreny ni es buscaven aliats fora de Catalunya que garantissin l'èxit de l'operació: si no ho haguéssim fet ens haurien penjat per sempre més la mala fama d'haver frenat o boicotejat les possibilitats d'un Estatut millor. Haurien dit: «En el moment ideal de conjunció d'elements favorables que difícilment es repetiria, CiU, ressentida per haver perdut el poder, va boicotejar aquell projecte».

O sigui, que en una iniciativa de tanta transcendència, en gran part es va actuar per raons de partit, electorals i tàctiques. I amb moltes ganes de destruir o deixar molt mal parada la formació política que trencava a Catalunya la polarització dreta-esquerra que tant convenia al PSC i que disputava a ERC un contingut molt alt de vot nacionalista o simplement de sensibilitat catalana.

CiU i jo mateix també havíem caigut més d'un cop en la ingenuïtat de creure que podíem canviar la manera de pensar d'Espanya. Però no ens hi vam jugar doble contra senzill, sinó que vam actuar amb cautela. En Maragall, sempre molt segur d'ell mateix i que de vegades actua amb lleugeresa –cosa que no treu els molts altres mèrits que té–, va creure que era capaç de convèncer Espanya que per al conjunt de l'Estat era bo que Catalunya tingués un nou Estatut. En aquella època, jo vaig dir alguna vegada, en discursos meus, que en Maragall creia que convenceria Espanya amb paraules fraternals i algunes poesies del seu avi.

El cas d'en Carod i ERC, al meu entendre, té més gravetat perquè respon a una manera d'actuar fatxenda. Consisteix a dir: «Que es preparin, que ara venim nosaltres i sabran de què va la cosa». Una actitud fruit d'una gran ignorància del que és Espanya. Sobretot això: una gran ignorància del que és Espanya. I també, més secundàriament, del que és Catalunya, un país capaç de lliurar batalles importants sempre que estiguin fetes amb càlcul i ben plantejades. No a la babalà o a veure qui la diu o la fa més grossa.

En resum: durant els set anys últims el país ha anat malament per dos motius. Primer, perquè ha estat mal governat pel tripartit. Segon, perquè ha estat conduït a la difícil batalla de l'Estatut sense calcular-ne els riscos. El resultat conjunt d'aquests dos fets ha portat, d'una banda, a un deteriorament de la relació amb Espanya com jo personalment no havia vist mai, si exceptuem, naturalment, els deu o quinze anys posteriors a la Guerra Civil, i, de l'altra, a un gran desconcert i desorientació interns a Catalunya. Hi ha hagut una pèrdua important d'autoestima i un empitjorament de la imatge de Catalunya tant de cara a Espanya com de cara a Europa.

El dissabte 20 de desembre de 2003 hi va haver el relleu de la presidència al Saló de Sant Jordi del Palau. L'Ernest Benach, elegit uns quants dies abans president del Parlament, va imposar la medalla de president de la Generalitat a Pasqual Maragall, el meu successor.

Vint-i-tres anys abans, en aquella mateixa sala, Josep Tarradellas m'havia imposat la medalla a mi. Tenia sentit que hagués estat així, de president a president, perquè enteníem que significava el traspàs de la Generalitat del

1932 i de l'exili, encarnada per Tarradellas, a la Generalitat sorgida de nou de les urnes, un cop restablerta la institució. Ara, al 2003, Maragall rebia la medalla del president del Parlament com l'havia rebuda jo de la mateixa representació institucional les successives vegades que havia estat investit. Un signe de normalitat perquè, de fet, és el Parlament qui nomena el president de la Generalitat.

Tot es va fer amb molta normalitat, o almenys vaig intentar que fos així. De totes maneres, en qualsevol acte de traspàs de poders, sigui a Catalunya o a França, sigui a la presidència de la Generalitat o a l'alcaldia d'un ajuntament, sovint hi ha un punt de tensió. A la cerimònia hi assisteixen els que pleguen, i anar-se'n no fa content ningú. En contrast, hi ha els que arriben, que presenten una cara de molta satisfacció. Si les coses es fan bé, i crec que en aquella ocasió es van fer bé, la convivència dels uns i els altres pot ser harmònica.

El fotògraf Pedro Madueño, en el seu llibre *Gestos*, recull un aplec de trenta anys d'imatges meves, i aquell dia va voler obtenir la darrera fotografia de la meva persona com a president al meu despatx. Diu que ell i jo parlàvem tranquil·lament quan tot d'una vam sentir uns crits que venien de la plaça de Sant Jaume. «Què són, aquests crits?», vaig preguntar. Madueño em va dir: «Són un grup de socialistes que vénen a celebrar la presa de possessió de Maragall». Encara faltava una estona per a la cerimònia, però jo li vaig dir: «Si ja són aquí, anem-nos-en».

L'única nota negativa del dia va ser que, després del relleu i en sortir jo del Palau, aquell grup de socialistes, molts vinguts del Baix Llobregat, em van escridassar. No van tenir massa temps per fer-ho, perquè vaig sortir en cotxe, però, en canvi, van poder esbroncar amb més intensitat els exconsellers que venien darrere meu. A part d'això, tota la cerimònia va anar bé i el president Maragall va estar sol·lícit amb la meva dona.

El cotxe va travessar el portal i la plaça per darrer cop, va girar pel carrer Jaume I en direcció a la Via Laietana, i la Marta i jo vam anar a dinar a un restaurant que ella deu recordar quin és, però jo no.

Mentre dinava, rumiava. L'Artur Mas no havia aconseguit la presidència de la Generalitat, però l'entrada en escena de la nova generació s'havia fet bé i jo continuava tenint molta confiança en la consistència de CiU i en la capacitat política, el patriotisme i la força de caràcter del meu successor. Havia dit a la nostra gent que no dramatitzés més del compte la pèrdua del poder, perquè formava part del joc democràtic. Sense que m'acabessin d'entendre, els explicava que havíem d'acumular energia per tornar-lo a recuperar, però que després de vint-i-tres anys de govern podia passar que s'entrés en una situació nova d'una certa estabilitat que voldria paciència per part nostra. És inútil que el genet que munta un cavall que ha saltat sis obstacles i s'ha aturat davant el setè pretengui que l'animal superi la tanca si no el fa recular, l'asserena i li fa agafar de nou el compàs abans de tornar-ho a intentar. Aplicat a la política, vol dir calmar-se, reflexionar, renovar el programa i el discurs –això que ara se'n diu relat–, i provar-ho de nou passats quatre anys. No puc dir que em fessin del tot cas, i, per altra banda, els esdeveniments es van succeir de manera molt anòmala, amb la discussió de l'Estatut, els problemes del tripartit i les eleccions espanyoles marcades pels atemptats de Madrid de l'11 de març de 2004. Tot això a banda, jo aconsellava que el partit es preparés per a un predomini del govern tripartit durant un temps que podia ser llarg i durant el qual mirarien d'asfixiar CiU. «Ens en sortirem, tornarem a governar», els havia dit, «a condició que estiguem disposats durant un temps a menjar herba: menjar herba sense càrrecs, menjar herba políticament, menjar herba professionalment, menjar herba mediàticament».

Havent dinat, la Marta i jo vam tornar al cotxe oficial i vaig indicar al mosso que ens conduís a l'estació de Trinitat Nova, on té l'origen la línia 11 del metro per la banda de Barcelona. Feia pocs dies que havíem completat la línia, que era la primera totalment automatitzada. No havia pogut assistir a la inauguració, i com que ja ha quedat explicada la importància que dono al sistema de transport urbà que més gent usa, des del dia que molt al principi del meu primer govern vaig decidir allargar la línia 2 fins al Paral·lel, en contra de l'opinió de l'Ajuntament, vaig voler agafar el metro aquella primera tarda de no ser president. La Marta i jo hi vam pujar i, després d'unes quantes estacions, vam arribar a can Cuyàs. Que no és casa teva, Cuyàs, sinó el barri de Montcada i Reixac, on hi ha el final de trajecte.

Epíleg

Acabava l'últim capítol d'aquestes memòries pujant al metro de la línia 11 que connecta Barcelona amb Montcada i Reixac i parlant de «final de trajecte». «Final de trajecte», també per a mi? No ben bé. Ho és en el sentit que deixo d'exercir una responsabilitat política de primera línia, que vaig resumir en una frase: «Jo ara el que he de fer és no fer nosa». No fer-ne als qui han assumit la responsabilitat després de mi. Crec que he actuat en general d'acord amb aquest criteri. No sé si sempre prou bé. Si de cas una mica, espero. Potser tenia raó aquell amic, bon coneixedor de la política, de CDC i de CiU, que em va dir: «Tu sempre faràs nosa pel simple fet d'existir, de ser-hi». I és que vint-i-tres anys de presidència no s'esborren així com així de la memòria de la gent, per més que hom hi ajudi. De totes maneres ja fa temps que això està del tot superat.

Sigui com sigui, després de més de cinquanta anys de militància política i social jo no podia desentendre'm del país ni de les dificultats que intuïa que hi hauria. Si la política activa per mirar de superar aquestes dificultats corresponia a uns altres, jo he fet aportacions en el terreny del que n'he dit Idees, Valors i Actituds, l'IVA. He tractat d'explicar que un país –com una persona o un projecte– no se'n surt sense idees clares sobre el que és, el que vol ser, el que pot ser i el que no pot ser i com ho ha de fer per anar endavant. Com tampoc no se'n surt sense valors sòlids, ni sense actituds positives, constructives. Ni sense actituds d'autoestima i d'autoexigència.

Alguns van creure que aquell «final de trajecte» ho seria per a CiU i especialment per a CDC. D'altres van desitjar que fos així. I ho podria haver estat. Si més no aquest era –deixant de banda la possibilitat d'aconseguir un nou Estatut–, l'objectiu de les formacions que integraven el govern tripartit.

Per això, tot i que a partir del desembre del 2003 desaparegués molt de l'escena política, vaig participar en actes del partit destinats més que res a la nostra gent. Ja he explicat que molts s'havien fet de CDC, el partit de l'eina i la feina, el de sant Pancraç, per imperatiu ètic i cívic, per patriotisme i esperit de servei més que per impuls polític. Aquesta manera de ser i de fer dels nostres s'hauria pogut esvanir amb els anys, però en general l'esperit fundacional s'havia mantingut prou bé gràcies a l'esforç de dirigents i militants. Jo entre ells.

Després de perdre el govern els deia: «Us heu de fer a la idea que durant una bona temporada haurem de menjar herba. Hem tingut molts alcaldes i regidors, diputats i senadors, consellers i alts càrrecs, hem exercit el poder i hem gaudit de consideració. Hem governat Catalunya, hem influït a Madrid, hem estat valorats a Europa. Ara no tindrem res d'això o ho tindrem poc. I més d'un patirà fins i tot problemes personals. Però si és cert –i jo crec que ho és– que vau anar a la política sobretot per patriotisme, per esperit de servei, per ganes d'ajudar la nostra societat i les persones de casa nostra. Si això és cert, ara és l'hora d'aplicar-ho més que mai. I no tingueu por, perquè el model de país que hem defensat i defensem és bo, perquè hem estat a prop de la gent, perquè hi ha en nosaltres un pòsit d'idealisme prou consistent i perquè hem demostrat prou tenacitat i competència i perquè representem un sentiment i una mentalitat ben arrelats al país.

Per tot això i per més coses nosaltres no som una casualitat ni fruit d'una circumstància. S'equivoquen, per tant, els qui creuen, exultants, que ara CiU i CDC, sense poder polític i administratiu i amb poca presència a la premsa, s'aniran extingint. I que allò que fa vint-i-cinc anys, quan vam guanyar per primer cop, va ser titllat d'«accident» o d'«error» o de «confusió col·lectiva inexplicable» de la societat catalana ara, amb el triomf dels partits anomenats d'esquerra ha estat per fi esmenat. Creuen que aquesta força nostra que fa nosa perquè trenca l'esquema dreta-esquerra, que posa en evidència el fet diferencial català, que és col·laboradora però no dòcil amb la política de Madrid, aquesta força ara anirà desapareixent. Depèn de nosaltres que això no sigui així, i és al nostre abast que no ho sigui. Perquè dic i repeteixo que tenim acumulat un capital polític, social, patriòtic i, en general, de valors molt important. Depèn de nosaltres a canvi de posar-hi molta energia moral i també serenitat i paciència».

I com que preveia que de totes maneres ens venien a sobre quatre, vuit o més anys difícils, amb un punt de dramatisme i d'esperit d'autoexigència generosa, hi insistia: «Compteu que haurem d'estar un temps, potser llarg, menjant herba». I acabava: «Ho superarem perquè CDC i UDC són dos partits sòlids que junts realment sumen. I perquè una cosa ha quedat clara durant trenta anys, i és que tenim una idea global, transversal i integradora del país. I, finalment, perquè la gent que ens dirigeix, en bona part nova, afegeix a totes aquestes característiques capacitat, competència i sobretot caràcter».

M'he allargat molt, escrivint i publicant aquestes *Memòries*. El primer volum va sortir el 2007, quan feia quatre anys de la fi de la meva activitat política. El segon, el 2009, i aquest tercer i últim no arribarà a mans del pacient lector fins el 2012. Massa temps.

El tercer volum acaba al desembre del 2003, quan comença a governar el tripartit format pel PSC, ERC i ICV i presidit per Pasqual Maragall. De llavors ençà han passat i canviat moltes coses, a Catalunya, a Espanya i al món. Ningú hauria pogut preveure que amb el segle XXI acabàvem d'encetar la «dècada de les decepcions», com de manera molt precisa l'ha denominat l'historiador Joan B. Culla. Algú hauria d'estudiar aquest període i explicar com els Estats Units, Europa, l'Estat espanyol i Catalunya es presenten a les portes de la segona dècada. Amb més temps, jo mateix m'atreviria a fer-ho. No vull retardar més el final de les *Memòries* però puc dibuixar l'estat del moment actual.

Fins l'11 de setembre de 2001 podia semblar que el món estava ordenat, ben ordenat. Els Estats Units, que acabaven de sortir de la presidència de Bill Clinton, exercien la supremacia en un ambient relativament assossegat, i amb bonança econòmica. La Unió Europea estava eufòrica. Aquell any havia estrenat l'euro i el tractat del Lisboa del 2000 preveia, amb molt d'optimisme, que Europa se situaria al capdamunt, a nivell mundial, en l'àmbit de la recerca i les noves tecnologies. L'eufòria era observable també a Espanya, revestida en aquest cas d'una arrogància molt espanyola, aquell estat d'ànim que aquí i en altres escrits he definit com el «complex de nou-ric». Eufòria i fatxenderia justificables perquè, realment, es podia tirar de veta. A Catalunya, per fi, la situació econòmica en el sector privat també era bona i es queia en el desfici consumista. Políticament i institucionalment, però, l'horitzó s'havia començat a enfosquir.

El 2007 va començar la crisi econòmica però també

social i de valors. Si a qualsevol govern li hauria estat difícil manejar la situació, a Espanya i Catalunya la dificultat va ser més acusada perquè els governs respectius, impregnats per una barreja de lleugeresa i petulància i d'actuació partidista, van conduir la situació a un punt extremadament difícil. A Catalunya d'una manera especial perquè som un país políticament i institucionalment feble i més desprotegit. Un país al qual li cal ser més prudent en el govern de la cosa pública i on l'autoritat moral de les institucions ha de ser especialment preservada, igual com l'autoestima i la confiança de la gent.

Per a Catalunya no han estat uns anys bons. I a l'hora d'escriure aquest epíleg em pregunto si algun dels nombrosos problemes greus que ara tenim es podia haver evitat. Sobretot un: la situació financera molt crítica de la Generalitat.

Cal recordar que quan les finances d'una institució pateixen una crisi greu i corren perill de suspensió de pagaments o de fallida, el que perilla és la mateixa institució. Això val també per a les empreses i per a les famílies: en una situació així les empreses han de tancar o passen a mans de tercers a preu de saldo; les fundacions són liquidades; els ajuntaments de vegades es dissolen; les famílies són desnonades o dispersades. Per evitar unes conseqüències tan radicals s'hi implanten intervencions molt severes, que en el cas de les famílies podríem exemplificar amb el nomenament de la figura d'un tutor. Ho veiem ara en els Estats europeus que per desídia, incompetència, corrupció generalitzada o demagògia han hagut de ser intervinguts.

En el cas de Catalunya això és molt més perillós. Portugal, Grècia o Espanya durant un temps segurament hauran de fer la política econòmica i també social que els serà dictada des de fora, com de fet ja passa ara, a desembre del 2011. Però com que són estats no els deixaran a zero, no els imposaran una decret de Nova Planta. A Catalunya podria ser que sí. A Catalunya el poder autonòmic pot quedar reduït gairebé a no res, cosa que comportaria conseqüències econòmiques i socials greus, un escapçament radical de la nostra identitat i, en conjunt, la pèrdua de capacitat de tenir un projecte de país.

La imprudència política, la lleugeresa econòmica i l'afluixament de valors d'aquests últims anys han situat l'autogovern català i Catalunya com a país en una situació de gran risc.

Això ha estat així no pas perquè en les institucions de govern i d'influència no hi hagi hagut gent valuosa, honesta i seriosa. En el mateix govern tripartit, liderat per Maragall o després per José Montilla, hi ha hagut de tot. També gent bona en tots sentits, gent rellevant. Però no hi ha hagut un projecte ben travat, no hi ha hagut coherència, no hi ha hagut unitat –no ja en el país, sinó en el mateix govern–, no hi ha hagut exigència. Tampoc prudència ni previsió de futur.

Em pregunto si a mi, com a president, no m'hauria passat el mateix. Una pregunta que em servirà per fer més fàcil i acceptable el que hi pugui haver de crítica en el que estic escrivint.

Els que hagin llegit els dos primers volums d'aquestes *Memòries* hauran observat quina por m'havia fet tot sovint que la Generalitat s'endeutés massa. Em dolia gastar diners en obres fastuoses o al meu entendre excessives, era contrari que la Generalitat comprés segons quins edificis en comptes de llogar-los, tot i que, com dic, un amic arquitecte em va fer observar un dia que els governants passen a la posteritat per haver aixecat obres visualment destacades més que per haver instaurat una bona sanitat o un programa d'ajuda a les persones amb risc d'exclusió social.

Aquest escrúpol meu té l'origen segurament en la infantesa, en la meva educació, del fet de venir d'una família mig de pagès i mig de classe mitjana. A casa apagàvem els llums de les habitacions no per estalviar energia sinó per estalviar un cèntim de pesseta. Però em venia també de vivències personals de gran. Banca Catalana em va fer entendre que els bons projectes, quan entren en crisi, no troben suports, ni ajuts ni comprensions ni salvavides si són portadors d'una càrrega molt catalana. Ben al contrari: el projecte es desfarà o anirà a parar a mans políticament més fiables per als qui tenen el poder de repartir joc, per als qui es malfien de tot el que sigui poder econòmic i financer català i –no cal dir-ho–, poder polític.

Ni molta part de la nostra societat ni moltes institucions no es van saber contenir a l'època de la prosperitat. Fa temps vaig fer un escrit sobre els set anys de vaques grasses i els set de vaques magres d'Egipte, tal com els explica la Bíblia. Però aquests advertiments meus i d'altres de semblants a càrrec de gent més competent van ser inútils, també, desgraciadament, per a la gent políticament més responsable de Catalunya.

Ara es veu com les conseqüències han estat molt greus i han posat en situació de perill la nostra economia, el nostre benestar social, la cohesió del nostre poble i l'autogovern. Hi ha el risc que a preu de saldo et prenguin l'autogovern i els recursos necessaris per construir una societat equitativa capaç d'oferir als ciutadans un projecte atractiu i integrador. I que et vagin arraconant també com a identitat, que et vagin convertint en residual. És un perill que ens ha amenaçat sempre, però que ara és més real que mai. Més real, com a mínim, que des del 1970, i, sobretot, que fa deu anys.

No podem silenciar que a finals del 2010, després de set anys de govern del tripartit i amb l'avantatge d'haver comptat a Madrid amb un govern del PSOE, un «*gobierno amigo*», la situació a Catalunya era molt crítica. El balanç és dolent. Ho és políticament, ho és econòmicament i socialment, ho és per com han empitjorat les relacions entre Catalunya i Espanya. Ho és per la desafecció catalana, pels ponts que es trenquen, per la molt forta i molt general hostilitat d'Espanya. Recordem l'escarni del Tribunal Constitucional amb l'Estatut, l'amenaça renovada contra la nostra identitat i especialment contra la llengua, el continu ofec financer que ens condueix a un endeutament a curt i llarg termini que espanta. Assumeixo una part important de responsabilitat. Després de tants esforços per col·laborar en la construcció de l'Estat espanyol i en la seva governabilitat, després de tant voler que ens entenguessin no vaig preveure que ens esperaven a la cantonada, que no deixarien que res se salvés, que mirarien d'ensorrar-nos més enllà fins i tot del que era lògic.

Però he d'endolcir el judici negatiu que em veig obligat a fer. Tot és prou difícil perquè encara ho fem més punyent, i entre el món que va conformar el tripartit hi ha molta gent positiva amb qui hem de deixar oberts camins de trobada. Després d'analitzar el moment actual hem de posar l'accent en: «I ara què?», «Ara què hem de fer?». En el benentès que, per poc que es pugui, cap auxili o col·laboració no ha de ser ni pot ser ignorat o rebutjat. Si és sincer, és clar.

Superarem la crisi econòmica. Potser quedarem tocats o disminuïts en algun aspecte. O potser no i encara en sortirem enfortits perquè l'economia catalana és sòlida, és oberta al món, no és subsidiària, i perquè en el camp de la recerca del desenvolupament i la innovació hem progressat notablement els últims anys. Comptem amb gent per a la qual «el nostre món és el món» i «la feina ben feta no té fronteres». Gent que ha rebutjat treballar malament ni quan era rendible fer-ho perquè sabia que «la feina mal feta no té futur». No encaixaria amb l'esperit d'aquestes *Memòries* si no recordés que un poble i una persona i un projecte i una il·lusió i un compromís, mentre sumen, viuen. I viuen en l'esperança, en la confiança i sobretot en la voluntat. Viuen en l'energia. Viuen, lluiten, resisteixen i duren. I no només duren: creen. I no resisteixen tancats en una closca sinó que projecten i es projecten. No són guardians de terres ermes, són llavors. Llavors de vegades petites però amb molta potencialitat, com la mostassa de l'Evangeli.

Però aquesta convicció no ens pot fer oblidar que al mes de juny del 2010 el Tribunal Constitucional va dictar sentència contra l'Estatut aprovat pel Parlament, pel poble de Catalunya en referèndum i per les Corts Espanyoles. Una sentència demolidora, segons criteri de gent entesa. És possible que hi hagi catalans disposats o interessats a fer veure que no ha passat res. Però n'hi ha que s'han sentit radicalment ofesos en la seva dignitat. Jo sóc un d'aquests.

La dignitat toca la fibra sensible de les persones i dels pobles. La dignitat i el respecte dibuixen la darrera línia vermella. A partir d'aquí hi pot haver opressió física o política o asfíxia gradual o acció d'empobriment i una pila d'accions que condueixin a fer que un poble sigui residual i finalment quedi anul·lat. Però haurà de ser per imposició. No per afalagament enganyós i intermitent i a la fi insubstancial. No caldrà fer la comèdia d'un Tribunal Constitucional.

Però no acabaré aquestes *Memòries* amb un gest de resignació o de capitulació, tot i que el realisme m'obligui a constatar que el projecte comunitari, polític i espiritual del qual he participat des que tenia setze anys està embarrancat i que podria naufragar.

Quan el 29 de març de 2011 vaig pronunciar la conferència «Residuals o independents» vaig començar dient: «Aquesta és una conferència que durant molts anys havia pensat que no hauria de fer». Perquè aquella conferència, com les pàgines que acabo d'escriure, vénen a ser la constatació no diré del fracàs del que jo i el país i tots plegats hem dut a terme els últims seixanta anys però sí de l'extrema dificultat del nostre projecte, o en tot cas del meu.

Un projecte que en aquella conferència vaig explicar així: «Abans que res sóc i em sento català. I per tant treballaré perquè Catalunya sigui respectada en la seva identitat i tingui l'autogovern que li permeti tirar endavant un projecte col·lectiu ambiciós com a país i com a societat al servei de la seva gent». I hi afegia: «Crec que això pot fer-se en el marc espanyol. No en el marc espanyol centralitzador i uniformitzador tradicional, sinó en el d'una Espanya que, superat el franquisme, amb democràcia integrada a Europa i incorporada de ple al procés de progrés econòmic i social, estarà en condicions d'admetre la diversitat dels pobles que la componen i hi adaptarà la seva estructura institucional i política». I hi deia que si això fos possible «faria necessari participar racionalment i sentimentalment, a fons i lleialment, en un projecte espanyol que ho respectés».

Com s'ha vist bé a través del meu periple polític, no he propugnat mai l'independentisme. Però en aquella conferència reconeixia que quan ara se m'acosta molta gent que cada cop en més nombre opta per aquesta via els haig de reconèixer que no trobo arguments per contradir-los.

De fet, es tracta d'una aplicació a la política d'allò que va proclamar Salvador Espriu: «Que sàpiga Sepharad que no podrem mai ser si no som lliures», amb l'esperança que fos cert allò que ell afirmava en to esperançat: «Diverses són les parles i diversos els homes, i convindran molts noms a una sola amor». I parlava dels ponts del diàleg.

Però això no ha estat així, com de fet el mateix Espriu preveia: Sepharad podria no voler transitar pels ponts del diàleg i potser fins i tot els dinamitaria. «Però tu te'n rius; penses que l'aranya sempre tindrà fil». I així ha estat: «Quan et despertaràs, la rialla als llavis se t'estroncarà». El nostre somni no s'ha fet realitat. Tot i que hem fet camí. Molt de camí, de 1959 ençà, quan Espriu va escriure *La pell de brau* i Vicens Vives parlava d'eina i feina, d'esperit d'iniciativa econòmica i de pactes i diàleg amb un optimisme contagiós tot i que tenia la mort a prop. Hem recuperat posicions. Hem superat crisis econòmiques i socials, hem donat impuls a la nostra cultura, hem integrat sectors importants d'immigració, hem consolidat la convivència, ens hem obert més al món... Però no hem assolit la plenitud dels somni, que ara corre perill d'esvanir-se, que s'està esvanint.

Però no del tot. Només una part. Només una part del somni. El plet no està acabat, no està jutjat, perquè no s'esvaneix la part més important del somni, que és la que depèn només de nosaltres. No trontolla la fidelitat primera i principal envers Catalunya. No trontolla la idea que tenim de Catalunya, que és història, sentiment, identitat, ambició i il·lusió, i molt especialment voluntat de servei a tots i cadascun dels ciutadans de Catalunya. No trontolla l'objectiu de fer que Catalunya sigui un país socialment avançat, on funcioni l'ascensor social, integrador i amb cohesió. No trontolla el propòsit de fer de Catalunya un país de progrés i obert al món. El que sí que ha trontollat és el camí que ens vam traçar per aconseguir els nostres objectius. Ens han fet saber que aquest camí ens l'han barrat. I no només això, ens diuen que no tenim futur.

I podria ser així, si la vida dels pobles fos simplement un procés físic. Segons la llei de la física, nosaltres ens havíem d'haver acabat el 1714. I no va ser així. Pierre Vilar i Jaume Vicens Vives, tantes vegades esmentats, ens van explicar que justament al segle XVIII, aparentment gris i resignat, es va forjar la renaixença catalana. I en ple segle XX, després d'una guerra molt destructiva i de quaranta anys de dictadura asfixiant, vam reaparèixer.

Havia actuat allò que ara se'n diu la resiliència, la capacitat de recuperar la consistència, l'estabilitat i l'esperit d'iniciativa. La resiliència té dos components. El primer és la capacitat de resistir davant de la destrucció i de preservar la pròpia identitat, la pròpia personalitat. El segon, la voluntat de ser. Sense resistència i voluntat de ser no hi ha futur. No hi ha base per al futur. Però cal encara una cosa més. Cal la capacitat de donar a la nostra vida una orientació positiva i creativa que ens permeti realitzar-nos com a persones i com a país. I que no s'acabi en nosaltres mateixos. Ha de ser quelcom que ens transcendeixi, en el temps i l'espai. Quelcom que salvi tres coses principals: la nostra dignitat, la nostra autoestima i la nostra esperança. Sí: l'esperança, perquè no hem de viure només del passat. Hem de viure sobretot del futur. Tot això no són falòrnies. No són fantasies. No és una manera de construir un final feliç per a una història de la qual personalment, i com a català, em sento orgullós, encara que alguns puguin pensar que és una aventura no reeixida, i que certament viu una etapa difícil. I en què es basa, en què podem basar la nostra esperança, la nostra fe en el futur, en el nostre futur? La resposta la vaig donar en el discurs del míting de final de campanya per a les eleccions al Parlament de Catalunya, el 26 de novembre de 2010. Les eleccions que van dur el nostre candidat Artur Mas a la victòria i a la presidència de la Generalitat. Un discurs i una data significatius, per a una persona com jo. És a dir, per a algú amb més de seixanta anys d'activitat al servei del país en àmbits molt diversos i també en el pròpiament polític. Ell i el seu grup polític havien estat vint-i-tres anys en el Govern de Catalunya. Feia set anys havien passat a l'oposició i havien iniciat una etapa de readaptació en un ambient marcat per la incertesa, i ara tenien la victòria i la recuperació del Govern a tocar. Sabent, això sí, que la tasca que s'hauria de dur a terme si la victòria es confirmava seria difícil, molt difícil, en la dècada de les decepcions.

Si tot això era així per a CiU, encara ho era més per a mi. Perquè podria representar la culminació del meu recorregut polític. I més encara si mesos més tard arribés a ser un fet la nostra victòria a les eleccions municipals, i sobretot a Barcelona. Mai no se sap quan i com serà el punt final d'una vida i d'una biografia, però presumiblement el 28 de novembre de 2010 haurà estat un d'aquests moments del camí de la vida en què pots girar l'esguard enrere i pensar, potser, que l'esforç ha valgut la pena. I sobretot entendre que ja has fet el teu tros de camí. El relleu ha estat fet, i s'ha fet bé.

Deia, en aquell discurs: «Us vull donar una bona notícia. Victòria? Encara no ha passat, i el futur sempre és incert. Quina és, doncs, la bona notícia que us donaré? Que tenim país. Que hi ha gent, que hi ha societat. Que hi ha país. [...] Fa temps que Catalunya no va bé. Que en alguns aspectes ha reculat. Que hi ha desconcert i una certa pèrdua d'autoestima. I això pot crear dubte sobre nosaltres mateixos i sobre el nostre futur. Jo mateix, de vegades, m'he interrogat sobre això. Durant aquests anys de travessia del desert de CiU i de la nostra idea de Catalunya i des del retir polític que he practicat tant com he pogut i he sabut, he procurat, en canvi, seguir de prop què passava al país. Per saber com evolucionen els nostres actius i els nostres passius, què sumem, què restem i on restem. Per saber quin gruix de país teníem. Quina capacitat de resistir teníem i quina de tenir iniciatives i d'anar a la descoberta de nous horitzons. De defensar el present i de construir el futur. I de tant en tant feia un balanç. Aquests darrers temps he intensificat aquesta recerca d'actius i passius, d'èxits i fracassos, de promeses engrescadores i de decepcions. Perquè justament ara que vénen moments molt decisius volia estar segur que seguim tenint el capital humà, material i espiritual, intel·lectual i cultural que ens cal per anar endavant. És a dir, volia estar segur que hi ha país. [...] Doncs bé, n'hi ha. Volia estar segur de poder dir això.

Estem passant diverses crisis econòmiques i socials, polítiques i de valors. Moltes són molt generals. Per tant, des de fora ens poden ajudar a superar-les. Algunes, en canvi, ens toquen més pròpiament i més directament. I les haurem de resoldre nosaltres. I després d'observar bé la nostra societat i d'escorcollar-la de Barcelona a Esterri d'Àneu o Sant Jaume d'Enveja; des del món universitari i científic al de la creació literària; des de l'economia fins a les xarxes d'assistència social i humanitària, i després de calibrar si seguíem tenint esperit integrador i vocació de convivència i capacitat de cohesió, dic, amb absoluta convicció, que sí, que tenim país. Que Catalunya disposa dels actius humans i socials no només per salvar-se de la mediocritat o de la irrellevància sinó per ser un país de qualitat, potenciador de la seva gent i capaç pel seu missatge de ser respectat al món.

»Sempre, des dels inicis de la nostra història, hem hagut de lluitar contra un cert handicap, perquè hem tingut veïns poderosos, agressius i més grans que nosaltres. Perquè no hem tingut recursos naturals. Perquè modernament hem hagut de conviure en un marc polític i institucional que ha pretès i pretén anar-nos arraconant i diluint. Hem tingut una història difícil. Però ja som al segle XXI, i som aquí. Seguim aquí. En un moment certament difícil, però hi som.

»Quan s'analitza la nostra història, llunyana i recent, hem d'arribar a la conclusió que alguna cosa deu tenir Catalunya que li ha permès superar tants moments difícils. Tants pronòstics negatius. I que avui ens fa dir que sí, que és veritat, que ara estem sota pressió. Però que ho superarem.

»Per què? Perquè no som un invent capriciós ni un producte administratiu ni tampoc fruit d'una Constitució. Ni del que pugui determinar un Tribunal Constitucional. Ni fruit d'un pacte polític fugaç, sinó que som una realitat fonda i autèntica. Som una realitat històricament consolidada, culturalment sòlida, antiga i moderna; econòmicament dinàmica i oberta al món, un país d'eina i feina, com deia Vicens Vives, és a dir d'esforç i de tenacitat; integradora i generosa com la volia Espriu; oberta a l'esperança; irreductible en la seva fe en ella mateixa i amb ànsia de justícia envers la seva gent.

»Som aquí amb tot aquest bagatge. Posat al dia.

»Posat al dia, és a dir, operatiu, amb esperit d'iniciativa, amb arrels fondes i alhora obertura al món. Al món i a l'esdevenidor. Conscients de les nostres febleses –i per tant humils– però també amb orgull perquè no solament hem resistit sinó que hem creat art i espiritualitat, cultura i riquesa, convivència i sociabilitat. El nostre poble d'avui té tares i ha comès errors, però suma molt més que no resta. Com us deia, he resseguit el país, del barri de Sant Cosme al Prat i de Sant Roc a Badalona a les capitals comarcals; del Sincrotró i del Centre de Genòmica a empreses noves de gent jove; de la capacitat exportadora que té Catalunya als centres dedicats a persones amb handicaps psíquics, que són fruit en bona part de la societat civil.

»No us cansaré amb més exemples. Sapigueu només que hi ha país. Que hi ha País amb majúscula».

I ara, en menys d'un any, CiU ha guanyat les tres eleccions que en aquest període han estat convocades: les del Parlament de Catalunya; les municipals, amb la victòria a l'Ajuntament de Barcelona i a molts altres consistoris importants, i les generals espanyoles. Les del Parlament de Catalunya, que han fet Mas president, han tingut uns resultats especialment brillants: mai CiU havia doblat el PSC. Pel que fa a les municipals, sempre havíem tingut més ajuntaments, més regidors i, normalment, més diputacions, però mai havíem estat la primera força en nombre de vots. I mai a Catalunya no havíem guanyat les eleccions al Congrés i al Senat. Aquest cop, sí, i molt clarament. És mèrit de tothom. De tot CDC i de tot UDC. De CiU. I, personalment, mèrit d'Artur Mas, de Xavier Trias, alcalde de Barcelona, i de Josep Antoni Duran Lleida, el nostre cap de grup a Madrid. Per a ells, tot el meu agraïment.

Aquestes victòries tenen més mèrit perquè s'han obtingut sense ni un bri de demagògia. Des de l'endemà de les eleccions al Parlament de Catalunya el president Mas ha actuat per contenir el desastre econòmic, financer i social que tenim a sobre, amb mesures dures que podien afectar-nos negativament en les dues convocatòries electorals que seguien. Que Xavier Trias, juntament amb tants altres candidats a ajuntaments com Terrassa, Badalona, Sabadell, etcètera, i Duran Lleida ho assumissin sense ni una queixa és de nou motiu del meu agraïment.

Ara fa pocs dies un periodista dels més cotitzats em va dir: «Ara Catalunya és un país en crisi, però amb un líder». Es referia, òbviament, a Artur Mas. Al president Mas, que des del mes de novembre del 2010 ha retornat el govern de la Generalitat a CiU. Un autèntic líder que de debò acaba d'esborrar la meva figura com a polític.

Vaig acabar aquell discurs del 26 de novembre de 2010 amb una frase que havia de donar-nos impuls i confiança: No tingueu por perquè tenim país.

I afegeixo ara: I per això tenim futur.

Voldria acabar les meves memòries en aquest punt, perquè potser sí que ara podria dir que he arribat al final del trajecte.

Barcelona, 18 de desembre de 2011,
festivitat de la Mare de Déu de l'Esperança

Índex de noms

Índex general

Aquest tercer
i darrer volum de
les *Memòries* de Jordi Pujol
s'ha acabat d'imprimir
a Barcelona al mes de
gener de 2012.